S. 17/18 MTV = *1984–2002 (6–24jährige) } bis
Baby- = *1965–1983 (25–43 —"—) } 2008
buster

S. 19 Baby-   42–60
boomer

Alte   >61
24/25 Charakterisierung zweier Generationen

David Kinnaman und Gabe Lyons

unCHRISTLICH

WAS EINE NEUE GENERATION ÜBER CHRISTEN DENKT

hänssler

David Kinnaman ist Geschäftsführer der Barna Group. Das Beratungsunternehmen ist in den USA einer der führenden Meinungsforscher, das sich auf spirituelle Themen spezialisiert hat. Seit 1995 hat er für Barna mehr als 500 Studien verantwortet. David und seine Frau Jill leben mit ihren drei Kindern in Ventura, Kalifornien.

Gabe Lyons hat das Fermi-Projekt gegründet, damit Christen einen positiven kulturellen Beitrag auf die Gesellschaft ausüben. Dabei wird er von führenden Köpfen aus Kirche, diakonischen und gemeinnützigen Unternehmen unterstützt. Gabe lebt mit seiner Frau Rebekah und drei Kindern in Atlanta, Georgia.

Hänssler-Hardcover
Bestell-Nr. 394.887
ISBN 978-3-7751-4887-0

Übersetzung: Doris Leisering

© Copyright 2008 by Hänssler Verlag
im SCM-Verlag GmbH & Co. KG, D-71087 Holzgerlingen
Internet: www.haenssler.de
E-Mail: info@haenssler.de
Umschlaggestaltung: oha werbeagentur gmbh, Grabs, Schweiz;
www.oha-werbeagentur.ch
Titelbild: Daniela Illing
Satz: typoscript GmbH, Kirchentellinsfurt
Druck und Bindung: CPI – Ebner & Spiegel, Ulm
Printed in Germany

Soweit nicht anders angegeben, sind die Bibelverse folgender Ausgabe entnommen:
Neues Leben. Die Bibel, © Copyright der deutschen Ausgabe 2002 und 2006 by Hänssler Verlag, D-71087 Holzgerlingen.

INHALT

VORWORT

EINLEITUNG

Die angesehene *Barna Group* legt mit **Un**christlich eine weitere Studie zur religiösen Lage in den USA vor. In diesem Fall geht es um das Image der Christen in den Augen junger Menschen, die sich selbst als nicht-christlich einschätzen. Die Liste der Eigenschaften, die Christen dabei zugeschrieben werden, ist lang – und erschreckend. Ohne dem eigenen Lesen allzu sehr vorzugreifen: Christen erscheinen als heuchlerisch, selbstbezogen, voller Vorurteile (besonders gegenüber Minderheiten), als »politisch« (in einem schwierigen Sinn) und als von der Welt abgesondert und zurückgezogen. Insgesamt also nicht gerade ein Ruhmesblatt: Bekannt seien sie eher für das, wogegen sie seien, als für das, wofür sie stünden! Ja, so urteilen Nicht-Christen theologisch (!): Gegenwärtiges Christentum erscheint nicht mehr als christlich, also dem Christus gemäß.

Sollte Friedrich Nietzsche Recht behalten? Sehr skeptisch war er gegenüber dem Erscheinungsbild der Christen – so sehr er zeitlebens fasziniert war von Jesus Christus. Über das Christentum aber urteilte er scharf: Der einzige Christ, den es je gab, wurde auf Golgatha gekreuzigt.

Unchristlich ist ein kritisches Buch, mit sehr grundsätzlichen, teilweise harten Urteilen über das Bild, das Christen in den Augen junger Nicht-Christen abgeben. Man spürt in den einzelnen Aussagen gelegentlich fast so etwas wie Trauer, dass es nicht christus-förmiger zugeht bei den Christen, dass sie nicht sind, was sie sein sollten, ja sein könnten.

Wozu brauchen wir ein solches Buch? Brauchen wir es? Ich meine, dass wir es brauchen, auch wenn die Studie selbst sich ganz auf die amerikanischen Verhältnisse bezieht und nicht alles bei uns genauso aussähe. Drei gute Gründe möchte ich dem möglichen Leser mit auf den Lese-Pfad geben:

1. Die Studie zeigt uns eine *Außenperspektive* auf den Zustand von Gemeinden und Christenmenschen in den USA. Der Perspektivenwechsel ist manchmal heilsam und hilfreich. Vielleicht meinen wir ja, die Leute dächten ganz anders über uns. Hier wird es uns vor Augen gehalten. Nüchtern, sicher nicht immer fair! So wirkt also gegenwärtiges Christsein auf die, die sich vielleicht (nicht mehr) Gedanken darüber machen, ob sie selbst dem Glauben an Jesus Christus Vertrauen schenken wollen. Der Theologe Paul Tillich sprach gelegentlich von »Fremdprophetien«. Gott kann uns zuweilen auch durch Nicht-Christen den Spiegel vorhalten. Vielleicht können wir *manches* nicht ändern. Ganz sicher aber stellt sich uns die Frage, ob uns nicht das eine oder andere, was da beobachtet wurde, zur Umkehr anregen müsste.

2. Die Studie ist *missionstheologisch* bedeutsam. Bevor es zur Begegnung mit dem Evangelium kommt, kommt es ja zur Begegnung mit den Christen. Da ist es nicht ganz unwichtig, welches Image wir bei denen haben, deren Vertrauen wir erbitten wollen. Welche Themen bewegen diese Menschen? Welche Werte sind ihnen wichtig? Was könnte sie hindern, überhaupt auch nur einen Kontakt mit Christen und ihrer Verkündigung in Erwägung zu ziehen? Und dann? Na ja, siehe unter 1.!

3. Die Studie zeigt zuweilen erstaunliche Konvergenzen zur Bewegung der »emerging churches«, der neu aufkommenden Gemeinden, die sich als Gemeinden für postmoderne Menschen verstehen. Eddie Gibbs und Ryan Bolger, Dan Kimball und Rob Bell, Brian McLaren und andere sind die Protagonisten dieser neuen Bewegung. Sie kritisieren die Mega-Churches wegen ihrer Gefangenschaft in der Moderne. Sie streben an, authentische kleine Lebensgemeinschaften

zu bilden, die nach dem Reich Gottes streben. Das bedeutet aber weit mehr als »being saved«, als gerettet zu sein. Sie wollen sich für diese Welt einsetzen und gerade so ihrer Liebe zu Jesus Christus Ausdruck verleihen. Ihnen geht es um authentische Beziehungen zu Nicht-Christen, die sie auf keinen Fall zu Missionsobjekten degradieren wollen, denen sie aber die Liebe Jesu um jeden Preis bezeugen möchten. Sie kritisieren zuweilen sehr ähnliche Aspekte am gegenwärtigen Christentum wie die Probanden in der Barna-Studie. Die Außenperspektive wird zur Innenperspektive. Und dann? Klar, siehe unter 1.

David Kinnaman und Gabe Lyons machen es ganz klar: Christusgemäßer sollen wir wieder werden! Das Fermi-Projekt will nicht jammern, dass es so schlecht um uns steht, sondern Christen helfen, Christen einer neuen Generation zu werden – für die Kultur, in der wir leben.

Unter dem Strich: eine nicht immer angenehme, aber wichtige Lektüre!

Prof. Dr. Michael Herbst
Ordinarius für Praktische Theologie an der
Ernst-Moritz-Arndt-Universität Greifswald,
Direktor des Instituts zur Erforschung von
Evangelisation und Gemeindeentwicklung

1

DIE HINTERGRUNDGESCHICHTE
EIN BLICK VON AUSSEN AUF DAS CHRISTENTUM

Das Christentum hat ein Imageproblem.

Wenn Sie schon sehr lange in Amerika leben, bezweifle ich, dass Sie das überrascht. Doch es wirft wichtige Fragen auf. Was genau denken die Leute über Christen und Christentum? Warum gibt es diese Vorstellungen? Offenbar glauben die Leute, dass ihre Ansichten zutreffend sind (andernfalls würden sie sie leugnen). Doch spiegeln ihre Sichtweisen die Wirklichkeit wider? Und warum spielen die Sichtweisen der Leute für die Nachfolger von Christus eine Rolle – und warum sollten sie eine Rolle spielen?

In den vergangenen drei Jahren habe ich diese Fragen mithilfe von umfangreichen Interviews und Recherchen untersucht. Vielleicht erstaunt es Sie zu erfahren, wie erheblich dieses Dilemma ist. Wie die negativen Auffassungen, die Ihre Freunde, Nachbarn und Kollegen vom Christentum haben, in den kommenden Jahren Ihr Leben und unsere Kultur prägen werden. Unsere Forschung zeigt, dass viele außerhalb des Christentums, besonders jüngere Erwachsene, wenig Vertrauen in den christlichen Glauben haben. Dass die Wertschätzung für die christliche Lebensführung bei den Andersdenkenden rapide schwindet. Sie gestehen, dass ihre emotionalen und intellektuellen Schranken sich schließen, wenn sie sich unter Christen aufhalten. Sie lehnen Jesus ab, weil sie sich von den Christen abgelehnt fühlen. Ich werde später in diesem Buch beschreiben, wie und warum das geschieht. Doch denken Sie vorerst einmal darüber nach, was das bedeutet. Es verändert den Grundton der Gespräche, die Menschen über das Christentum führen. Es verändert ihre Bereitschaft, ihr Leben Jesus auszuliefern.

Wenn Sie daran interessiert sind, neuen Generationen von Christus zu erzählen und ihn ihnen vorzuleben, müssen Sie verstehen, wie nachdrücklich sie diese Ansichten vertreten. Als Christen können wir nicht nur empört oder abwehrend die Hände über dem Kopf zusammenschlagen. Wir tragen eine Verantwortung, die Ansichten unserer Freunde und Nachbarn nüchtern und angemessen nachzuvollziehen.

Ich hatte dieses Imageproblem schon einige Zeit lang geahnt. Doch mir war nie seine Tragweite klar, nicht bis ein unerwarteter Informant mich in die richtige Richtung wies. Der Anruf, mit dem dieses Abenteuer begann, steckt immer noch in meiner Erinnerung fest:

»David, ich kündige.«

Die selbstbewusste Stimme meines Freundes Gabe Lyon war unverwechselbar. »Wirklich? Bist du verrückt?«, platzte ich heraus.

»Wahrscheinlich«, sagte er. Das Wort klang durch seinen leichten Südstaatenakzent etwas verschwommen. »Aber ich bin mir sicher, dass es der richtige Zeitpunkt ist. Ich habe das deutliche Gefühl, dass es jetzt oder nie ist. Und Gott hat mir eine Vorstellung von dem gegeben, was ich tun soll.« Er unterbrach sich und sagte dann sachlich: »Hier kann ich das nicht tun.«

»Tja, was wirst du tun, Gabe? Wo wirst du arbeiten? Du musst doch einen Plan haben. Hast du eine Firma im Hinterkopf?« (Als professioneller Rechercheur habe ich selten Probleme, mir Fragen einfallen zu lassen. Dieser Augenblick bildete keine Ausnahme.)

»Ich werde nicht für eine andere Firma arbeiten. Ich werde meine *eigene* Organisation gründen. Es wird eine gemeinnützige Organisation. Ich weiß, dass ich Spenden auftreiben muss, um es zum Laufen zu bringen, aber ich will …«

Ich unterbrach ihn. »Aber du lässt einen tollen Job hinter dir! Ein weithin anerkannter christlicher Leiter ist dein Mentor. Du verdienst gut. Du hast die Gelegenheit, vielen Menschen wirklich geistlich zu helfen.« Ich versuchte, meinen Freund dazu zu bringen, seine Entscheidung zu überdenken, und drängte ihn: »Du solltest wirklich gut nachdenken, bevor du eine so große Veränderung vornimmst.«

Als ich fertig war, schwieg Gabe. *Gut,* dachte ich, *er denkt über meinen Rat nach.* Ich verspürte einen Hauch von Stolz. *Das war eine klare Ansage,* überlegte ich. Dann, einige Augenblicke später, durchbrach ich das Schweigen. »Gabe? Bist du noch dran?«

»David.« Er sprach meinen Namen langsam aus. Ich konnte die Frustration darin hören. »Ich habe darüber mehr nachgedacht und gebetet, als du weißt. Meine Familie steht dahinter. Ich werde es tun. Ich schaue nicht zurück, wenn ich erst einmal eine Entscheidung getroffen habe.« Er zögerte. »Wirst du mich erklären lassen, wozu Gott mich meinem Empfinden nach führt?«

Mir fiel nicht viel ein, das ich hätte sagen können. »Ja, natürlich ... Entschuldigung.«

»Ich klinge sicher verrückt, das weiß ich. Aber ich möchte einer neuen Generation von Leitern helfen zu verstehen, wie junge Leute das Christentum wahrnehmen und betrachten. Was sie tatsächlich von uns denken.« Er sprach bedächtig und überlegt. »Die Menschen haben viele Meinungen über unseren Glauben. Jedes Mal, wenn ich ein Gespräch mit einem Freund oder Nachbarn anfange, kommt es mir so vor, als seien diese Auffassungen unglaublich negativ. Machen wir uns nichts vor – was Menschen denken, wird zu ihrer Wirklichkeit. Auch wenn wir vielleicht nicht all diese Vorstellungen verdienen, könnten einige ihrer Gedanken über uns durchaus zutreffen.«

»Tja, mit der negativen Sichtweise hast du recht«, sagte ich und erwähnte einige Untersuchungen, die meine Firma zu diesem Thema durchgeführt hatte. »Doch was, glaubst du, kannst du tun?«

»Ich versuche immer noch, das zu begreifen«, erwiderte Gabe. »Ich glaube, dass das Image, das junge Leute vom christlichen

Glauben haben, in einer echten Krise steckt. Sie haben Vorurteile von Christen, und wir stellen Vermutungen über sie an. Ich verstehe nicht, wie das alles aussieht, wie es dazu kam oder ob es überhaupt etwas ist, das behoben werden kann oder sollte. Aber ich möchte dazu beitragen, das Gespräch zu eröffnen und Menschen dazu zu bringen, darüber nachzudenken, wie diese Kluft zwischen uns und ihnen zu überbrücken ist.«

Dann beschrieb mein Freund Gabe einige Zeit lang seine Ideen etwas ausführlicher.

»Wow«, war alles, was ich herausbringen konnte. »Das ist eine große Vision. Du kennst mich. Es gefällt mir gar nicht zu sehen, dass du eine große Laufbahn aufgibst. Aber diese neue Richtung klingt nach etwas, das du in Betracht ziehen solltest.«

Gabe lachte. »Ich hab dir doch schon gesagt, David, ich *tue* es und ziehe es nicht nur in Betracht.«

Ich lachte auch, als ich daran dachte, wie unsere unterschiedlichen Persönlichkeiten wieder einmal voneinander abprallten, wie schon so oft im Lauf unserer Freundschaft.

»Aber *wie* ich es anstelle, ist eine andere Sache. Es gibt viel zu tun«, sagte er, und seine Stimme verlor sich, so als wäre er ganz in Gedanken. »Ach, und ich habe eine wichtige Frage an dich.«

»Ja, und die wäre?«, fragte ich, nicht ahnend, wie diese Bitte die nächsten Jahre meines Lebens prägen sollte.

»Ich werde etwas Geld auftreiben, um eine größere Studie darüber zu finanzieren.« Er hielt inne und der Augenblick dehnte sich. »Und ich möchte, dass *du* die Recherchen durchführst.«

Das war der Anfang dieses Buches.

EINE UNGEAHNTE REISE

Bei jeder Studie, die unsere Firma, die *Barna Group,* durchführt, bekomme ich die Gelegenheit, etwas Neues zu lernen. Dennoch hätte ich mir nicht vorstellen können, wie sehr Gott diese Forschungen gebrauchen würde, um mir die Augen zu öffnen.

Zunächst nahm ich das Projekt an, weil ich das Gefühl hatte, dass wir lernen würden, wie Christen nachhaltiger Kontakte zu Menschen außerhalb des christlichen Glaubens knüpfen können. Wenn wir die Einwände der Andersdenkenden nachvollziehen könnten, so überlegte ich, könnten wir vielleicht besser eine Verbindung zu ihnen aufbauen. Doch wir stellten fest, dass ihre Ansichten mehr als nur ein oberflächliches Imageproblem sind. Oft spiegelt die Art, wie Andersdenkende das Christentum wahrnehmen, eine Kirche wider, die in sich selbst vernarrt ist. Wir stellten fest, dass viele Christen das Herz für diejenigen außerhalb des christlichen Glaubens verloren haben. Die negativen Auffassungen sind nicht nur ein »Image«, das heraufbeschworen wird, um das Christentum herabzuwürdigen. Ja, die Probleme sind vielschichtig. Nein, es ist nicht immer »unsere« Schuld.

Wenn wir uns allerdings nicht mit unserem Teil des Problems auseinandersetzen, werden wir keine Verbindung zu der jungen Generation aufbauen können. Wir sind nicht für die Entscheidungen der Andersdenkenden verantwortlich. Aber wir werden zur Verantwortung gezogen, wenn wir durch unser Handeln und unsere Einstellung – die den heiligen, gerechten und liebenden Gott falsch darstellen – Andersdenkende weggestoßen haben. Oft spiegelt das negative Image des Christentums echte Probleme wider. Fragen, die wir Christen uns stellen lassen müssen und für deren Beantwortung wir verantwortlich sind. Meine Absicht für dieses Buch ist es, die Herzen und Köpfe von uns Christen aufzubrechen. Um uns darauf vorzubereiten, uns mit einer Zukunft auseinanderzusetzen, in der die Menschen uns mehr und mehr feindselig und skeptisch gegenüberstehen werden. Die junge Generation wartet auf unsere Antwort.

Vor drei Jahren, als Gabe mich zum ersten Mal anrief, um seine beruflichen Veränderungen zu beschreiben, begeisterte mich die Forschungsarbeit. Doch das *Barna*-Team hat das Vorrecht, ein breites Spektrum an faszinierenden Studien durchzuführen. Also hatte ich, ehrlich gesagt, keine außerordentlich hohen Erwartungen an das Projekt. Größtenteils bedeutete es nur noch mehr Termine, die einzuhalten waren.

Im Lauf der Zeit bemerkten Gabe und ich, dass dieses Projekt unsere Sicht auf die Menschen außerhalb des Christentums zutiefst verschob. Wir fühlten uns geradezu gedrängt, Sie in diesem Buch an jenen Erkenntnissen teilhaben zu lassen. Was wir aus der Studie lernten, begann, auf andere Projekte, Aufzeichnungen und Gespräche überzugreifen. Ein Künstler würde sagen, dass er nach einer langen kreativen Arbeitsphase anfängt, die Welt aus der Sicht seines Objekts zu betrachten. So ist es für mich mit der Recherchearbeit. Ich sehe die Wirklichkeit nicht deutlich, bis ich die Gelegenheit habe, sie gründlich durch sorgfältig aufgebaute Untersuchungen zu analysieren.

Was als dreimonatiges Projekt begann, ist zu einer Dreijahresstudie geworden, um das Bild zu verstehen, das Gott durch die Daten offenlegte. Währenddessen habe ich mehr als ein Dutzend national repräsentative Umfragen untersucht (die für Tausende von Interviews stehen) und aufmerksam auf die Geschichten der Menschen gehört, die sich außerhalb des christlichen Glaubens befinden. Ein Hauptbestandteil der Studie war eine Reihe von Interviews, die wir mit einer repräsentativen Gruppe von 16- bis 29-Jährigen führten. Wir interviewten außerdem Hunderte von Pastoren und Gemeindeleitern. Und wir untersuchten die Ansichten von Christen, um ihre Gedanken zu den bestehenden Fragen nachzuvollziehen. Zudem wollten wir herausfinden, wie gut sie auf das Imageproblem und die tief verwurzelten Probleme, für die es steht, eingestellt sind. Durch diese Umfragen und Interviews hat der Herr mir in seiner Gnade geholfen, die Erfahrungen und in vielen Fällen sehr realen Beleidigungen, die Ratlosigkeit, Fragen, Entmutigung und Enttäuschungen zu verstehen, die Menschen im Umgang mit dem Christentum erlebt haben.

Es ist kein schönes Bild.

UNCHRISTLICH?

Ich möchte Sie einladen, sich durch die Linse unserer sorgfältigen wissenschaftlichen Untersuchungen zu betrachten, wie das

Christentum von außen aussieht. Tatsächlich reflektiert der Titel dieses Buches die häufigste Reaktion von Andersdenkenden auf den christlichen Glauben: Sie denken, dass die Christen nicht mehr für das stehen, was Jesus im Sinn hatte. Dass die Christen in unserer Gesellschaft nicht das sind, was sie eigentlich sein sollten. Ich werde das in Kapitel 2 ausführlicher beschreiben. Für viele Menschen sieht der christliche Glaube erschöpft und abgedroschen aus. Sie gestehen, dass es ihnen schwerfällt, Jesus zu sehen. Und zwar wegen all des negativen Ballasts, der ihn jetzt umgibt.

Ein kirchenferner Befragter aus Mississippi äußerte folgende schonungslose Beobachtung: »Das Christentum ist aufgebläht von all den blinden Nachfolgern, die lieber irgendwelche Sprüche wiederholen, statt tatsächlich echtes Mitgefühl und echte Fürsorge zu verspüren. Das Christentum wurde vermarktet und stromlinienförmig gemacht. Jetzt ist es ein Furcht verbreitender Götze, der sein Herz verloren hat.«

Nach Tausenden von Interviews und unzähligen Stunden, in denen ich Nichtchristen studiert habe, glaube ich, dass Andersdenkende diesem Buch den Titel *Unchristlich* gäben. Junge Menschen sind heutzutage unglaublich freimütig. Sie halten mit ihrer Meinung nicht hinterm Berg. Die Äußerungen und Ansichten von Andersdenkenden möchte ich auf diesen Buchseiten einfangen. Ich stimme nicht mit allem überein, was sie sagen. Dennoch: Wenn ich Sie zu den Herzen und Köpfen von Menschen außerhalb des Christentums führen soll – wenn Sie sie tatsächlich verstehen wollen –, bin ich gezwungen, ihren Standpunkt fair und offen wiederzugeben. Selbst wenn es für diejenigen von uns, die Christen sind, unbequem ist. Um Nichtchristen anzusprechen und sie auf Jesus hinzuweisen, müssen wir sie aufgrund dessen verstehen, was sie tatsächlich denken, nicht, was wir über sie vermuten. Wir können ihre Feindseligkeit nicht überwinden, indem wir sie ignorieren. Wir müssen ihre ungeschönte Meinung über uns verstehen. Daher spiegelt dieses Buch ungefilterte Reaktionen von Andersdenkenden auf das Christentum wider.

Also heißt das Buch *Unchristlich*.

Auch wenn einige der Realitäten unbequem sind, habe ich nicht die geringste Absicht, auf Menschen herumzuhacken, die Christus nachfolgen. Mein Ziel ist es nicht, Christen zu beschimpfen. Sie werden in diesem Buch keine Namen von christlichen Leitern finden, die falsche Dinge getan haben. Hin und wieder werde ich ein anonymes Beispiel anführen, um zu verdeutlichen, warum es manche der negativen Sichtweisen gibt. Dennoch geht es nicht darum, auf einer bestimmten Person herumzuhacken. Jeder, der Christus nachfolgt, trägt ein gewisses Maß an Verantwortung für das Imageproblem (ich werde das später noch erklären). Es ist nicht hilfreich, mit dem Finger auf diejenigen zu zeigen, die Fehler gemacht haben.

Dennoch gibt es einiges, was wir beeinflussen können: unser Leben, unsere Gemeinden, wie wir anderen das Christentum vorleben. Ich möchte Ihnen helfen, die Skepsis der Menschen zu verstehen. Dadurch wird, so hoffe ich, Ihre Fähigkeit wachsen, andere zu lieben und ihnen durch Jesus Christus echte Hoffnung und echtes Mitgefühl entgegenzubringen. Paulus, der markanteste Autor des Neuen Testaments, sagt: »Wissen kann uns ein Gefühl von Wichtigkeit verleihen, doch nur die Liebe baut die Gemeinde wirklich auf« (1. Korinther 8,1).

NEUE RICHTUNGEN

Neben der Beschreibung von Daten und Erfahrungen von Andersdenkenden enthält dieses Buch die Kommentare von über zwei Dutzend christlichen Leitern und Pastoren, einigen bekannten und einigen weniger bekannten. Als Gabe und ich über die Richtung dieses Buches sprachen, hatten wir den Eindruck, dass Sie von diesen Leitern hören sollten. Sie befassen sich an vorderster Front mit der Feindseligkeit, die dem Christentum entgegenschlägt. Sie sollten verstehen, was sie tun und wie sie denken. Diese Männer und Frauen tragen in Handeln und Haltung dazu bei, die negativen Bilder umzuformen. Sie tragen dazu bei, einen »freundlicheren, behutsameren« Glauben darzustellen – einen Glauben, der Menschen begeistert, aber keine Kompromisse bei der Leidenschaft für Jesus oder dem theologischen Verständnis von ihm eingeht.

Ich hoffe, dass Sie durch diese Studie und die Gedanken aller, die zu diesem Buch beigetragen haben, herausgefordert und inspiriert werden.[1] Die Kirche braucht dringend mehr Menschen, die in unserer pluralistischen, differenzierten Kultur eine tiefer gehende, echtere Sicht auf den christlichen Glauben ermöglichen.

Bevor wir in die Materie eindringen, gestatten Sie mir, einige wichtige Merkmale dieses Buches zu erläutern. Zuerst möchte ich einige Begriffe erklären. Die Hauptgruppe, die wir untersucht haben, sind die »Andersdenkenden«, diejenigen, die den christlichen Glauben anders sehen und von außen betrachten. Diese Gruppe umfasst Atheisten, Agnostiker, Angehörige einer außerchristlichen Religion (wie zum Beispiel Islam, Hinduismus, Judentum, Mormonentum usw.) und andere, keiner Kirche angehörende Erwachsene, die keine wiedergeborenen Christen sind.[2] Der Studie zufolge besteht das Problem teilweise darin, dass wir diese Menschen mit abwertenden Ausdrücken und Begriffen bezeichnen, die sie oft anstößig finden. Christen benutzen Begriffe wie »Heiden«, »Verlorene« oder Schlimmeres. Andere Ausdrücke sind ebenso unpassend, wie zum Beispiel »Nichtchristen« (so werden sie nur als das definiert, was sie *nicht* sind) und »Nichtgläubige« oder »Suchende« (Bezeichnungen, die nicht zwangsläufig auf alle Andersdenkenden zutreffen).

Wenn wir Menschen abstempeln, kann das unsere Fähigkeit beeinträchtigen, sie als menschliche Wesen und Individuen zu betrachten. Ich fühle mich auch nicht ganz wohl dabei, den Begriff »Andersdenkende« zu gebrauchen, denn er ordnet Menschen wohl danach ein, wo sie nicht sind. Doch um die Ansichten erörtern zu können, müssen wir irgendeinen Begriff verwenden. Und ich glaube nicht, dass die meisten Andersdenkenden uns diese Bezeichnung in dem Sinn, wie wir sie gebrauchen, übel nähmen.

Ich werde außerdem zwei Begriffe verwenden, die sich auf die Generationen beziehen, die wir hauptsächlich untersucht haben: *MTV-Generation* (diejenigen, die 1984–2002 geboren

wurden) und Babybuster (diejenigen, die 1965–1983 geboren wurden). Dieses Buch wird sich hauptsächlich auf die ältesten Mitglieder der MTV-Generation konzentrieren, die 18- bis 22-Jährigen, sowie die jüngsten Babybuster, womit hauptsächlich die unter 30-Jährigen gemeint sind. Um der Übersichtlichkeit willen beziehe ich mich mit diesen Begriffen auf die Gruppe der 16- bis 29-Jährigen. Es sei denn, ich sage ausdrücklich etwas anderes. Denken Sie dabei daran, dass die Abgrenzung einer »Generation« ein analytisches Mittel zum Verständnis unserer Kultur und der Menschen darin ist. Darin spiegelt sich einfach der Gedanke wider, dass Menschen, die in einer gewissen Zeitspanne geboren werden, von einem einzigartigen Muster an Umständen und globalen Ereignissen, moralischen und gesellschaftlichen Werten, Technologien und Kultur- und Verhaltensnormen mitgeprägt werden. Die Folge ist, dass jede Generation das Leben unterschiedlich sieht. Der Generationengedanke als analytisches Mittel bedeutet nicht, dass er für jede einzelne Person gilt, sondern dass Ausnahmen zu erwarten sind.[3]

Zweitens, dieses Buch gründet sich auf die Überzeugung, dass Gott möchte, dass wir auf die Andersdenkenden achten, weil sie ihm wichtig sind. Die Bibel sagt, dass er jedem geduldig Zeit gibt, zu ihm umzukehren (siehe 2. Petrus 3,9). Er wird als Vater beschrieben, der auf die sichere Heimkehr seiner Kinder wartet, selbst wenn sie ihn enttäuscht haben (siehe Lukas 15,11-31). Als Christen sollten wir Andersdenkenden gegenüber genauso denken.

Aufgrund der schieren Anzahl von Andersdenkenden müssen wir ihre Bedenken ernst nehmen. In den Vereinigten Staaten gibt es allein etwa 24 Millionen Andersdenkende, die zwischen 16 und 29 Jahren alt sind. Wir sollten unbedingt beachten, dass Andersdenkende immer weniger eine »Randerscheinung« der amerikanischen Gesellschaft sind. In jeder neuen Generation gibt es mehr als in der zuvor, wodurch sich ihr wachsender Einfluss erklären lässt. Zum Beispiel machen Andersdenkende etwa ein Viertel der *Babyboomer* (42–60 Jahre) und *Alten* (über 61 Jahre) aus. Doch unter den erwachsenen *MTV-Generation* und

Babybustern fallen mehr als ein Drittel in diese Kategorie. Diese Zahl erhöht sich bei den 16- bis 29-Jährigen auf zwei Fünftel.

Wenn wir neue Generationen beeinflussen wollen, müssen wir auf die wachsende Gruppe der Andersdenkenden achten.

Die Andersdenkenden – ein größer werdender Teil unserer Gesellschaft

Generation	Alter (2007)	Prozent der Generation, die außerhalb des christlichen Glaubens stehen	Größe dieses Anteils in den Vereinigten Staaten
Erwachsene MTV-Generation und Babybuster	18–41 Jahre	37 %	34 Millionen
Ältere MTV-Generation und junge Babybuster*	16–29 Jahre	40 %	24 Millionen
Babyboomer	42–60 Jahre	27 %	21 Millionen
Alte	über 61 Jahre	23 %	12 Millionen

* Dieses Buch konzentriert sich auf das Segment der 16- bis 29-Jährigen, also auf den älteren Teil der MTV-Generation und den jüngeren Teil der Babybuster-Gruppe.

Drittens, das Imageproblem der Christenheit besteht nicht nur der Wahrnehmung von jungen Andersdenkenden nach. Es wird auch innerhalb der Kirche gesehen – besonders von Christen zwischen 20 und 40 Jahren. Ich war nicht darauf vorbereitet, dass die Untersuchung zeigen würde, dass Christen der MTV- und Babybuster-Generation dem Christentum von heute skeptisch gegenüberstehen. Dafür gibt es eine Reihe von Gründen, die wir in den folgenden Kapiteln untersuchen. Wir müssen aber begreifen, dass auch junge Leute in unseren Gemeinden den Druck dieser negativen Sichtweisen spüren. Sie bringen einige der gleichen Probleme, Fragen und Zweifel zur Sprache, mit denen auch Menschen außerhalb der Kirche konfrontiert sind.

Ein vierter Punkt ist, dass wir die Größe und Reichweite des Christentums in Amerika bedenken sollten. Ja, es gibt verschiedene »Geschmacksrichtungen« des christlichen Glaubens, und vielleicht beherrscht er nicht die ganze Gesellschaft, wie einige Säkularisten behaupten. Doch jeder muss sich mit der enormen Anzahl von Menschen auseinandersetzen, die der christlichen Tradition angehören: Die große Mehrheit der Amerikaner bezeichnet sich als Christen. Die meisten Erwachsenen in diesem Land sagen, dass sie eine persönliche Entscheidung für Jesus Christus getroffen haben, die in ihrem Leben immer noch wichtig ist. Beinahe die Hälfte aller Amerikaner sind aktive Kirchgänger. Natürlich lässt der Glaubenstiefgang der meisten Christen viel zu wünschen übrig. Aber Tatsache ist, dass das Christentum eine gewaltige Spur in Amerika hinterlässt.

Sie müssen die enorme Größe der amerikanischen Christenheit berücksichtigen, weil die Menschen teilweise wegen der tatsächlichen – und gefühlten – einflussreichen Position, die er hatte, verbal gegen den christlichen Glauben angehen. Dies ist keine gute Zeit für ein Heimspiel. Es ist in Mode, anders zu sein, unter dem Radar zu fliegen, unabhängig zu sein. Das Christentum sieht nach nichts davon aus.

Dieses Buch vertritt an keiner Stelle die Auffassung, wir sollten versuchen, beliebter zu werden. Unsere Aufgabe ist es, effektive Mittler einer geistlichen Umgestaltung im Leben von Menschen zu sein. Egal, was es uns an Zeit, Bequemlichkeit oder Image kostet. Dennoch muss uns klar sein, dass es nicht an der skeptischen Gesellschaft liegt, wenn die enorme Anzahl von Christen nicht das erhoffte Niveau an positivem Einfluss in diesem Land erreicht hat.

Letztendlich soll dieses Buch ein Spiegel für Sie sein, in dem Sie sich und ihren Glauben klarer reflektiert sehen. Durch den ganzen Forschungsprozess hat Gott für mich den Vorhang gelüftet, sodass ich meine eigene Anlage zu geistlicher Überheblichkeit sehen konnte. Und wie oft mein Mit-mir-selbst-beschäftigt-Sein mich daran hindert, die Menschen als das sehen zu können, was und wer sie wirklich sind. Mein Gebet ist es, dass Gott Ihnen beim Nachdenken über diese Studie Ihre Haltung und Vorurteile offenbart. Ich hoffe, dass Sie sorgfältiger darüber nachdenken werden, wie nachdrücklich Menschen Christen ablehnen – und sich von ihnen abgelehnt fühlen –, und dass Sie dazu inspiriert werden, wie Sie eine Veränderung bewirken können.

Obwohl ich erwarte, dass die meisten meiner Leser Christen sind, hoffe ich doch, dass auch Menschen außerhalb des christlichen Glaubens dieses Buch positiv, bestätigend und für ihre Perspektive repräsentativ finden werden. Wenn diese Beschreibung auf Sie zutrifft, ist mein Ziel, Ihnen zu helfen, die Person Jesus Christus noch einmal neu zu überdenken. Christen machen viele Fehler, und oft entspringen diese kostspieligen Fehler und arroganten Haltungen dem tiefen Wunsch, dass Jesus für Sie lebendig und real werden soll. (Ich kann mich an Gespräche erinnern, in denen ich Gott einen großen Teil seines Ansehens geraubt habe, weil ich die christliche Botschaft auf eine »Wer-hat-mehr-recht«-Diskussion reduziert habe.)

Jesus ist sehr viel mehr als eine schlüssige Beweisführung. Sein Leben ist der Ausgangspunkt, an dem unser Leben tatsächlich beginnen kann. Vielleicht werden Sie beim Lesen dieses Buches ein vollständigeres Bild von Jesus entdecken, einen transzendenten und doch persönlichen Gott, der Sie vollkommen liebt und akzeptiert, der Sie formen und Ihrem Leben eine tiefe Bedeutung und ein Ziel geben will. Das ist der Jesus, den ich beschreiben will, selbst wenn Handeln und Haltung der Menschen, die Christus nachfolgen, Ihnen das nicht immer gezeigt haben.

Trotzdem müssen Sie – ob Insider oder Andersdenkender – verstehen, was MTV- und Babybuster-Generation über das Christentum denken. Sind Sie bereit hinzuschauen?

2

UNCHRISTLICHEN **GLAUBEN ENTDECKEN**

Vor einigen Monaten stöberte ich in der Religionsabteilung einer Buchhandlung. Als ich da stand und nach den Titeln schaute, schlenderten zwei junge Männer und eine junge Frau in die gleiche Abteilung. Es war offensichtlich, dass die drei Mittzwanziger nicht nach Büchern suchten. Sie vertrieben sich die Zeit, redeten über das Leben und machten Witze, wie Freunde es tun.

Ich hörte nicht direkt auf ihr Gespräch und wusste eigentlich nicht, worüber sie redeten, bis einer von ihnen sagte: »Ach, schaut euch das an. Das ist eine Bibel mit Metallumschlag!« Das erregte meine Aufmerksamkeit.

Die junge Frau sagte: »Was? Wovon redest du?«

»Ja, schau mal. Das ist eine in Metall eingefasste Bibel.«

»Häh? Wozu das denn?«

»Woher zum Henker soll ich das wissen? Vielleicht soll sie unzerstörbar sein. Schau'n wir mal, ob das stimmt.« Dann hörte ich, wie die Bibel auf den Boden schlug.

»Ich schätze nicht!« Sie lachten und steckten das ramponierte Buch zurück ins Regal. Ich sah, wie sie in einen anderen Teil des Geschäfts schlurften. Ihr Gespräch war schon zu einem neuen Thema übergegangen.

Mein Erlebnis in der Buchhandlung verdeutlicht, dass das Imageproblem des Christentums teilweise von den einzigartigen Eigenschaften zweier neuer Generationen von Amerikanern geschürt wird: der MTV-Generation und der Babybuster. Jungen Erwachsenen macht es Spaß, Regeln zu hinterfragen. Sie sind von Natur aus extrem skeptisch. Die jungen Leute von heute sind das Ziel von mehr Werbung, Medien und Marketing als irgendeine Generation zuvor. Und sie sind sowohl unglaublich intelligent als auch ungewöhnlich übersättigt.

Ich ziehe diese Schlussfolgerungen nicht einfach aufgrund meiner persönlichen Erfahrungen, sondern aus meinem Blickwinkel als Forscher. Während meiner Zeit bei der *Barna Group* hat unsere Firma gesellschaftliche Trends, Lebensstile und öffentliche Meinungen bei mehr als 200 000 Amerikanern untersucht.[4] Bei dieser beträchtlichen Menge an Informationen ist eines der Ergebnisse, das sich fast durchweg findet, die Diskrepanz zwischen den Generationen, und besonders die Kluft zwischen den 20- bis 40-jährigen und älteren Erwachsenen. Ohne Frage sind einige Generationenunterschiede eine Frage der Lebensphase – natürliche chronologische Unterschiede, die nahezu jede Generation zur gleichen Zeit in ihrer Entwicklung und Reifung betreffen. Wie zum Beispiel, dass sich die Perspektive und der Lebensstil von Menschen verändert, wenn sie Eltern werden.

Dennoch möchte ich Sie davor warnen, die sich verbreiternde Kluft zwischen jungen Menschen und ihren Vorgängern zu unterschätzen. Wer denkt, dass die MTV-Generation und Babybuster mit der Zeit schon »erwachsen werden« und dann wie jeder andere aussehen, sollte sich darauf einstellen, dass seine Erwartungen nicht erfüllt werden.

Statt darauf zu warten, dass die Generationenkluft einmal ein Ende hat, ist es wichtig, ihre Existenz anzuerkennen. Denn sie kann uns helfen, die Gedanken zu verstehen, die die MTV-Generation und Babybuster über das Christentum haben. Lassen Sie mich die kommenden Generationen umreißen und beschreiben, wie komplex sie sind.

In vielerlei Hinsicht nehmen junge Menschen die Welt völlig anders wahr, als die Menschen es je zuvor getan haben. Zum Beispiel ist die Lebensweise der MTV-Generation und Babybuster viel facettenreicher als die ihrer Elterngenerationen. Das betrifft auch Bildung, Berufslaufbahn, Familie, Werte und Freizeit. Junge Menschen wollen sich nicht über einen »normalen« Lebensstil definieren lassen. Sie bevorzugen einen einzigartigen und persönlichen Weg. Viele junge Leute erwarten nicht, als junge Erwachsene oder später zu heiraten oder eine Familie zu gründen, auch wenn das in der Vergangenheit erwartet wurde.

Sowohl für MTV-Generation als auch für Babybuster sind Beziehungen die treibende Kraft. Freunden gegenüber loyal zu sein, ist einer ihrer höchsten Werte. Sie haben das starke Bedürfnis dazuzugehören, für gewöhnlich zu einem »Stamm« anderer loyaler Menschen, die sie gut kennen und wertschätzen. Dennoch liegt unter ihrer Verbundenheit in Beziehungen ein erbitterter Individualismus.

Obwohl sie Unvoreingenommenheit und Vielfalt sehr schätzen, sind sie respektlos und unverblümt. Sie suchen unablässig nach Wegen, sich selbst darzustellen und ihren Zorn zu äußern. Leitern, Produkten und Institutionen gegenüber skeptisch zu sein, gehört zu ihrem Generationencode. Babybuster neigen dazu, ihre Skepsis überlagert von Zynismus zu äußern und die MTV-Generation neigt zu extremem Selbstbewusstsein. Sie vertrauen nichts, das zu perfekt erscheint, und akzeptieren, dass das Leben mit seinem Teil an Unordnung und bizarren Erlebnissen und Menschen einhergeht.

Amerikaner aller Altersgruppen werden mit Medien und Unterhaltung überschwemmt. Doch MTV-Generation und Babybuster konsumieren Medien aus mehr Quellen über längere Zeitspannen als ältere Generationen. Viele haben riesigen Spaß an den neuesten »heißen« Filmen, Musik, Websites oder Gerüchten aus der Pop-Welt. Die moderne Technik bringt junge Menschen in Kontakt mit Informationen und miteinander und treibt ihre Selbstdarstellung und Kreativität auf eine Art und Weise an, die ältere Erwachsene nicht vollends verstehen können.

Junge Menschen befinden sich auf einer beinahe ständigen Suche nach neuen Erlebnissen und Motivationsquellen. Sie möchten alles selbst ausprobieren und verachten selbst ernannte Experten und Vorträge von wichtigen Köpfen. Wenn etwas für sie nicht funktioniert, oder wenn ihnen nicht erlaubt wird, an dem Prozess beteiligt zu sein, gehen sie rasch zu etwas über, das sie packt. Sie ziehen das Lässige und Bequeme dem Biederen und Gestelzten vor. Sie betrachten das Leben auf nicht lineare, chaotische Weise, was bedeutet, dass Widersprüche und Zweideutigkeiten ihnen nichts ausmachen. Es kann sein, dass sie jemandem sagen, was derjenige hören möchte, dann aber machen, was sie wollen.

Spiritualität ist für junge Erwachsene wichtig. Doch viele betrachten sie als nur *ein* Element eines erfolgreichen, vielseitigen Lebens. Weniger als einer von zehn jungen Erwachsenen sagt, dass der Glaube für ihn höchste Priorität hat. Trotz der Tatsache, dass die überwältigende Mehrheit von Babybuster und MTV-Generation während ihrer Highschoolzeit eine christliche Gemeinde besucht hat. Die meisten jungen Menschen, die als Teenager in einer Kirche engagiert waren, lösen sich irgendwann im frühen Erwachsenenalter vom Gemeindeleben und oft vom Christentum. Das führt in vielen Gemeinden zu einem Mangel an jungen Talenten, junger Energie und jungen Leitern. Obwohl das kein einmaliges Phänomen der Babybuster- oder MTV-Generation ist – viele Babyboomer haben das auch getan –, legen unsere Dauerstudien nahe, dass junge Menschen heutzutage wahrscheinlich eher nicht zu einem späteren Zeitpunkt in die Kirche zurückkehren, selbst wenn sie Eltern werden.

Ich könnte fortfahren (und ich werde im ganzen Buch Generationenunterschiede untersuchen). Doch diese Erläuterungen liefern zumindest eine Momentaufnahme, den Hintergrund, vor dem neue Generationen über das Christentum nachdenken und mit ihm umgehen.

FEINDLICHE ÜBERNAHME

Einer der Generationenunterschiede besteht in einer ansteigenden Flutwelle von Feindseligkeit und Groll gegen das Christentum. Im Jahr 1996 veröffentlichte unsere Firma einen Bericht unter der Überschrift »Das Christentum hat ein starkes, positives Image, trotz immer weniger aktiver Teilnehmer«. Die Studie zeigte, dass Amerikaner, selbst diejenigen, die von außen auf das Christentum schauten, im Großen und Ganzen Hochachtung vor Christen hatten. Bei den Andersdenkenden – Atheisten oder Agnostikern, Angehörigen einer nichtchristlichen Religion oder kirchenfernen Personen ohne feste religiöse Überzeugungen – stellten wir fest, dass 85 Prozent der Rolle des Christentums in der Gesellschaft wohlwollend gegenüberstanden. Die Wahrnehmungen der jüngsten Generationen spiegelten diese Feststellung wider.

Das war damals.

Jetzt, ein gutes Jahrzehnt später, hat das Image des christlichen Glaubens einen großen Rückschlag erlitten. Unsere aktuellsten Daten zeigen, dass junge Andersdenkende einen großen Teil ihres Respekts vor dem christlichen Glauben verloren haben. Heutzutage behaupten fast zwei von fünf jungen Andersdenkenden (38 Prozent), »vom heutigen Christentum einen schlechten Eindruck« zu haben.[5] Darüber hinaus erklärt ein Drittel der jungen Andersdenkenden, dass das Christentum ein negatives Image verkörpert, mit dem sie nicht in Verbindung gebracht werden wollten. Außerdem gibt einer von sechs jungen Andersdenkenden (17 Prozent) an, er oder sie habe einen »sehr schlechten« Eindruck vom Christentum. Obwohl diese eingefleischten Kritiker eine Minderheit unter den jungen Andersdenkenden darstellen, ist diese Gruppe gut dreimal größer als noch vor einem Jahrzehnt.

Andersdenkende richten ihre Skepsis gegen alles Christliche: den Glauben selbst, die Menschen, die ihn bekennen, die Bibel *und* Jesus Christus. Offen gesagt sind diese negativen Gefühle miteinander verflochten. Man sollte dennoch nicht annehmen, dass jedes dieser vier Elemente auf der gleichen Ebene betrachtet wird: Junge Andersdenkende neigen am meisten dazu, von den Ausdrucksformen des heutigen Christentums frustriert zu sein, gefolgt von ihrer Verärgerung über Christen.

Ihre Sichtweise von der Bibel ist uneinheitlich: Die meisten finden, dass sie gute Werte enthält. Doch nur drei von zehn glauben, dass sie mit allen Grundsätzen, die sie lehrt, recht hat. Und Jesus ruft eine interessante Mischung von Reaktionen hervor. Jesus gegenüber haben Andersdenkende die wohlwollendsten. Doch unter jungen Menschen ist nicht einmal mehr das Bild von ihm besonders deutlich. Die jungen Leute neigen mehr als frühere Generationen dazu zu glauben, dass Jesus gesündigt hat. Sie glauben auch eher, dass Menschen ohne ihn ein sinnvolles Leben führen können.

Da die Christenheit eine so bunt gemischte Gemeinschaft ist, hat unsere Studie auf verschiedene »Scheiben« des christlichen Glaubens in Amerika abgezielt. Christen gibt es in den unterschiedlichsten Erscheinungsformen. Daher wollten wir einige der charakteristischsten und am deutlichsten erkennbaren Segmente untersuchen. Besonders interessierte uns die Frage: Zeigen Andersdenkende der MTV- und Babybuster-Generation unverwechselbare Reaktionen auf »wiedergeborene« und »evangelikale« Gruppierungen?

Wir erfuhren, dass den Andersdenkenden der Begriff »wiedergeboren« eher vertraut ist als »evangelikal«. Die Menschen betrachten wiedergeborene Christen in etwa genauso, wie sie vom Christentum selbst denken: Die meisten sagen, dass sie einen gleichgültigen oder neutralen Eindruck haben. Doch unter denen, die eine Meinung äußerten, überwog die negative die positive Sichtweise von wiedergeborenen Christen um mehr als drei zu eins (35 Prozent zu 10 Prozent).

Wir haben festgestellt, dass Andersdenkende Evangelikalen den meisten Widerstand entgegenbringen. Unter denen, die den Begriff »evangelikal« kannten, waren die Ansichten außergewöhnlich negativ (49 Prozent zu 3 Prozent). Die Abneigung gegen Evangelikale unter den Jüngeren ist überwältigend und entschieden. Sie sollten sich das so vorstellen: Es gibt etwa 24 Millionen Andersdenkende in Amerika, die zwischen 16 und 29 Jahren alt sind. Von denen haben beinahe sieben Millionen einen negativen Eindruck von Evangelikalen. Weitere sieben Millionen sagten, dass sie keine Meinung haben; und zehn Millionen haben den Begriff »evangelikal« noch nie gehört. Somit bleiben von den 24 Millionen weniger als eine halbe Million junger Andersdenkender, die Evangelikale in einem positiven Licht sehen.

Wie Andersdenkende Evangelikale und wiedergeborene Christen wahrnehmen

Prozent von Andersdenkenden im Alter von 16–29 Jahren (N* = 440)

	Christentum	Evangelikale Christen	Wiedergeborene Christen
Kennen sie/haben schon einmal davon gehört	-	57 %	86 %
Haben einen schlechten Eindruck**	38 %	49 %	35 %
Haben einen neutralen Eindruck**	45 %	48 %	55 %
Haben einen guten Eindruck**	16 %	3 %	10 %

* Größe der Stichprobe **Prozent von denen in jeder Gruppe, die die Begriffe kannten

Wir haben für die Umfrageteilnehmer die Begriffe »evangelikal« oder »wiedergeboren« nicht eigens definiert. Wir haben ihnen nur die Frage gestellt, ob sie schon einmal von diesen Gruppen gehört haben. Wenn ja, sollten sie ihre Meinung dazu beschreiben. Als wir die Ansichten dieser jungen Menschen untersuchten, begegneten wir einem großen Maß an Verwirrung. Zum Beispiel meinten viele Andersdenkende, Wiedergeborene seien Christen, die als ehemalige Gläubige die Kirche verlassen hatten und später zurückgekehrt und somit wiedergeboren waren. Evangelikale wurden oft für Christen gehalten, die politische Aktivisten sind. Doch abgesehen vom Missverstehen der Begriffe achten die meisten jungen Andersdenkenden nur wenig auf die spezifischen theologischen Anschauungen, die die evangelikalen oder wiedergeborenen Gruppen vertreten. Verstehen Sie mich bitte nicht falsch. Die meisten Andersdenkenden kennen die Geschichte des Christentums: dass Jesus Gottes Sohn war, der kam, um durch sein Sterben unsere Sünden wegzunehmen, wenn wir an ihn glauben. Wie Sie noch später in diesem Buch sehen, sind die Voraussetzungen des Christentums kein Geheimnis, weil die überwiegende Mehrheit schon einmal in einer christlichen Kirche war und die Botschaft von Jesus Christus gehört hat.

Der Hauptgrund, warum Andersdenkende Christen – besonders konservativen Christen – gegenüber feindselig sind, liegt in keiner speziellen theologischen Perspektive. Worauf sie negativ reagieren, ist unser überhebliches Auftreten, wie wir an Dinge herangehen und das Gefühl der Selbstherrlichkeit, das wir vermitteln. Andersdenkende sagen, dass Christen bellen und beißen. Mag sein, dass Christen normalerweise nicht angriffslustig sind, aber sie sind es oft genug, sodass andere gelernt haben, in unserer Gegenwart auf der Hut zu sein. Andersdenkende haben das Gefühl, sie könnten nicht zulassen, dass Christen ihnen auf der Nase herumtanzen.

Eine der überraschenden Erkenntnisse aus unserer Studie ist, dass die wachsende Feindseligkeit Christen gegenüber sehr stark das widerspiegelt, was offenbar von Gläubigen bei den Andersdenkenden ankommt. Sie sagen, dass ihre Aggression einfach der überhöhten Meinung der Christen von sich selbst und ihrem Stolz entspricht. Eine Andersdenkende hat es so formuliert: »Die meisten Leute, die ich kennenlerne, gehen davon aus, dass mit *Christ* sehr konservative, einseitig denkende, antihomosexuelle, abtreibungsgegnerische, aggressive, gewalttätige, unlogische Imperialisten gemeint sind, die jeden bekehren wollen und in der Regel mit keinem friedlich zusammenleben können, der nicht glaubt, was sie glauben.«

WARUM SO NEGATIV?

Warum ruft das Christentum von heute so negative Reaktionen hervor? Unsere Studien haben untersucht, welcher Art die Ansichten über das Christentum sind – nicht nur das Für und Wider, sondern die *Substanz* dessen, wie die Menschen gegenüber Christen und dem Christentum empfinden. Das Hauptziel war nicht einfach nur herauszufinden, *ob* die Menschen negativ empfinden, sondern *warum*. Wofür sind wir bekannt?

Eine entscheidende Erkenntnis trat bei unserer Untersuchung immer wieder hervor. Beim Studium von Tausenden von Meinungen von Distanzierten wurde uns klar, dass die Christen hauptsächlich wegen der Dinge wahrgenommen werden, gegen die sie sind. *Wir sind berühmt für das, wogegen wir sind, statt für das, wofür wir sind.*

Denken Sie noch einmal an die Bemerkung der Andersdenkenden zurück. Welches Bild hat sie von Christen? Einseitig denkende, antihomosexuelle, abtreibungsgegnerische, aggressive, gewalttätige, unlogische Imperialisten, die jeden bekehren wollen und mit anderen nicht friedlich zusammenleben können. Wir sind bekannt für unsere Wir-gegen-sie-Mentalität. Andersdenkende glauben, dass Christen sie wegen ihrer Handlungen, ihres Aussehens oder ihrer Ansichten nicht mögen. Sie fühlen sich von denen, die Jesus lieben, herabgesetzt – oder schlimmer noch: verteufelt.

Wie verbreitet sind diese Wahrnehmungen? Es ist eine Sache, einen Menschen auf der Straße zu treffen, der dreiste, freche Dinge über das Christentum sagt, aber eine ganz andere Sache, wenn diese Sichtweisen für junge Leute den christlichen Glauben definieren.[6] In unseren landesweiten Umfragen unter jungen Menschen haben wir folgende drei am weitesten verbreiteten Ansichten über das heutige Christentum herausgefunden: Es sei antihomosexuell[7] (eine Auffassung, die 91 Prozent der jungen Andersdenkenden vertraten), verurteilend (87 Prozent) und heuchlerisch (85 Prozent). Nach diesen »großen Drei« folgen mehrheitlich unter jungen Erwachsenen: altmodisch, zu politisch, realitätsfern, unsensibel anderen gegenüber, langweilig, intolerant anderen Religionen gegenüber und verwirrend. Wenn sie an den christlichen Glauben denken, fallen ihnen diese Bilder ein. *Das ist es, was die junge Generation tatsächlich über das Christentum denkt.*

Doch nicht alle Reaktionen sind negativ. Unsere Studien haben ebenfalls ergeben, dass viele Andersdenkende sich auch wohlwollend über das heutige Christentum äußern. Sie kennen zwiespältige Wahrnehmungen bezüglich des christlichen Glaubens: Sie haben nach wie vor wesentliche Zweifel, negative Vorstellungen und Bedenken, während sie dennoch positive Erfahrungen mit dem Christentum in Verbindung bringen. Der am weitesten verbreitete »vorteilhafte« Eindruck ist, dass das Christentum den grundsätzlich gleichen Gedanken wie andere Religionen lehrt; mehr als vier von fünf jungen Andersdenkenden vertreten diese Auffassung. Drei Viertel glauben, das Christentum habe »gute Werte und Prinzipien«. Und die meisten Andersdenkenden sagen, das heutige Christentum sei »freundlich«. Über die folgenden Vorstellungen sind die Andersdenkenden geteilter Meinung: Es ist ein Glaube, den sie respektieren; es ist ein Glaube, der anderen Liebe vermittelt; es ist etwas, das Hoffnung für die Zukunft bietet; es sind Menschen, denen sie vertrauen. Nur ein kleiner Prozentsatz von Andersdenkenden ist überzeugt davon, dass die Begriffe »Respekt, Liebe, Hoffnung und Vertrauen« das Christentum beschreiben. Eine Minderheit von Andersdenkenden nimmt das Christentum als aufrichtig und echt wahr, als etwas Sinnvolles und als bedeutsam für ihr Leben.

Wie Andersdenkende das Christentum wahrnehmen

Frage: Hier sind einige Begriffe, die man verwenden könnte, um einen religiösen Glauben zu beschreiben. Bitte geben Sie an, ob Sie meinen, dass diese Begriffe auf das heutige Christentum zutreffen.

Andersdenkende, 16–29 Jahre (N = 440)

Negatives Image	trifft »sehr stark« zu, in %	trifft »sehr stark« bis »etwas« zu, in %
antihomosexuell	66	91
verurteilend	57	87
heuchlerisch – sagen das eine, tun das andere	54	85
zu politisch	46	75
realitätsfern	37	72
altmodisch	28	78
unsensibel anderen gegenüber	27	70
langweilig	27	68
intolerant anderen Religionen gegenüber	22	64
verwirrend	19	61

Positives Image		
lehren den gleichen grundsätzlichen Gedanken wie andere Religionen	28	82
haben gute Werte und Prinzipien	26	76
freundlich	18	71
ein Glaube, den man respektieren kann	16	55
bringt anderen immer Liebe entgegen	16	55
bietet Hoffnung für die Zukunft	19	54
Menschen, denen man vertraut	9	52
scheint ehrlich und echt zu sein	11	41
ist etwas Sinnvolles	9	41
bedeutsam für das Leben	10	30

Wie können Menschen gleichzeitig sowohl positive als auch negative Ansichten vertreten? Alles in allem haben junge Menschen tiefe zwiespältige Gefühle hinsichtlich Christen und Christentum. Ihre Reaktionen auf den Glauben gehen weit auseinander. Was Menschen über das Christentum sagen, hängt von ihren Erfahrungen ab und davon, wann und wo man mit ihnen spricht. Ihre Abneigung ist ebenso oft von Gleichgültigkeit wie auch von Feindseligkeit durchsetzt. Während einige junge Erwachsene Christen gegenüber offen feindselig sind, ist eine ebenso verbreitete Reaktion, uns zu übersehen.

Wenn Andersdenkende behaupten, wir seien unchristlich, reflektiert das dieses verworrene (und vorwiegend negative) Muster von Auffassungen. Wenn sie sehen, dass Christen sich nicht wie Jesus verhalten, ziehen sie rasch den Schluss, dass die ganze Gruppe das Etikett »unchristlich« verdient. Wie eine defekte Computerdatei oder eine schlechte Fotokopie sei das Christentum, so sagen sie, nicht mehr in seiner unverfälschten Form, und daher lehnen sie es ab. Ein Viertel der Andersdenkenden sagt, am Christentum nähmen sie in erster Linie wahr, dass es sich zum Schlechteren verändert hat. Es ist von der Spur abgekommen und nicht das, was Christus beabsichtigt hat. *Das Christentum von heute scheint nicht mehr christlich zu sein.*

SECHS WEITE FELDER

Treiben die negativen Bilder, die die Menschen von Christen haben, Ihren Blutdruck in die Höhe? Denken Sie daran, die Begriffe und Gedanken, die Andersdenkende auf uns abfeuern, sind scharf geladen. Ein Teil der Kritik soll uns provozieren. Aber lassen wir uns noch provozieren?

Diese Themen sind wichtig, weil sie oft sehr zutreffend reflektieren, wie verfehlt die christliche Gemeinschaft sich einer skeptischen Generation tatsächlich gezeigt hat. Dieses Buch untersucht unsere Forschungsergebnisse auf sechs weiten Feldern. An den Punkten, an denen uns Andersdenkende am häufigsten skeptisch gegenüberstehen und Widerstand entgegenbringen. Diese sechs Gebiete sind:

1. *Heuchlerisch.* Andersdenkende nehmen uns als heuchlerisch wahr – dass wir das eine sagen und das andere tun. Und sie stehen unserer moralisch überlegenen Haltung skeptisch

gegenüber. Sie sagen, Christen geben vor, etwas zu sein, das sie nicht sind. Dass sie ein aufpoliertes Image vermitteln, das nicht zutrifft. Christen glauben, die Kirche sei nur ein Ort für tugendhafte und moralisch tadellose Menschen.

2. *Zu versessen darauf, andere zu bekehren.* Andersdenkende fragen sich, ob wir uns aufrichtig für sie interessieren. Sie fühlen sich eher als Ziele denn als Menschen. Sie stellen unsere Motive infrage, wenn wir versuchen, ihnen zu helfen, »sich zu bekehren«. Trotz der Tatsache, dass viele von ihnen Jesus bereits »ausprobiert« haben und schon Gemeindeerfahrung haben.

3. *Antihomosexuell.* Andersdenkende sagen, dass Christen voreingenommen sind und Schwule und Lesben verachten. Sie finden, dass Christen darauf fixiert sind, Homosexuelle zu heilen und politische Lösungen als Druckmittel gegen sie einzusetzen

4. *Abgeschottet.* Christen werden als altmodisch, langweilig und realitätsfern betrachtet. Andersdenkende sagen, dass wir auf die Realität nicht angemessen komplex eingehen, sondern zu stark vereinfachte Lösungen und Antworten bevorzugen. Wir sind nicht bereit, uns mit dem Dreck im Leben anderer Menschen auseinanderzusetzen.

5. *Zu politisch.* Eine weitere verbreitete Ansicht über Christen ist, dass wir zu sehr von einer politischen Agenda motiviert sind. Dass wir politisch konservative Interessen befürworten und vertreten. Konservative Christen werden oft für politisch rechts stehend gehalten.

6. *Verurteilend.* Andersdenkende denken, dass Christen schnell über andere urteilen. Sie sagen, dass wir mit unserer Einstellung zu anderen Menschen nicht ehrlich sind. Sie bezweifeln, dass wir die Menschen wirklich so lieben, wie wir es sagen.

In den folgenden sechs Kapiteln dieses Buches untersuchen wir diese sechs kritischen Auffassungen und beschreiben, wie Andersdenkende zu diesen Ansichten kommen und wir ihr Verständnis von Jesus beeinflussen. Jedes Kapitel formuliert zudem eine wünschenswerte neue Sichtweise – eine biblische

Vision für das, wie wir Christen bekannt sein sollten. Diese wünschenswerte Sichtweise ist kein Versuch, populär zu sein oder Andersdenkenden einfach einen Gefallen zu tun, sondern sie mit dem Leben verändernden Jesus bekannt zu machen, statt mit einer unchristlichen Version von ihm.

Lassen Sie mich wiederholen: Es mag sein, dass Sie nicht mit den Ansichten der Andersdenkenden übereinstimmen. Doch Sie sollten sie nicht ignorieren. Wir müssen uns mit der MTV-Generation und den Babybustern so auseinandersetzen, wie sie sind – freimütig, respektlos und unverfroren. Wenn wir das nicht tun, wird ihre Kritik dadurch nur umso schlagkräftiger, weil sie unbeantwortet bleibt.

EIN KOMPLEXER HINTERGRUND

Einer Reaktion auf diese Untersuchung begegnen wir oft, und zwar, dass die negative Sichtweise vom Christentum auf die geistliche Verweigerungshaltung der Menschen geschoben wird. Doch das Imageproblem des Christentums mit der jungen Generation liegt nicht nur an der geistlichen Verweigerungshaltung seitens der Andersdenkenden, obwohl das manchmal eine Rolle spielt. Sicher ist es leichter für Menschen, ihre Ablehnung Christus gegenüber zu rechtfertigen, wenn sie der Ansicht sind, das Christentum verdiene ihren Respekt nicht. Doch es wäre völlig falsch zu schlussfolgern, dass Menschen Christus wegen einiger einfacher Faktoren verwerfen, nur um geistliche Schuldgefühle zu umgehen. Sie werden überrascht sein zu erfahren – wie auch ich bei dieser ganzen Untersuchung –, wie häufig die Abneigung eines Menschen auf einem komplexen Muster von Hintergrundfaktoren basiert, die die folgenden Elemente umfassen:

- Wahrnehmungen bilden sich nicht in einem Vakuum oder weil zu wenig Kontakt mit der Materie vorhanden ist. Die meisten aus der MTV- und Babybuster-Generation in Amerika, also vor allem die 16- bis 29-Jährigen, haben jede Menge direkte Erfahrung mit Christen und dem christlichen Glauben. Die überwältigende Mehrheit von Andersdenkenden in der MTV- und Babybuster-Generation war schon einmal in einer Kirche; die meisten von ihnen haben mindestens eine Gemeinde mehrere Monate lang besucht; und beinahe neun von zehn sagen, dass sie persönlich Christen kennen und etwa fünf Freunde haben, die gläubig sind.

- Die Ansichten der Menschen sind durch ein breites Spektrum an Einflüssen geformt worden. Am häufigsten werden ihre Ansichten durch Erfahrungen in Gemeinden (59 Prozent der jungen Andersdenkenden sagten, das habe ihre Sichtweise beeinflusst) und Beziehungen (50 Prozent) geprägt, gefolgt von Einflüssen aus anderen Religionen (48 Prozent). Hauptsächlich sagten die jungen Leute, sie hätten ihre Meinung über Christen aufgrund von Gesprächen mit anderen – oft mit Christen – gebildet. Das ist wichtig, weil es nicht nur bedeutet, dass wir eine große Verantwortung dafür tragen, die Ansichten zu formen, die andere Menschen haben, sondern weil es auch nahelegt, dass unsere Worte und unser Leben diese negativen Bilder verändern können.

- Die »säkularen« Medien haben mit Sicherheit einen Einfluss darauf, wie Andersdenkende das Christentum betrachten. Doch weniger als Sie vielleicht glauben. Nur etwas weniger als die Hälfte der Befragten erwähnte Bücher (44 Prozent), gefolgt von visuellen Medien (Filme und Fernsehen – 31 Prozent) und Musik (16 Prozent). Zu der Frage, ob Christen in den Medien unzutreffend dargestellt werden, sagten nur 9 Prozent der jungen Andersdenkenden und nur ein Fünftel der jungen Kirchgänger (22 Prozent), das Christentum habe aufgrund von Fernsehen und Filmen einen schlechten Ruf. Sie sollten sich allerdings darüber im Klaren sein, dass jungen Menschen nicht bewusst ist, wie die Medien in ihrem Leben sie »unterschwellig« beeinflussen. Die Menschen unterschätzen oft die Rolle der Medien in ihrem Denken und Verhalten. Dennoch sollten wir zur Kenntnis nehmen, dass junge Andersdenkende ihr Bild vom Christentum hauptsächlich Gesprächen und direkten Erfahrungen zuschreiben.

- Schmerzhafte Begegnungen mit dem Glauben haben ebenfalls einen starken Einfluss darauf, was ein Mensch über das Christentum denkt. Tatsächlich haben wir festgestellt, dass altersunabhängig ein Fünftel aller Andersdenkenden angab, sie hätten »eine schlechte Erfahrung in einer Gemeinde oder mit einem Christen gemacht, die ihnen ein negatives Bild von Jesus Christus vermittelte«. Das steht für beinahe 50 Millionen erwachsener Einwohner dieses Landes – einschließlich etwa 9 Millionen junger Andersdenkender – die einräumen, dass sie erheblichen emotionalen oder geistlichen Ballast aus vergangenen Erfahrungen mit sogenannten Nachfolgern von Christus mit sich herumtragen. Gemeindeleitern ist dieses Problem durchaus nicht unbewusst. Drei Viertel der Pastoren von protestantischen Gemeinden gaben an, dass sie oft Menschen begegnen, deren Offenheit für Christus durch negative Erfahrungen erheblich beeinträchtigt ist.

- Junge Andersdenkende wurden sehr viel häufiger durch das Christentum verletzt als ältere Andersdenkende. Drei von zehn jungen Andersdenkenden sagten, sie hätten negative Erfahrungen in Gemeinden und mit Christen gemacht. Solche schmerzlichen Erfahrungen gehören zu den Geschichten von beinahe einem von zwei jungen Menschen, die Atheisten oder Agnostiker sind oder einem anderen Glauben angehören. Um das einmal im Zusammenhang zu betrachten: Andersdenkende aus der MTV- und Babybuster-Generation geben zweieinhalb Mal öfter als ältere Andersdenkende an, dass schlechte Erfahrungen ihr Bild von Jesus abgewertet haben. Egal, was der Grund ist, verglichen mit vorangegangenen Generationen bauen jüngere Erwachsene heute in kürzerer Zeit größeren Widerstand gegen das Christentum auf.

Was wollen wir mit dem Blick auf diese komplexen Faktoren erreichen, die die Sichtweise von Andersdenkenden prägen? Ich hoffe, Aufschluss über die Gründe geben zu können, weshalb junge Menschen mit dem Christentum auf Kriegsfuß stehen. Sie haben sehr persönliche Erfahrungen gemacht, Enttäuschungen und Verletzungen erlitten sowie verheerende Gespräche oder

Konfrontationen erlebt. Wahrscheinlich kennen Sie Menschen, die so etwas durchgemacht haben. Vielleicht haben Sie selbst eine solche Erfahrung gemacht, als Menschen so unchristlich waren, dass Sie an Jesus gezweifelt haben. Sie werden im ganzen Buch solchen Geschichten begegnen. Das Wichtige ist, dass Sie daran denken, dass diese Erlebnisse die Andersdenkenden zutiefst getroffen haben. Die Narben hindern sie oft daran, Jesus als den zu sehen, der er wirklich ist. Das sollte unser Mitgefühl für die Menschen außerhalb unserer Gemeinden wecken. Wir sollten nicht von Schuldgefühlen motiviert, sondern von der Leidenschaft getrieben sein, dazu beizutragen, dass ihre Verletzungen geheilt werden.

DER VEREINNAHMTE JESUS

Wenn wir daran arbeiten, die negative Sichtweise von Andersdenkenden zu verändern, müssen wir vermeiden, in das entgegengesetzte und ebenso gefährliche Extrem zu verfallen. Manche Christen reagieren auf die negative Haltung von Andersdenkenden, indem sie für einen weniger anstößigen Glauben werben. Die unbeliebten Teile der christlichen Lehre werden ausgelassen oder weniger betont. Sie vereinnahmen das Bild von Jesus, indem sie ihn als aufgeschlossenen, großherzigen Morallehrer darstellen, der niemandem auf die Füße getreten ist. Das ist eine vollkommen falsche Vorstellung von Jesus. Er lehrte auffallend harte Wahrheiten über den Menschen und die Sünde. Man kann nicht einen Abschnitt wie Offenbarung 19 (wo seine Wiederkunft als gleichermaßen herrlich und gefährlich beschrieben wird) oder über seine Zeit auf der Erde lesen (wo er sich religiösen Führern entgegenstellte und unverblümt über die geistlichen Gebrechen von Menschen sprach) und dabei nicht die starke, gerechte Seite von Jesus sehen. Das Evangelium zu verweichlichen oder umzuschreiben, ist eine schlechterdings falsche Reaktion auf die Einwände, die die Menschen erheben.

Ziehen Sie bitte einmal zwei wichtige Gründe in Betracht, weshalb Jesus in der heutigen Kultur vereinnahmt wird. Erstens werden theologisch konservative Menschen zunehmend als distanziert angesehen. Das führt dazu, dass sie isoliert vom Umgang mit den Sorgen, Zweifeln, Fragen und Einwänden der jungen Generation erscheinen. MTV-Generation und Babybuster sind dagegen die ultimativen »Gesprächsgenerationen«. Sie wollen diskutieren, debattieren und alles infrage stellen. Das kann entweder eine Quelle der Frustration sein oder ein Interesse, das wir nutzen, um ein neues und nachhaltiges Niveau an geistlicher Tiefe bei jungen Menschen zu ermöglichen. Junge Andersdenkende wollen Diskussionen führen. Doch sie haben den Eindruck, dass Christen nicht bereit sind, sich auf einen echten Dialog einzulassen. Sie halten Gespräche für »Überzeugungsstunden«, in denen sie von den Christen mit so vielen Argumenten wie möglich überhäuft werden.

Andersdenkende sagten uns, dass das zugrunde liegende Anliegen von Christen oft wohl mehr darin besteht, recht zu haben als zuzuhören. Bei uns gibt es eine Unterströmung von Arroganz, die Andersdenkende wahrnehmen. Das bedeutet indirekt, dass selbst die »richtigen« Antworten, wenn sie unchristlich vorgebracht werden, völlig an dieser skeptischen Generation vorbeigehen. Wenn wir Christen als schwierige Zeitgenossen wahrgenommen werden – und wenn wir nicht gottgemäß, angemessen und bescheiden auf die Fragen und Zweifel der Menschen eingehen – lassen wir zu, dass Jesus vereinnahmt wird, indem wir nicht unsere Stimme ins Gespräch einbringen.

Zweitens erwarten wir, falls sich im unchristlichen Glauben nicht grundlegend etwas ändert, dass die Mentalität, Jesus zu vereinnahmen – sich seinen eigenen Retter zu schaffen – sich in den kommenden Jahren unter den jungen Erwachsenen immer weiter verbreiten wird. Der Grund ist, dass junge Christen ebenfalls eine beträchtliche Skepsis gegen unchristliche Ausdrucksformen des Glaubens hegen.

Von den jungen Erwachsenen, die regelmäßig eine christliche Gemeinde besuchen, *haben viele einige der gleichen negativen Ansichten wie die Andersdenkenden*. Zum Beispiel sagen vier von fünf jungen Kirchgängern, dass das Christentum antihomosexuell ist; die Hälfte bezeichnet es als verurteilend, zu politisch, heuchlerisch und verwirrend, der christliche Glaube sei altmodisch und realitätsfern; und ein Viertel der jungen Christen denkt, er sei langweilig und unsensibel anderen gegenüber. Das ist eine erhebliche Anzahl von jungen Menschen *innerhalb christlicher Gemeinden*, die Einwände gegen Motivation, Haltung und Image des modernen Christentums erheben.

Der Kampf junger Kirchgänger

Frage: Hier sind einige Begriffe, die man verwenden könnte, um einen religiösen Glauben zu beschreiben. Bitte geben Sie an, ob Sie meinen, dass diese Begriffe das heutige Christentum zutreffend beschreiben.

(Andersdenkende: N = 440; christliche Kirchgänger: N = 305; Prozent die angeben, jeder Begriff trifft »sehr stark« bis »etwas« auf das Christentum zu)

von 16- bis 29-jährigen Amerikanern

	Anders-denkende in %	Kirch-gänger in %
antihomosexuell	91	80
verurteilend	87	52
heuchlerisch – sagen das eine, tun das andere	85	47
altmodisch	78	36
zu politisch	75	50
realitätsfern	72	32
unsensibel anderen gegenüber	70	29
langweilig	68	27
intolerant anderen Religionen gegenüber	64	39
verwirrend	61	44

Doch obwohl junge Christen mit dem unchristlichen Glauben zu kämpfen haben, versuchen viele, das Beste daraus zu machen. Ein großer Teil der Christen der MTV- und Babybuster-Generation spürt die volle Wucht der Feindseligkeit dem Christentum gegenüber. Doch sie arbeiten weiter eifrig, um ihre Altersgenossen mit Jesus bekannt zu machen. Ihr Realitätssinn ist sowohl ernüchternd als auch ermutigend. Bitte bedenken Sie einmal die Mentalität von wiedergeborenen Christen zwischen 16 und 29 Jahren:

- Eine Mehrheit sagt, dass sie in ihrer Freizeit versuchen, Aktivitäten nachzugehen, die dazu beitragen, Menschen näher zu Christus zu bringen. Die meisten jungen Christen geben an, bewusst Freundschaften mit anderen Menschen aufzubauen, um Gelegenheit zu bekommen, ihnen ihren Glauben an Jesus zu erklären.
- Jungen wiedergeborenen Christen ist klar, dass das negative Image des Christentums faktisch ihre Beziehungen zu ihren Altersgenossen beeinträchtigt. Zwei Drittel der jungen wiedergeborenen Christen sagen, sie glauben, dass die meisten Andersdenkenden ein negatives Bild vom Christentum haben. Ein weiteres Drittel gibt zu, dass sie sich wegen der Art, wie Christen sich verhalten und der Dinge, die sie sagen, schämen Christen zu sein.
- Sie sind außerdem sensibel für die Art und Weise, wie Christen sich unserer zerstörten Welt zuwenden. Oft frustriert über das schlechte Image, das das Christentum hat. Wir hörten viele junge Gläubige erklären, dass sie unter gewissen Umständen zögern einzugestehen, dass sie Christen sind. Sie fürchten nicht, unpopulär zu sein. Doch sie haben das Gefühl, dass es ihre Möglichkeiten unterliefe, mit Menschen in Verbindung zu treten und ihnen gegenüber glaubwürdig zu sein, wenn sie die christliche Fahne hissen würden. Es ist eine schwerwiegende Anklage gegen den unchristlichen Glauben, dass sie sich vom aktuellen Etiketten-Christentum distanzieren müssen, um die Menschen in ihrer Umgebung näher zu Christus zu bringen. Sie müssen die unchristliche Art, Dinge zu tun, hinter sich lassen, um Menschen mit der Tiefe und Kraft der christlichen Botschaft bekannt zu machen.

Trotz der Herausforderungen für das Christentum gibt es gute Nachrichten. Dieses Forschungsprojekt führte dazu, dass Gabe und ich Tausende von jungen Leuten entdeckten, die sich nichts sehnlicher wünschen, als dafür zu sorgen, dass Jesus unserer Gesellschaft wichtiger wird. Diese jungen Gläubigen sind sehr besorgt darüber, wie das Christentum für Andersdenkende aussieht. Sie sehen Löcher im Christentum von heute. Doch sie möchten nicht, dass Jesus in irgendeine Richtung vereinnahmt wird. Weder dadurch, dass man ihn »neu erfindet«, noch durch diejenigen, deren Leben und Worte den heiligen, gerechten, barmherzigen und liebenden Gott nicht angemessen widerspiegeln. Diese jungen Christen spüren, dass zwischen ihrem Leben heute und der Art, wie Jesus lebte, keine Verbindung mehr besteht: dem Auftrag, das Reich Gottes allen Menschen deutlich ins Blickfeld zu rücken, besonders denen, die die tiefsten Nöte haben. Diese jungen Erwachsenen machen sich Sorgen, dass die unchristliche Botschaft zu einer Botschaft der Selbsterhaltung geworden ist, statt eine Botschaft zur Rettung der Welt zu sein.

Ein 35-jähriger Christ aus Kalifornien formuliert es so: »Christen sind politisch, verurteilend, intolerant, schwach, religiös, wütend und unausgeglichen geworden. Das Christentum ist zu einem netten Sonntagsausflug geworden. Wo ist der lebendige Gott, der Heilige Geist, der erstaunliche Jesus, die Liebe, das Mitgefühl, die Heiligkeit? Wie sehr ich mich doch nach dieser Art Leben sehne!«

Jesus wurde Freund der Sünder genannt und ging unermüdlich den Unterdrückten nach. Welch eine Ironie, dass seine Nachfolger heute in einem gegenteiligen Licht gesehen werden! Wie können Menschen Gott lieben, den sie nicht sehen können, wenn diejenigen von uns, die behaupten ihn zu repräsentieren, Andersdenkenden nicht mit Liebe begegnen?

Junge Christen stellen Fragen wie diese, weil ihr Wunsch, mit Andersdenkenden in Verbindung zu treten, im Widerspruch zu der Wir-gegen-sie-Mentalität steht.

SPIELEN WAHRNEHMUNGEN EINE ROLLE?

Gabe und ich begegnen häufig dem Gedanken, es sollte uns Christen nicht kümmern, was Andersdenkende über uns denken. Immerhin hat Jesus uns vorgewarnt, dass die »Welt« uns hassen würde. Die Bibel sagt sogar Verfolgung denen voraus, die Christus nachfolgen.[8]

Vergessen Sie nicht, dass Christen zum Teil deswegen einen schlechten Ruf haben, weil unsere Glaubenssicht an der moralisch relativistischen Kultur kratzt. MTV-Generation und Babybuster meinen, dass christliche Ansichten ihrer Alles-geht-Denkweise zuwiderlaufen. Auch wenn Andersdenkende uns nicht immer verstehen, müssen wir jedoch sehr darauf achten, dass wir nicht die biblische Motivation beiseiteschieben, die zu dieser Sichtweise beiträgt. Christen werden zum Beispiel als verurteilend angesehen, weil wir die Sünde und ihre Folgen beim Namen nennen. Christen sollten politisch engagiert sein, weil der Glaube jeden Aspekt unseres Lebens durchdringt. Christen sollten homosexuelles Verhalten als moralisch unannehmbar kennzeichnen, weil die Bibel genau das lehrt. Christen sollten sich um Gespräche und Gelegenheiten bemühen, die Menschen auf Jesus Christus hinweisen, weil wir Repräsentanten der wichtigsten Botschaft der Welt sind. Und Christen sollten nach Reinheit und Integrität streben, selbst wenn uns das als abgeschottet erscheinen lässt.

Als Repräsentanten für Christus müssen wir die Tatsache aussprechen, dass es einen heiligen Schöpfer gibt, der uns an einem Maßstab misst, der jenseits unseres endlichen, kaputten Lebens existiert. Unser Bewusstsein für ein transzendentes Sein sollte verändern, wer wir sind und wie wir denken.

Bevor Sie allerdings die Sichtweise, das Christentum sei unchristlich, einfach damit abtun, dass »die Christen ja bloß ihrer Pflicht folgen«, machen Sie sich bitte klar, dass die Herausforderung noch viel größer ist. Das tatsächliche Problem entsteht, wenn wir Gottes Heiligkeit erkennen, aber es nicht schaffen, die andere Seite seines Charakters zu äußern: Gnade. Jesus stellt Heiligkeit und Gnade dar (siehe Johannes 1,14). Die Wahrheit anzunehmen, ohne die Gnade dagegenzuhalten, führt zu harter Gesetzlichkeit, genauso wie Gnade ohne Wahrheit zu Kompromissen führt. Dennoch ist die wichtige Erkenntnis aus unserer Forschung, dass MTV-Generation und Babybuster uns

Christen kaum als Menschen sehen, die Dienstbereitschaft, Mitgefühl, Demut, Vergebung, Geduld, Freundlichkeit, Frieden, Freude und Liebe verkörpern.

Sollte es uns kümmern, was die Leute denken? Gabe und ich begannen zu erkennen, dass die wichtigere Frage war: *Was, wenn die jungen Andersdenkenden in Bezug auf uns recht haben?* Was fehlt in unserer Darstellung des christlichen Glaubens für die neuen Generationen? Wenn wir es nicht geschafft haben, die Gnade widerzuspiegeln, die Jesus anbietet – wenn wir armselige Vertreter eines heiligen und liebenden Gottes sind –, dann zählt, was sie über uns denken. Wenn wir unchristlich gewesen sind, dann tragen wir Verantwortung für das Problem – und die Lösung.

In dem Versuch, die Reaktionen der Menschen auf das Christentum zu verstehen, gibt es vier Gründe, warum Wahrnehmungen eine Rolle spielen:

1. *Was Menschen über Christen denken, hat einen Einfluss darauf, wie sie auf uns reagieren.* Viele Menschen treffen aufgrund ihrer Ansichten über den Glauben die bewusste Entscheidung, die Botschaft des Christentums abzulehnen oder Kirchen zu meiden. *Die Haltung eines Menschen motiviert sein Handeln.* Unsere Firma hat regionale Untersuchungen für Hunderte von Gemeinden durchgeführt. Viele Gemeinden werden mit den gleichen negativen Begriffen beschrieben: verurteilend, langweilig, unehrlich, arrogant, altmodisch, belanglos und so weiter. Typischerweise beruhen diese Bilder auf spezifischen Erfahrungen, die Andersdenkende in einer bestimmten Gemeinde gemacht haben. Also sind die negativen Bilder nicht einfach nur »erfunden« oder »dort draußen«. Junge Andersdenkende entscheiden sich dazu, Kirchen zu meiden und dem Christentum die Gefolgschaft zu verweigern, weil der Glaube offenbar mit der Art von Menschen in Konflikt steht, mit denen sie gern Beziehungen pflegen möchten.

2. *Was Menschen über Christen denken, sollte uns helfen, objektiv zu sein.* Andersdenkende haben uns immer wieder gesagt,

dass Christen in Bezug auf sich selbst nicht realistisch oder transparent sind. Eine wichtige Sichtweise, die wir verstehen sollten, ist: »Du bist, was du bist, nicht, was dir Menschen sagen, das du bist.« Als Christen müssen wir jedoch immer wieder eine ehrliche Selbsteinschätzung vornehmen, sodass sichtbar wird, wo unser Leben unser Glaubensbekenntnis nicht richtig widerspiegelt. Dann sind wir vielleicht etwas scharfsichtiger, was wir sagen und wie wir es leben. Wir könnten erkennen, dass die Menschen ihre Sichtweise nicht ändern, nur weil wir anderer Meinung sind.

3. *Was Menschen über Christen denken, kann sich ändern.* Weiter sollte Christen wichtig sein, was für ein Image ihr Glaube hat, weil die Haltung von Menschen ständig im Wandel ist. Besonders in einer so fließenden und dynamischen Gesellschaft wie der unseren. Noch vor einem Jahrzehnt rief der christliche Glaube nicht die erbitterte Feindseligkeit hervor wie heute. Wenn der christliche Glaube heute Imageprobleme hat, bedeutet die sich ständig wandelnde Umgebung, dass wir morgen Gelegenheiten haben werden, diese Sichtweisen zu ändern. Das wird nicht geschehen, wenn wir einfach nur versuchen gut dazustehen. Der Ruf des christlichen Glaubens sollte nie »verwaltet« oder manipuliert werden. Doch wir können ändern, wie wir angesehen werden, indem wir Christus ähnlicher werden.

4. *Was Menschen über Christen denken, spiegelt persönliche Geschichten wider.* Der *unchristliche* Glaube wirkt sich auf Ihr Leben aus, vielleicht mehr, als Ihnen klar ist. Im Umgang mit Ihren Freunden fließen die Etiketten »heuchlerisch«, »bekehrungswütig«, »antihomosexuell«, »abgeschottet«, »zu politisch« und »richtend« in das ein, was Menschen über Sie denken. Das muss Ihnen nicht gefallen, doch es ist eine Tatsache unserer komplexen Welt.

Wenn Sie Pastor sind, muss Ihre Gemeinde sich jedes Mal mit dem Image des Christentums auseinandersetzen, wenn Sie einen Rundbrief verschicken. In jedem Fall, wenn Sie es mit Stadtvertretern zu tun haben. Jedes Mal, wenn Sie kirchenferne Menschen in Ihre Gemeinde einladen. Wenn Sie in anderen Berufszweigen wie Wissenschaft, Erziehung, Medien etc. tätig sind, werden Ihre Arbeit und Ihr Zeugnisgeben von dem Image beeinflusst, das Menschen vor Augen steht, wenn sie hören, dass Sie Christ sind. Das ist wichtig: Am Ende ist es Ihre Aufgabe, diese Trends für Ihre eigenen Lebensumstände zu interpretieren und für die Entscheidungen, die Sie jeden Tag treffen, wie Sie anderen das Christsein vorleben. Gibt es in Ihrem Leben ein gesundes Gleichgewicht zwischen Gnade und Wahrheit? Jesus war um den Ruf seines Vaters im Himmel besorgt. Und Sie? Ihr Leben zeigt anderen Menschen, wie Gott ist.

Wenn ich Sie noch immer nicht davon überzeugt habe, dass der unchristliche Glaube Sie kümmern sollte, wünschte ich, Sie könnten die Tausende von Interviews lesen und hören, die wir gelesen und gehört haben. Einige der Geschichten werden in diesem Buch erscheinen. Doch die kurzen schriftlichen Auszüge geben Ihnen nur einen winzigen Einblick in ihr Potenzial. Es ist leicht zu sagen, dass es Ihnen egal ist, dass Christen für verurteilend gehalten werden. Dann hören Sie aber eine freundliche, sanfte alleinerziehende Mutter, wie sie beschreibt, was Christen über ihre elterlichen Fähigkeiten zu ihr sagten. Sie können die Tatsache, dass Christen gegen Homosexualität sein sollten, biblisch verteidigen. Dann interviewen Sie eine junge Frau, die beschreibt, wie ihre Erfahrungen in Gemeinden sie dazu gebracht haben zu glauben, dass Christen absolut kein Mitgefühl und keine Antworten für ihren homosexuellen Freund haben.

Wenn Sie skeptisch sind, ob Wahrnehmungen eine Rolle spielen, ist meine Bitte, dass Sie die folgenden Seiten lesen und darüber beten. Nehmen Sie sich dann Zeit und hören Sie Andersdenkenden in Ihrem Leben zu. Was haben sie erlebt? Was halten sie von *Ihnen*? Die Tiefe und Gewalt des unchristlichen Glaubens wird anfangen, Sie zu treffen, wie sie Gabe und mich traf.

EIN WECKRUF

Beginnen Sie schon, das alles mit Kopf und Herz zu begreifen? Millionen von jungen Andersdenkenden distanzieren sich geistig und gefühlsmäßig vom Christentum. Die Bevölkerung unseres Landes ist zunehmend unempfänglich für das Christentum – besonders für die theologisch konservativen Ausdrucksformen dieses Glaubens. Natürlich gab es schon immer Menschen, die uns Christen schlecht gemacht haben. Allerdings werden heutzutage die Glaubenskritiker dreister und lauter. Die Abneigung und Feindseligkeit kristallisieren sich zum ersten Mal in der Haltung von Millionen junger Amerikaner heraus. Ein riesiger Teil einer neuen Generation hat den Entschluss gefasst, dass sie nichts mit uns zu tun haben wollen. Als Christen wird uns von einer skeptischen Generation weitgehend misstraut.

Das ist schwer zu verkraften. Unsere Forschungsergebnisse sind für Christen ein Schlag in die Magengrube, und sie sind eine besondere Herausforderung für konservative Christen. Fühlen Sie sich, als müssten Sie sich rechtfertigen? Fühlen Sie sich in der Defensive? Wütend? Angegriffen?

Ich möchte Sie dringend bitten weiterzulesen. Wir müssen noch viel mehr begreifen, wenn wir dieser Kultur Christus wirksam vorleben wollen. Wir stehen an einem Wendepunkt für das Christentum in Amerika. Wenn wir nicht die Augen für diese Wirklichkeit öffnen und angemessen und geistlich darauf reagieren, riskieren wir, an den Rand gedrängt zu werden und unter Millionen von Menschen weiter an Glaubwürdigkeit zu verlieren.

Vielleicht fragen Sie sich, ob alles wirklich so schlimm ist. Vielleicht haben Sie nur selten mit jungen Leuten zu tun, die so negativ wirken. Erstens sollten Sie sich klarmachen, dass die Erfahrungen eines einzelnen Menschen eine schlechte »Stichprobe« sind, um eine ganze Generation zu beschreiben. Das Gerüst dieses Buches gründet sich auf sorgfältige wissenschaftliche Umfragen. Dadurch wird es repräsentativ für die Bevölkerung des ganzen Landes. Zweitens kann es sein, dass Ihr Erfahrungshorizont auch eine unverhältnismäßig große

Anzahl von jungen Christen umfasst, die trotz ihrer eigenen Frustration noch immer hart daran arbeiten, das Beste vom Glauben zu denken.

AUF UNCHRISTLICHEN **GLAUBEN REAGIEREN**

Junge Andersdenkende und Christen gleichermaßen wollen kein billiges, gewöhnliches oder bedeutungsloses Leben, doch für sie sieht das heutige Christentum genau so aus – oberflächlich, feindlich, deprimierend. Das christliche Leben wirkt so allzu vereinfacht und eingeengt, dass die junge Generation es nicht mehr als durchdachte, lebenswerte Antwort auf eine vielschichtige Welt anerkennt. Junge Andersdenkende haben praktisch unbegrenzte Möglichkeiten im Leben und können darunter wählen. Warum sollten sie – aus ihrer Sicht – wohl Jesus brauchen?

MTV-Generation und Babybuster verdienen etwas Besseres als unchristlichen Glauben, und sie werden sich mit nichts weniger zufriedengeben. Und sie werden uns, anders als frühere Generationen, keine Zeit geben, die Kurve zu kriegen. Wenn wir uns nicht mit dem unchristlichen Glauben auseinandersetzen, verpassen wir unsere Gelegenheit, der jungen Generation eine tiefe geistliche Erweckung zu bringen.

Es wäre leicht für Christen, die Kritik von Andersdenkenden mit einem Zitat aus der Bibel abzutun: »Der Satan, der Gott dieser Welt, hat die Gedanken der Ungläubigen so verblendet, dass sie das herrliche Licht der Botschaft nicht wahrnehmen können. Damit bleibt ihnen unsere Botschaft über die Herrlichkeit von Christus, der das Ebenbild Gottes ist, unverständlich« (2. Korinther 4,4).

Doch wenn Ungläubige Jesus aus dem Blick verlieren können, kann es nicht auch sein – ist es nicht vielmehr sehr wahrscheinlich –, dass Satan die Bemühungen der Christen unterläuft, Christus darzustellen? Wäre es nicht in seinem Interesse, unsere Lebensführung und selbst unsere Methoden, anderen Jesus vorzuleben, zu untergraben, sodass die Andersdenkenden eigentlich keinen barmherzigen Retter erkennen? Paulus, der Verfasser der neutestamentlichen Briefe an die Gemeinde in Korinth, spielt sogar darauf an: »Ich habe Angst, es könnte euch etwas von eurer reinen und schlichten Hingabe an Christus abbringen, so wie Eva von der Schlange getäuscht wurde« (2. Korinther 11,3).

Sie haben die Wahl. Sie können die Feindseligkeit leugnen. Sie können deren Gründe widerlegen. Sie können die Christen schikanieren, die ihr Bestes versuchen, um Christus auf ganz neue Art und Weise vorzuleben. Oder Sie können sich mit der wachsenden Feindseligkeit von Andersdenkenden so auseinandersetzen, dass es Gott Ehre macht. Jesus war der Wegbereiter für diese Vorgehensweise. Er hörte auf den Heiligen Geist, sodass er Menschen auf seinen Vater hinweisen konnte. Er ließ sich mit Respekt und Liebe auf seine Kultur ein. Er war *in*, aber nicht *von* der Welt.

Das klingt ganz und gar nicht nach unchristlichem Glauben.

3

HEUCHLERISCH

Jeder in meiner Gemeinde gab mir Ratschläge, wie ich meinen Sohn erziehen sollte. Doch größtenteils wollten sie mich anscheinend nur daran erinnern, dass ich keinen Ehemann habe. Außerdem befolgten die meisten nicht einmal ihre eigenen Ratschläge. Das machte es schwer, auf das zu hören, was sie sagten. Sie taten nicht, was sie predigten.

Victoria, 24

Bisherige Sichtweise: Christen sagen das eine, leben aber etwas völlig anderes.
Neue Sichtweise: Christen sind bezüglich ihrer Fehler transparent und handeln erst, bevor sie reden.

Was heißt es, ein Heuchler zu sein?

Im Zentrum der Sichtweise, Christen seien heuchlerisch, steht die Diskussion darüber, was Heuchelei heißt. Ganz einfach ausgedrückt tritt Heuchelei auf, wenn man etwas sagt, das man eigentlich nicht glaubt. Zum Beispiel ist es keine Heuchelei, wenn ein Pastor gegen eine Sünde anpredigt, mit der er persönlich ringt.

Wenn man allerdings die MTV-Generation und Babybuster fragt, legen sie ihren Klagen über Heuchelei nur selten logische oder technische Definitionen zugrunde. Heuchler sind Menschen, die doppelzüngig sind oder eine Doppelmoral haben. Jeder, der das eine sagt und etwas anderes zu tun scheint, fällt unter diese Bezeichnung.

Das entspringt zum Teil dem Leben in einer kleinlichen und überkritischen Gesellschaft. Da sie das Ziel von unzähligen Werbungen und Tausenden von Botschaften und Vorträgen gewesen sind, erkennen MTV-Generation und Babybuster Wortspiele und sind sensibel für eine unstimmige Lebensführung. Sie sind skeptisch dem gegenüber, was andere sagen. Selbst wenn sie kaum Grund haben, argwöhnisch zu sein.

Doch, ob es uns nun gefällt oder nicht, der Begriff »heuchlerisch« ist mit der Erfahrung von jungen Menschen mit dem Christentum verschmolzen. 85 Prozent der jungen Andersdenkenden hatten ausreichend Kontakt mit Christen und Gemeinden, um zu schlussfolgern, dass das Christentum von heute heuchlerisch ist.[9] Und wie ich bereits betont habe, schlagen die negativen Auffassungen auf die Sichtweise von jungen Kirchgängern durch. Die Hälfte von ihnen ist ebenfalls der Ansicht, das Christentum sei heuchlerisch (47 Prozent).

MTV-Generation und Babybuster behaupten das nicht nur, weil das Versagen von prominenten Kirchenführern vom Fernsehen aufgegriffen wurde, sondern auch, weil sie rasch die Mängel im Leben von Menschen erkennen, mit denen sie zusammen leben und umgehen.

Jake, 32 Jahre, einer der jungen Andersdenkenden, die wir interviewten, sagte Folgendes: »Mein ehemaliger Pastor lehrte immer die Taufe durch Untertauchen. Dann bekam er eine bessere Stelle bei den Presbyterianern. Jetzt lehrt er, dass eine Taufe auch durch Besprengen vollzogen werden kann. Was man glaubt, hängt wohl davon ab, woher man seinen Gehaltsscheck bezieht.«

Amber, 22 Jahre, sagte, dass ihre Mutter die Gemeinden, in die sie gingen, geschickt versuchte auszunutzen: »Sie war alleinerziehend und unsere Familie brauchte Hilfe. Ich erinnere mich noch daran, dass sie versuchte, nah an die Gemeindeleiter heranzukommen – irgendwie tat sie so, als wäre sie fromm –, wenigstens dachte ich das über sie. Ich habe noch immer große Zweifel daran, dass sie so fromm ist, wie sie versucht dazustehen.«

Preston, 23 Jahre, ist Mormone. Sein Kommentar über seine christlichen Freunde: »Die Botschaft, man solle in Liebe mit den Mormonen sprechen, kommt mir hohl vor. Besonders seitdem ich gehört habe, wie sie Witze über uns machen. Es ist so, als würde man ausrufen, man möchte den Verhungernden in Äthiopien zu essen geben, und dann darüber lachen, wie dürr sie sind ... Ich finde keines von beidem besonders lustig.«

Erin, 30 Jahre, sagte, dass ihr Ehemann sie misshandelte, »obwohl er Bibelstunden darüber hielt, wie Männer ihre Ehefrauen lieben sollen.« Jetzt ist sie geschieden und ihr Glaube angeschlagen.

Victoria ist eine 24-jährige alleinerziehende Mutter. Sie beschrieb die Auswirkungen der Heuchelei folgendermaßen: »Jeder in meiner Gemeinde gab mir Ratschläge, wie ich meinen Sohn erziehen sollte. Doch größtenteils wollten sie mich anscheinend nur daran erinnern, dass ich keinen Ehemann habe. Außerdem befolgten die meisten nicht einmal ihre eigenen Ratschläge. Das machte es schwer, auf das zu hören, was sie sagten. Sie taten nicht, was sie predigten.« Im Moment besucht sie keine Gemeinde.

Zuerst sollten wir anmerken, dass viele dieser Andersdenkenden ehemalige »Insider« sind. Zweitens sollten wir begreifen: Was sie im Leben von Christen sehen, erzeugt ihre Vorstellungen davon, wie real und authentisch die Nachfolge von Christus ist. Stärken wir mit unseren Worten und Taten das Ansehen des Christentums? Oder sind wir unwissentlich daran mitschuldig, Andersdenkenden einen unchristlichen Glauben zu präsentieren?

WEN KÜMMERT'S?

Trotz der Ansicht, Christen seien Heuchler, legte unsere Studie eine unerwartete Tatsache offen: Die MTV-Generation und Babybuster stört dieses Image nicht so sehr, wie Sie vielleicht glauben. Sie haben gelernt, sich nicht darum zu kümmern. Größtenteils liegt das daran, dass sie zu dem Schluss gekommen sind, man kann auf Menschen nicht zählen und man sollte erwarten, enttäuscht zu werden. Ich war überrascht, wie häufig junge Andersdenkende das Thema Heuchelei einfach als gegenstandslos abtaten. Ein Beispiel: »Ja, jeder ist irgendwann mal ein Heuchler. Es ist kein besonderes Versagen des Christentums, dass seine Anhänger für die gleichen Schwächen anfällig sind wie der Rest von uns.« Oder: »Heuchelei kommt im Leben der meisten Leute häufig vor. Das passiert. Findet euch damit ab.«

Dennoch erwarten junge Andersdenkende inzwischen auch, dass jeder ein bisschen manipuliert. Sie selbst wollen auch so gut wie möglich dastehen. Unsere Kultur betrachtet es als eines der höchsten Ziele im Leben, ein gutes Image zu haben. Ob es nun um so etwas geht wie ihre MySpace-Identität mit einem »perfekten« Foto aufzubessern. Ihre Freunde zu manipulieren. Die Meinung anderer Menschen über sie zu beeinflussen. Sich mit Notlügen aus der Affäre zu ziehen. Oder ihre Referenzen auf einem Lebenslauf aufzupeppen. Junge Leute sind Meister darin, ihre eigene Version der Realität zu formen. Diese Mentalität, das Image aufrechtzuerhalten, wird größtenteils vom übergroßen Individualismus der Babybuster- und MTV-Generation geschürt. Alles um sie herum, von Eltern und Lehrern bis hin zu Medien und Marketing, hat ihr Gefühl von Individualität und Selbstwert untermauert.

Diese imagegetriebene, selbstorientierte Mentalität hat sich in die Gedanken und Perspektiven von jungen Erwachsenen eingewoben. Zum Beispiel:

- Wenn sie vor einem moralischen oder ethischen Dilemma stehen, neigen junge Erwachsene wesentlich mehr als ältere Erwachsene dazu zu sagen, dass sie tun werden, was ihnen bequem erscheint oder was den geringsten Konflikt verursacht. Junge Erwachsene von heute neigen mehr als vorangegangene Generationen dazu zu glauben, man müsse manchmal die Regeln etwas umgehen, um im Leben durchzukommen.

- Mehr als vier von fünf jungen Erwachsenen erklären, dass sie sich völlig dem Vorwärtskommen im Leben verschrieben haben, im Gegensatz zu drei von fünf Babyboomern.
- Mit großem Abstand sind die höchsten Prioritäten im Leben von 18- bis 25-Jährigen Wohlstand und persönlicher Ruhm. Ziele wie Menschen in Not zu helfen, eine leitende Persönlichkeit in der Gemeinschaft zu sein oder geistlicher zu werden haben viel weniger Zugkraft für junge Amerikaner als für ältere Erwachsene.[10]

Diese Statistiken zeichnen ein krasses Bild von jungen Menschen. Denken Sie einmal darüber nach, wie das mit ihren Ansichten über Heuchelei in Verbindung steht. In den meisten Fällen wird das gefürchtete Wort mit »H« als einfache Gegebenheit des modernen Lebens wahrgenommen.

Sie betrachten das Christentum durch die gleiche Schütze-dein-Image-um-jeden-Preis-Linse. Wie bei ihren eigenen Entscheidungen und Prioritäten gehen sie davon aus, dass auch jeder andere sagt und tut, was nötig ist, um voranzukommen. Mike, 28 Jahre, macht folgende Bemerkung: »Man könnte sagen, dass ich den Christen ganz ähnlich bin. Ich habe es inzwischen gut drauf, den Leuten zu sagen, was sie meiner Meinung nach hören wollen. Ich verstehe, warum die Christen das tun. Sie möchten gut dastehen. Ich schätze, daran kann ich nichts Schlimmes finden.«

Missverstehen Sie mich nicht: Heuchelei wird nicht als ausgesprochen erstrebenswerte Eigenschaft betrachtet. Babybuster und MTV-Generation streben die Scheinheiligkeit nicht an und möchten sich auch nicht mit heuchlerischen Menschen abgeben. Wenn sie Christen als Heuchler kritisieren, entschuldigen sie das nicht. Dennoch sind sie die Brüche in der Lebensführung anderer Menschen so leid, dass sie nicht mehr davon geschockt sind, wenn zwischen Worten und Taten keine Übereinstimmung besteht.

Das verleiht der Kritik, das Christentum sei heuchlerisch, noch mehr Schlagkraft. Wir sind nicht dafür bekannt, zutiefst transparent zu sein, tief sitzende Probleme zu erörtern und zu lösen, sondern dafür, dass wir das unchristliche Bild entwerfen, alles im Griff zu haben. Junge Andersdenkende glauben, dass Nachfolger von Christus *genau die gleichen* Psychospielchen spielen wie sie selbst, statt ihnen zu helfen, den Weg durch die Image-ist-alles-Welt zu finden. Sie haben den Eindruck, dass wir die gleichen Taktiken anwenden wie alle anderen, um den Anschein von Stärke aufrechtzuerhalten.

HEUCHELEI ALS HERAUSFORDERUNG

Wie und warum unterläuft Heuchelei unsere Bemühungen als Christen? Natürlich werfen gelegentlich Andersdenkende einfach mit der »Heuchelei-Ausrede« um sich – und lenken damit die Aufmerksamkeit von ihrer eigenen Entscheidung ab, Christus abzulehnen. Das ist ein bisschen so, als würde man jemanden wegen eines Formfehlers kritisieren, damit man sich selbst besser fühlt.

Einige reagieren so auf das Christentum. Doch ich möchte ein tiefer gehendes, weiter verbreitetes Problem untersuchen: Wie der Eindruck, wir Christen seien Heuchler, bei Andersdenkenden Barrieren gegen das Hören und Verstehen der Botschaft des Christentums aufgebaut hat. Ich glaube, Christen können ihren Ruf angemessen verändern.

Natürlich erntete auch Jesus während seiner Zeit auf der Erde Kritik. Doch die negativen Sichtweisen, die er hervorrief, sehen grundlegend anders aus als das, womit wir heutzutage in Amerika zu tun haben. Ich stelle mir vor, dass Jesus und seine ersten Nachfolger wahrscheinlich viel eher als Verrückte, Radikale, Rebellen und Sektierer betrachtet wurden als als Heuchler.

Die Auffassung, eine Religion sei heuchlerisch, ist nicht dann am schmerzlichsten, wenn sie sich am Rande der Gesellschaft befindet, sondern wenn sie zu einem beherrschenden Teil der Kultur geworden ist. Zur Zeit von Jesus Christus waren es die Religiösen, die am ehesten als heuchlerisch wahrgenommen wurden. Jesus hebt sich seine schärfste Verurteilung für selbstgerechte Menschen auf, die sich in ihrem religiösen Drum und

Dran in Sicherheit wähnen (beschrieben in Matthäus 23): »Ihr gebt euch den Anschein rechtschaffener Leute, doch euer Herz ist voller Heuchelei und Gesetzesverachtung« (V. 28). Und: »Sorgfältig achtet ihr darauf, dass eure Tassen und Teller nach außen sauber sind, doch innerlich seid ihr durch und durch verdorben – voller Missgunst und Maßlosigkeit!« (V. 25).

Mit seiner Kritik an diesen Führern macht Jesus eigentlich deutlich, wie tief sitzende Heuchelei geistliche Barrieren aufbaut: »Euch Schriftgelehrten und Pharisäern wird es schlimm ergehen. Ihr Heuchler! Denn wenn ihr andere nicht ins Himmelreich hineinlasst, werdet auch ihr nicht hineingelassen« (V. 13).

Denken Sie an die jungen Leute, die Sie in diesem Kapitel kennengelernt haben – Jake, Amber, Preston, Erin, Victoria – und die Zehntausende, für die ihre Geschichten stehen. Unsere Studie legt nahe, dass Heuchelei zumindest teilweise dafür verantwortlich war, sie von den Zielen Gottes in ihrem Leben abzubringen.

BRÜCHE IN DER LEBENSFÜHRUNG

Wie also kamen die amerikanischen Christen zu ihrem heutigen Image, Heuchler zu sein? Fangen wir bei dem offensichtlichsten Grund an: Unser Leben entspricht nicht unserem Glauben. In vielerlei Hinsicht unterscheiden sich unsere Lebensführung und Standpunkte nicht von anderen in unserer Umgebung.

In einer Studie unserer Firma untersuchten wir mehr als 100 Variablen, die mit Werten, Verhalten und Lebensführung zu tun hatten, religiöse und nicht religiöse Bereiche des Lebens eingeschlossen. Wir verglichen wiedergeborene Christen mit nicht wiedergeborenen Erwachsenen. Wir stellten fest, dass Wiedergeborene sich durch einige religiöse Variablen unterscheiden: Insbesondere besitzen sie mehr Bibeln, gehen öfter in die Kirche und spenden religiösen gemeinnützigen Organisationen – besonders Kirchen – Geld. Allerdings gibt es nur wenige wesentliche Unterschiede zwischen wiedergeborenen

Christen und nicht wiedergeborenen Erwachsenen, wenn es um nicht religiöse Faktoren geht: die täglichen Entscheidungen, Handlungen und Einstellungen der Menschen. Christen verhalten sich bei einigen religiösen Aktivitäten und Verpflichtungen anders, aber nicht in anderen Lebensbereichen.[11]

Vielleicht denken Sie jetzt, dass ich einfach von der breiten Masse der selbst ernannten Christen rede, die mehr als vier von fünf Amerikanern ausmachen. Tatsächlich spreche ich aber von wiedergeborenen Christen, zu denen landesweit etwa zwei von fünf Erwachsenen gehören. Es ist wichtig, dass Sie verstehen, wie wir diese Leute definieren. In unseren Studien fragen wir die Menschen nicht danach, ob sie sich selbst als wiedergeboren betrachten. Wir hinterfragen, welcher Art ihre Beziehung zu und ihr Glaube an Jesus Christus ist. In Kapitel 1 habe ich unsere Definition bereits genannt. Doch ich möchte sie hier wiederholen. Um als wiedergeborene Christen eingestuft zu werden, muss der Befragte aussagen, dass er eine persönliche Entscheidung für Jesus getroffen hat, die ihm noch wichtig ist. Und er glaubt, dass er nach dem Tod in den Himmel kommt, weil er seine Sünde bekannt und Christus als Retter angenommen hat. Das war's. Nach der Befragung ordnen wir die Studienteilnehmer entsprechend ihren Antworten auf diese Fragen in die Kategorie »wiedergeboren« ein. Das ist keine perfekte Lösung – nur Gott kennt das Herz der Menschen. Doch es ist eine Methode, um die Gruppe von Menschen zu verstehen und zu untersuchen, die ihren Glauben an Christus bekundet und ihr eigenes sündhaftes Wesen bekannt hat.

In praktisch jeder unserer Studien, die jeweils Tausende von Interviews jährlich repräsentiert, weisen wiedergeborene Christen in Einstellung und Verhalten kaum Anzeichen für ein verändertes Leben auf. Zum Beispiel stellten wir anhand einer im Jahr 2007 veröffentlichten Studie fest, dass statistisch gesehen die meisten wiedergeborenen Christen Nicht-Wiedergeborenen entsprechen: Auf die Frage, was sie in den letzten 30 Tagen gemacht haben, antworteten wiedergeborene Gläubige ebenso häufig, sie hätten gewettet, an einem Glücksspiel teilgenommen oder eine pornografische Internetseite besucht. Etwas genommen, das ihnen nicht gehörte. Ein Medium oder einen Hellseher aufgesucht. Sie seien an einer körperlichen Auseinandersetzung beteiligt gewesen oder hätten jemanden misshandelt. Sie hätten genug Alkohol getrunken, um vor dem Gesetz als betrunken zu gelten. Sie hätten eine illegale Droge konsumiert. Zu jemandem etwas Unwahres gesagt, sich an jemandem für etwas gerächt und hinter dem Rücken eines anderen gemeine Dinge über ihn gesagt.[12]

Kein Unterschied.

Eine andere unserer Studien beschäftigte sich mit sexuell unangemessenem Verhalten von Amerikanern: Anschauen von Onlinepornografie, sexuell eindeutigen Zeitschriften und Filmen oder außerehelicher intimer sexueller Kontakt. Insgesamt stellten wir fest, dass 30 Prozent der wiedergeborenen Christen zugeben, in den letzten 30 Tagen mindestens eines dieser Dinge getan zu haben. Im Vergleich zu 35 Prozent anderer Amerikaner. Statistisch und praktisch bedeutet das, dass diese beiden Gruppen sich im Grunde genommen nicht voneinander unterscheiden. Wenn diese Gruppen von Menschen in zwei getrennten Räumen wären und Sie gebeten würden, lediglich anhand ihrer Lebensführung zu bestimmen, in welchem Raum die Christen sind, würde es Ihnen sehr schwerfallen, große Unterschiede zu finden.

Um Ihnen einen ausgewogenen Blick auf die Daten zu verschaffen: Es gibt einige wenige Bereiche, in denen sich leichte Verhaltensabweichungen zeigen. Bezogen auf die letzten 30 Tage fluchen beispielsweise wiedergeborene Christen seltener in der Öffentlichkeit als nicht Wiedergeborene (26 Prozent zu 38 Prozent). Sie kaufen seltener ein Lotterielos (26 Prozent zu 34 Prozent). Wiedergeborene Christen liegen bei der Mülltrennung etwas hinten (68 Prozent zu 79 Prozent). Sie erklären aber etwas häufiger, sie hätten einem armen oder obdachlosen Menschen in ihrer Nachbarschaft geholfen (53 Prozent zu 45 Prozent). Das spiegelt eine Mischung aus guten und schlechten Nachrichten wider: Es gibt einige Bereiche, in denen sich Wiedergeborene unterscheiden. Doch praktisch gesehen sind diese Unterschiede nicht besonders groß. Wenn man Sie wiederum bitten würde, die Christen allein anhand dieser Faktoren zu finden, wäre das Vorhandensein oder Fehlen dieser Verhaltensweisen nur wenig hilfreich.

Es läuft auf das Folgende hinaus – und ich glaube, dies ist eine der wichtigsten Erkenntnisse unserer Recherchen für dieses Buch: Von jungen Andersdenkenden sagen *84 Prozent*, dass sie mindestens einen bekennenden Christen persönlich kennen. Doch nur *15 Prozent* halten die Lebensführung dieser Nachfolger von Christus für deutlich anders als die Norm. Dieser Bruch spricht Bände.

Nur wenige junge Andersdenkende sehen einen Unterschied in der christlichen Lebensführung

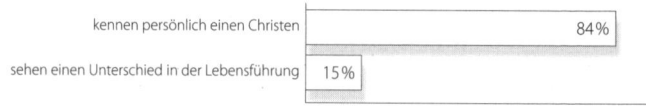

kennen persönlich einen Christen	84 %
sehen einen Unterschied in der Lebensführung	15 %

Für den zufälligen Beobachter ist es nur allzu leicht, uns Heuchler zu nennen: Oft trifft diese Bezeichnung auf uns zu. Ich versuche nicht, auf wiedergeborene Christen einzuprügeln. Es macht mich zutiefst traurig, dass unser Zeugnis – meines eingeschlossen – das Bild von Jesus verwässert. Natürlich gibt es Millionen wiedergeborener Christen, die bemerkenswerte Menschen sind: Ihr Glaube hat sie verändert. Sie dienen der Gesellschaft und verändern das Leben von Menschen in ihrer Umgebung. Das Zeugnis dieser ungewöhnlichen Personen wird oft von dem Rest von uns unkenntlich gemacht – und von vielen anderen Amerikanern, die sich mit dem christlichen Glauben identifizieren, aber Christus und seinen Ansprüchen nicht folgen.

Wir können die Kritik der Heuchelei nicht einfach abweisen, indem wir sagen: »Christen sind nicht perfekt; sie sind Sünder wie jeder andere auch.« Ob das stimmt oder nicht, die jungen Erwachsenen haben unsere Lebensführung gesehen und unsere Entschuldigungen gehört, und sie landen dennoch bei dem Etikett »Heuchler«.

Das ist nur die eine Hälfte des Problems.

WAS IST DIE BOTSCHAFT?

Es gibt einen tiefer liegenden Grund, weshalb man uns Christen als Heuchler betrachtet. Nicht nur unsere Lebensführung hat uns in Schwierigkeiten gebracht. *Es ist genau die Art und Weise, wie wir die Prioritäten des Christseins vermitteln.* Die häufigste Botschaft, die die Menschen von uns hören, ist: Das Christentum ist eine Religion von Regeln und Vorschriften. Sie halten uns für Heuchler, weil sie uns an unseren eigenen Maßstäben messen.

Die interessantesten Recherchen finden sich in einer neueren Studie, in der wir christliche Erwachsene fragten, wie sie die Prioritäten von Christen anhand ihres persönlichen Glaubens definieren würden. Wir gaben keine Antworten vor. Die Befragten konnten alles nennen, das ihnen einfiel.

Was, glauben Sie, war die *häufigste* Antwort?

Es war »Lebensführung« – gut sein, das Richtige tun, nicht sündigen.

So bezeichnen Christen ihre höchsten Prioritäten im Glaubensleben. Natürlich beruft Christus uns dazu, anders zu sein, was sich in unserem Leben widerspiegeln soll. Also ist der Umstand, dass die Leute das erwähnen, an sich nicht falsch. Die Heilige Schrift sagt deutlich, wir sollen zuallererst die »Frucht« oder das Ergebnis des Lebens von Menschen als Maß ihres Glaubens betrachten (Johannes 15,1-8). Der Apostel Jakobus weist darauf hin, dass der Glaube ohne eine Möglichkeit, seine Echtheit zu bemessen (unsere Taten), nicht mehr als eine Reihe von hohlen Ansichten ist (Jakobus 2,20-26). Denken Sie daran, dass geistliche Umwandlung bedeutet, Christus ähnlicher zu werden. Was sowohl ein heiliges Leben beinhaltet als auch die Demut einzugestehen, dass wir nicht von Natur aus gut oder heilig sind.

Dennoch, angesichts der beherrschenden Auffassung, dass Christen Heuchler sind, ist es bezeichnend, dass »gut sein« unsere Hauptdefinition davon ist, wie ein Christ sein sollte. Ebenfalls ernüchternd ist zu sehen, wie andere wichtige Anliegen eines Nachfolgers von Christus viel weiter unten auf der Liste stehen. Die Lebensführung wird häufiger erwähnt als die Nachfolge – also aus der Bibel und von Christus zu lernen. Sie wird bei der Definition des Christseins auch öfter genannt als Evangelisation, Lobpreis oder Beziehungen. Anderen und den Armen zu dienen, wird nur von einem Fünftel der Gläubigen als Hauptanliegen benannt. Gedanken an Haushalterschaft oder Sorge um den Glauben in der Familie sind als Prioritäten im Glaubensleben so gut wie gar nicht vorhanden.

Die Lebensführung ist für wiedergeborene Christen über 40 Jahre (mit 41 Prozent) wichtiger als für Gläubige der MTV- und Babybuster-Generation (23 Prozent). Da dies eine neue Frage war, die wir in vorherigen Umfragen nicht gestellt hatten, wissen wir nicht, ob Christen sich mit zunehmendem Alter mehr auf Heiligung besinnen. Oder ob es ein echter Generationenunterschied ist: Das heißt, Babyboomer waren schon immer mehr auf die Lebensführung bedacht. Doch das Ergebnis legt nahe, dass Christen der MTV- und Babybuster-Generation einer Generation von älteren Gläubigen gegenüberstehen, die als Messlatte für den Glauben dem Vermeiden von Sünde einen hohen Stellenwert einräumen. Gleich sehen wir, wie schwer es ihnen fällt, diesen Maßstäben gerecht zu werden.

Die Tatsache, dass für Christen die Lebensführung den höchsten Stellenwert einnimmt, deutet auf eine damit verbundene Schwierigkeit: die Versuchung, eine falsche Heiligkeit vorzutäuschen. Wenn das Hauptanliegen das Vermeiden von Sünde ist und nicht mit anderen wichtigen Anliegen des Glaubens ausbalanciert wird, bildet das die Bedingungen, unter denen wir ein Wir-haben-alles-im-Griff-Image projizieren. Wir möchten uns so darstellen, als hätten wir unseren Kampf gegen die Sünde unter Kontrolle. In 1. Johannes 1,8 heißt es: »Wenn wir sagen, wir seien ohne Schuld, betrügen wir uns selbst und die Wahrheit ist nicht in uns.«

Wie wichtig ist es, ein guter Mensch zu sein?

Frage: Was sind Ihrer Meinung nach zwei oder drei der höchsten Prioritäten für Christen, die sie in Glaubensfragen anstreben?

	Wiedergeborene Christen (in %)
Lebensführung – das Richtige tun, ein guter Mensch sein, nicht sündigen	37
Nachfolge – von Christus und aus der Bibel lernen	31
Evangelisation – den christlichen Glauben erklären/weitersagen, Menschen zu Christus führen	25
Lobpreis – Gott anbeten, singen	25
Beziehungen – andere lieben, Freunde gewinnen und behalten	23
Dienst – anderen helfen, den Armen helfen, den Menschen dienen	18
Haushalterschaft – anderen Geld, Zeit oder Arbeitskraft zur Verfügung stellen, andere segnen	4
Glauben in der Familie – die eigenen Kinder zu Jesus führen, den Glauben in der Familie prägen	1
anderes	2
weiß nicht	10

Der Beweis, dass wiedergeborene Christen dem »Sünde vermeiden« einen hohen Stellenwert zuordnen, ist unglaublich wichtig. Zunächst sollten Sie sich klarmachen, dass die meisten Amerikaner glauben, man könne sich einen Platz im Himmel verdienen, wenn man genug Gutes tut oder ein anständiger Mensch ist. Ein Drittel der Menschen, die als wiedergeborene Christen gelten, denkt das auch. Das heißt, selbst die Menschen, die glauben, dass sie persönlich durch den Glauben an Jesus errettet sind, halten die Erlösung für einen Multiple-Choice-Test, bei dem es mehrere vertretbare Möglichkeiten gibt: Während sie glauben, dass ihr eigenes geistliches Schicksal durch den Glauben an Christus abgesichert ist, glauben sie auch, dass andere dadurch gerettet werden könnten, dass sie ein guter Mensch sind, oder aufgrund von Gottes Wohlwollen.

Zweitens können wir auch die Meinungen von Kirchgängern auf Belege für diese Haltung hin untersuchen. In einer Studie,

die wir für *Freedom in Christ Ministries* durchführten, untersuchten wir die Ansichten derer, die in einem typischen Monat zur Kirche gehen. Mehr als vier von fünf sind der Meinung, dass das christliche Leben sich gut mit folgendem Satz beschreiben lässt: »Man strengt sich an, das zu tun, was Gott befiehlt.« Zwei Drittel der Kirchgänger sagt: »Starre Regeln und strenge Maßstäbe sind ein wichtiger Teil des Lebens und der Lehre in meiner Gemeinde.« Drei von fünf Kirchgängern in Amerika haben das Gefühl, dass sie »Gottes Maßstäben nicht gerecht werden.« Und ein Viertel gibt zu, dass sie Gott eher aus einem Gefühl der »Schuld und Verpflichtung folgen als aus Freude und Dankbarkeit«. Das sind Originalsätze, die wir in unseren Umfragen verwendeten. So ist es ziemlich erschreckend zu sehen, wie sehr diese Begriffe bei Kirchgängern einschlugen.

Unsere Leidenschaft für Jesus sollte sich in einer moralischen Lebensführung äußern, die Gott ehrt, und nicht umgekehrt.

MORALISCHE VORURTEILE

Jetzt dazu, inwiefern diese Analyse die Andersdenkenden betrifft. Eine der faszinierenden Konsequenzen dieser Mentalität spiegelt sich in den Vorurteilen von Christen gegenüber Andersdenkenden wider. Unsere Recherchen zeigen, dass Christen glauben, der Hauptgrund, weshalb Andersdenkende Christus ablehnen, bestehe darin, dass sie nicht mit den harten Maßstäben der Christusnachfolge zurechtkommen. Hier gibt es Abstufungen, die es Christen gestatten, sich besser als andere Menschen vorzukommen, fähiger zu Heiligkeit und Sündlosigkeit. Wir entschuldigen uns damit, dass Andersdenkende keine Christusnachfolger werden wollen, weil sie es eigentlich nicht auf die Reihe bekommen.[13]

In Wahrheit sagen nur wenige Andersdenkende, dass sie das Christentum scheuen, weil die moralischen Maßstäbe zu hoch sind. Lediglich ein Viertel der jungen Andersdenkenden ist überzeugt davon, dass das Christsein ihren Lebensstil und ihre Möglichkeiten im Leben einschränken würde. Stattdessen sagen Andersdenkende, dass sie aus einer Reihe anderer Gründe nie Nachfolger von Jesus geworden sind: Weil sie noch nie darüber nachgedacht haben. Weil Spiritualität sie nicht besonders interessiert. Weil sie bereits einem anderen Glauben folgen oder weil Christen sie abschrecken.

Wenn unser wichtigstes Maß für unseren Glauben die Lebensführung ist, ist es leicht anzunehmen, dass das, was den Andersdenkenden fehlt, ein rechtschaffenes, moralisches Leben ist. Noch einmal: Moralische Belange sind keine von vornherein falschen Werte. Gott sind unsere Handlungen sehr wichtig, und das sollten sie uns auch sein. Doch sieht es nicht so aus, als wären unsere Prioritäten in der falschen Reihenfolge?

Das Evangelium – die Gute Nachricht von Jesus – ist, dass Gott uns aus dem endlosen Streben befreit hat, seinen Maßstäben gerecht zu werden, ganz zu schweigen von den Erwartungen anderer Menschen. In einer Kultur, in der mit der jungen Generation moralische Werte ins Wanken geraten, nehmen wir an, dass der beste Weg, das Schiff wieder auf Kurs zu bringen, darin besteht, die Moral zu korrigieren.

Wofür sind Christen nun hierbei bekannt? Andersdenkende denken an unser Moralisieren, unsere Verurteilungen und unsere Versuche, Grenzen um alles zu ziehen. Auch wenn diese Maßstäbe richtig und biblisch sind, scheint es, als hätten wir nicht mehr als das zu bieten. Und unser Leben ist eine schlechte Werbung für diese Werte. Wir haben das Spielbrett so präpariert, dass es Punkte für die Lebensführung vergibt. Dann sind wir überrascht, wenn wir in unseren eigenen Fehlern gefangen sind. Die Wahrheit ist, wir haben das Image der Heuchelei selbst herausgefordert.

Paulus, einer der Schreiber des Neuen Testaments, warnt die ersten Christen gezielt, dass der Versuch, aus eigener Anstrengung gut zu sein, fehlschlagen wird. »Versteht ihr das denn wirklich nicht? Ihr habt begonnen, ein Leben mit dem Heiligen Geist zu führen. Warum wollt ihr jetzt auf einmal versuchen, es aus eigener Kraft zu vollenden? ... So hat uns Christus also wirklich befreit. Sorgt nun dafür, dass ihr frei bleibt und lasst euch nicht wieder unter das Gesetz versklaven« (Galater 3,3 und 5,1).

Dann betont Paulus diesen Punkt noch einmal mit deutlichen Worten: »Ihr seid berufen, liebe Freunde, in Freiheit zu leben – nicht in der Freiheit, euren sündigen Neigungen nachzugeben, sondern in der Freiheit, einander in Liebe zu dienen. Denn das ganze Gesetz lässt sich in dem einen Wort zusammenfassen: ›Liebe deinen Nächsten wie dich selbst.‹ Doch wenn ihr euch ständig zankt und übervorteilt, statt einander mit Liebe zu begegnen, dann passt auf, denn sonst vernichtet ihr euch noch gegenseitig« (Galater 5,13-15).

Der unchristliche Glaube – heuchlerisch, richtend und voll leerer moralischer Bestrebungen – ist das, wovor Paulus seine Leser warnte! Das ist ein wichtiger Grund, warum wir als Heuchler bekannt sind.

EIN BLICK NACH INNEN

Ein weiterer Grund, weshalb wir das Problem der Heuchelei ernst nehmen sollten, ist, dass junge Leute in unseren Gemeinden große Brüche in ihren moralischen Ansichten aufweisen. Obwohl sie die Lehre über Moral und Ethik hören – und sie hören zu diesem Thema mehr als zu jedem anderen –, scheint es, als käme die Botschaft bei jungen Kirchgängern nicht an. Während ältere Gläubige versucht sind, das Christentum hauptsächlich als Frage der Lebensmaßstäbe darzustellen, haben junge Gläubige Schwierigkeiten mit der integeren Lebensführung. MTV-Generation und Babybuster stehen mit ihren charakterlichen und moralischen Kompromissen vor ernsten Schwierigkeiten, selbst innerhalb der Kirche.

Auf gewisse Weise ist das ein klassisches Tauziehen zwischen den Generationen. Aber die Spannungen haben ein neues Niveau erreicht. In unseren Studien stellten wir fest, dass junge Christen momentan der Ansicht sind, dass viele Verhaltensweisen akzeptabel sind, die ältere Gläubige strikt ablehnen. Zum Beispiel glaubt aktuell eine Mehrheit der wiedergeboren Erwachsenen zwischen

20 und 30, Glücksspiel, Zusammenleben ohne Trauschein und sexuelle Fantasien seien moralisch akzeptabel. Auch in Bezug auf außerehelichen Geschlechtsverkehr, Fluchen, Trinken, Pornografie, homosexuellen Geschlechtsverkehr und den Konsum von illegalen Drogen gibt es eine riesige Kluft zwischen jungen Gläubigen und älteren Christen. Die einzigen zwei Gebiete mit statistischem Gleichstand zwischen älteren und jüngeren wiedergeborenen Christen sind die Ansichten zur Abtreibung und dem Gebrauch obszöner Begriffe im Fernsehen.[14]

Junge Christen tun es auf ihre Weise

	wieder-geborene Buster (23–41)	wiedergeborene ältere Erwachsene (42+)
	Prozent die glauben, das jedes der genannten Dinge moralisch akzeptabel ist	
Zusammenleben ohne Trauschein	59	33
Glücksspiel	58	38
sexuelle Gedanken oder Fantasien über jemanden	57	35
außerehelicher Geschlechtsverkehr	44	23
fluchen	37	17
sich betrinken	35	13
Bilder anschauen, auf denen Nacktheit oder explizite sexuelle Handlungen dargestellt sind	33	19
abtreiben	32	27
eine sexuelle Beziehung mit einem Gleichgeschlechtlichen	28	13
illegale Drogen nehmen	16	8
vulgäre Ausdrücke im Fernsehen erlauben	7	6

Es ist faszinierend zu sehen, dass die Maßstäbe zu Anstand im Fernsehen die am *wenigsten* mit tiefen Herzensangelegenheiten verbunden sind. Von all den moralischen Fragen, die man klären muss, bringen junge Christen den meisten Widerstand gegen obszöne Ausdrücke im Fernsehen auf, während sie sich in vielen anderen Lebensbereichen einen moralischen Freifahrtschein ausstellen.

Ein weiterer interessanter Vergleichspunkt: Nur 5 Prozent der wiedergeborenen Babybuster sagen, sie hätten in letzter Zeit jemandem den »Stinkefinger« gezeigt. Doch verglichen mit dieser vulgären Geste hatten *wiedergeborene junge Christen* im vergangenen Monat *dreimal* öfter außerehelichen Geschlechtsverkehr (18 Prozent), waren *fünfmal* öfter betrunken (24 Prozent) und haben *fünfmal* öfter ein Lotterielos gekauft (25 Prozent). Sie halten den Mittelfinger *wesentlich seltener* hoch, als sie in der Öffentlichkeit fluchen (36 Prozent), explizit sexuelle Inhalte in Zeitschriften oder Filmen anschauen (36 Prozent) oder gemeine Dinge über andere sagen (40 Prozent).[15]

Es schmerzt mich, über diese Studie zu sprechen, weil sie für die jungen Leute in den Gemeinden nicht schmeichelhaft ist. Doch wir müssen diese Momentaufnahme aus dem Leben, die uns die wiedergeborenen Babybuster zeigen, realistisch betrachten. Junge Menschen – selbst in Gemeinden – formen moralische und sexuelle Regeln um. So wird das Image der Unchristlichkeit nur noch schlagkräftiger, weil viele junge Gläubige ihren Glauben mit enormer moralischer Nachlässigkeit ausleben.

Dadurch entsteht eine vertrackte Zwickmühle: Ältere wiedergeborene Gläubige betonen vielleicht die Lebensführung und das Vermeiden von Sünde als Maß für die Glaubensreife. Doch das Verhalten und die Ansichten von jungen Christen verstärken nur den Eindruck, dass Christen Heuchler sind. Ältere wiedergeborene Christen müssen sorgfältiger beachten, was Jesus lehrt: dass geistliche Reife sich in einem Leben als *Folge* des Herzens- und Seelenzustands eines Menschen zeigt, dass das Verhalten dem Glauben folgt. Und jüngere wiedergeborene Christen müssen ihr Leben ehrlich beurteilen und sich klarmachen, dass sie immer schlechtere Zeugen für ein Leben und Denken sind, das von ihrem Glauben verändert wurde. Das Annehmen von persönlicher Integrität und das Ablehnen von Kompromissen bei der persönlichen Moral sind wichtige Ziele für junge Gläubige. Wir können nicht darauf hoffen, unser Heuchler-Image loszuwerden, wenn unsere Lebensführung keinen Nachweis für die »Frucht« liefert, dass wir Christus ähnlich sind. Das sind harte Realitäten, über die wir hier nachdenken. Doch wir müssen es tun, wenn wir unseren Ruf von unchristlich zu christlich ändern wollen.

EINEN ANDEREN GANG EINLEGEN

Ein weiteres wesentliches Gegenmittel zur Heuchelei neben Integrität und Moral ist Transparenz. In gewisser Hinsicht bedeutet Heuchelei, dass wir uns die Ungereimtheiten in unserem Leben nicht eingestehen. Das ist Verleugnung. Es ist, wie die Bibel es bezeichnet, einen Splitter aus dem Auge des anderen ziehen zu wollen, während man einen Balken im eigenen Auge hat. Integrität beginnt mit Transparenz.

Junge Menschen sprechen heutzutage von dem Bedürfnis nach Authentizität, vom Echtsein. Nicht so zu tun, als sei man etwas, das man nicht ist, und mit den eigenen Fehlern offen umzugehen. Junge Leute suchen nach dieser Art Mensch, dieser Art Lebensstil. In einer Umfrage fanden wir heraus, dass »etwas zu sagen und es dann auch zu tun« zu den Eigenschaften gehört, die junge Leute am meisten bewundern.

Haben Sie schon einmal bemerkt, dass einige der größten Firmen in Amerika heutzutage bewusst Werbung mit ihren Unvollkommenheiten machen? Manchmal stellen sie in ihrer Werbung sogar die ungeschönten Ansichten von Kunden über ihre Marke heraus. Ford produzierte eine Reihe von Online-Filmen, die einige Herausforderungen beschreiben, vor denen die Firma steht. Der Konzern versucht, auf skeptische Menschen einzugehen, indem er offen und direkt darüber spricht, wie die Konsumenten wirklich empfinden. Im April 2007 lautete die Schlagzeile auf dem Titelblatt von *Wired*, einer Zeitschrift über Trends und Technologie: »Zieht euch aus ... und regiert die Welt.« Der Artikel erklärte den Trend folgendermaßen: »Schlaue Firmen teilen Geheimnisse mit Konkurrenten, schreiben Blogs über Produkte, die noch in der Planung sind, und geben sogar Fehlschläge zu. Der Name dieses neuen Spiels heißt ›radikale Transparenz‹, und es fegt durch Vorstandsbüros überall im Land.«

Werden wir Christen diese Lektion lernen? Eigentlich sollten wir bereits einen Vorsprung haben. Transparenz bedeutet einfach, dass wir eingestehen, was die Bibel über uns sagt: Wir sind gefallene Menschen, die Gott dringend für ihr Leben brauchen – jeden Tag. David Crowder singt davon in seinem Lied »Rescue Is Coming« (Die Rettung naht): »Die Dunkelheit steckt uns in der Haut; unsere Tarnung weicht langsam auf.« In Römer 12,3 heißt es, wir sollen uns selbst ehrlich einschätzen und unseren Wert an Gottes Absichten für unser Leben messen. Transparenz bedeutet nicht einfach zu versuchen, sich richtig zu verhalten, sondern unser Leben ehrlich zu leben – selbst mit den Problemen, die unsere Lebensführung verursacht hat, offen umzugehen.

Ein Beispiel: Josh, einer meiner Mitbewohner am College, ist Pastor in der Gegend von Los Angeles. Er schlug vor, eine fünfwöchige Vortragsreihe zu veranstalten, die er »Bekenntnisse einer sündigen Kirche« nannte. Andere Gemeindeleiter mussten erst ein wenig davon überzeugt werden. Doch die Veranstaltungsreihe kam zustande. Um Werbung dafür zu machen, teilte sein Team Postkarten auf einem örtlichen Collegecampus aus.[16] Auf den Postkarten stand:

5. April – 1. Entschuldigung:	Unsere Selbstgerechtigkeit und Heuchelei tun uns leid
12. April – 2. Entschuldigung:	Unsere Billigung der Sklaverei tut uns leid
19. April – 3. Entschuldigung:	Unsere schlechte Behandlung von Homosexuellen tut uns leid
26. April – 4. Entschuldigung:	Die mittelalterlichen Kreuzzüge tun uns leid
3. Mai – 5. Entschuldigung:	Es tut uns leid, dass wir gesagt haben, die Erde sei eine Scheibe

Freier Eintritt – Bitte bringen Sie Freunde, Nachbarn, Bekannte, Feinde, Geschwister, Fremde im Collegealter mit. Unser Bedürfnis, vor Ihnen ein Bekenntnis abzulegen, ist uns ernst. Das ist kein Witz.

In einer E-Mail beschrieb Josh, was passierte: »Ich glaube, es war schon ein Erfolg, mehrere tausend Postkarten an verschiedenen Universitäten zu verteilen. Die meisten Kommentare, die wir von Leuten auf dem Campus zu hören bekamen, lauteten in etwa: ›Wow! Das bewundere ich!‹ In diesen Wochen kamen natürlich Besucher in unsere Gemeinde, doch eines der Hauptziele war einfach, einige der Vorurteile und Mauern zu durchbrechen, die Menschen gegen die Kirche haben. Die Besucher bekamen eine ehrlich gemeinte Entschuldigung zu hören und das, was die Bibel *wirklich* zu diesem Thema sagt. Ich nahm an, die Menschen würden uns nicht zuhören, bevor wir nicht von unserem hohen Ross herunterkommen und ihnen gegenüber ehrlich werden. Wir mussten erkennen, wo es Fehler und Sünde gegeben hatte. Dann wären die Leute vielleicht so weit entwaffnet, dass sie tatsächlich der wahren Botschaft von Christus zuhören.«

Joshs Vortragsreihe zog auch die Aufmerksamkeit mehrerer Journalisten auf sich. Der *San Francisco Chronicle* interviewte ihn zu einem entsprechenden Thema. Ein anderer Reporter von einer Universitätszeitung besuchte einen Veranstaltungsabend und schrieb einen Artikel für die Zeitung. Anschließend sprach Josh ausführlich mit ihm. In seiner E-Mail an mich schrieb Josh: »Es rief mich sogar jemand an, nachdem er den Artikel gelesen hatte, und bat um eine CD von dem Vortrag.«

Transparenz entwaffnet die Image-ist-alles-Generation.

ECHTE SICHTBARKEIT

Dennoch haben sogar transparente Menschen ihre Grenzen.

- Erstens gibt es Situationen, in denen Vorsicht angebracht ist. Zum Beispiel, wenn Ihr Eingeständnis dazu führen könnte, dass junge Gläubige in ihrem Glauben angefochten werden. Verstehen Sie mich nicht falsch: Junge Menschen wollen und brauchen die Erfahrung von Transparenz bei ihren Leitern. Aber das ist nicht gleichbedeutend mit der Wiedergabe anschaulicher Einzelheiten. Transparent und authentisch zu sein, erfordert echtes Gleichgewicht. Wir machen nur allzu oft den Fehler, unecht und oberflächlich zu sein.

- Zweitens, denken Sie daran, die Basis für Transparenz ist die klare Aussage der Bibel, dass wir in diesem Leben keine Vollkommenheit erreichen werden. Diesem Maßstab können wir alle gerecht werden. Er ist eine einzigartige Wahrheit des christlichen Glaubens. Menschen werden nie in der Lage sein, je Gottes Maßstäbe erreichen. Zu diesem unerreichbaren Ziel werden wir immer in Spannung stehen. Das verdeutlicht unseren Zustand mit viel Anstrengung und häufigem Versagen so perfekt, dass wir einbeziehen sollten, wie wir Andersdenkenden das Christentum vorleben. Das ist die Botschaft der Gnade: Wir können uns und andere bedingungslos annehmen, so wie Gott uns angenommen hat. Der Spruch »Christen sind nicht perfekt, nur errettet« ist eine faule Ausrede verglichen mit dem, was die Bibel darüber lehrt. Die Heilige Schrift sieht auf die tiefen Brüche in unserem Herzen und fordert uns auf einzugestehen, dass wir uns niemals bewähren könnten. Jesus hat uns durch sein Opfer würdig gemacht. Dieser Teil der Botschaft des Christentums hilft der jungen Generation. Diese versucht nämlich, den beständigen Kampf zwischen der Liebe zu Gott und dem Wunsch, ihn zufriedenzustellen, zu verstehen.

- Drittens, die Motivation für Transparenz ist wichtig. Die Kultur lehrt die Menschen, offen und schonungslos zu sein. Doch gewöhnlich dreht sich diese Offenheit um Egoismus: Man hat das Recht, seine wahren Gefühle und seinen Zorn zu äußern. Das ist Transparenz um des Schockeffekts und der persönlichen Daseinsberechtigung willen. Im Gegensatz dazu ist der christliche Ansatz für Transparenz die Erkenntnis, dass unsere Offenheit von dem Wunsch motiviert sein sollte, ein reines Herz vor Gott und anderen zu haben. Mein Freund Josh war motiviert, die Probleme der sündigen Kirche zu bekennen, weil er mit Menschen in Verbindung treten wollte, die das tiefe Empfinden haben, dass die Kirche unchristlich ist.

- Viertens, die Folge unserer Transparenz sollte Wiederherstellung sein. Sie sollte mehr von dem hervorbringen, was Gott in unserem Leben will. Einer der Schreiber des Neuen Testaments drückt es so aus: »Bekennt einander eure Schuld und betet füreinander, damit ihr geheilt werdet« (Jakobus 5,16). Statt so zu tun, als hätten wir alle Antworten, orientiert sich gottgemäße Transparenz darauf, Menschen zu helfen, ihr Leben wieder in Ordnung zu bringen.

Denken Sie zum Beispiel über das schwierige Thema Abtreibung nach. Für viele Frauen ist es einfacher, das »Problem« zu verstecken, statt offen darüber zu sprechen. Das macht die Situation für junge Frauen nicht leichter, die das Gefühl haben, sie hätten keine andere Wahl. Doch welchen besseren Ort gibt es, um sich um die Schwierigkeiten dieser Schwangeren zu kümmern, als innerhalb der Kirche? Reden wir in unseren Gemeinden offen und ehrlich über sexuelle Fragen? Oder verstecken wir uns hinter religiösen Vorwänden und stoßen damit die Menschen von uns, die tiefe Verletzungen und Bedürfnisse haben? Helfen wir Menschen zu verstehen, wie schwerwiegend ihre Entscheidungen sind? Zeigen wir ihnen aber gleichzeitig auch einen Weg zur Wiederherstellung auf, finanzielle Unterstützung für die Frauen und Adoptivfamilien eingeschlossen? Warten wir, bis eine Frau gezwungen ist, sich Vorwürfe wegen einer Abtreibung zu machen? Oder fördern wir Güte und Transparenz in ihrem Leben? Schaffen wir in unseren Gemeinden Beziehungen und Aussichten, wie ältere Frauen für jüngere Frauen mit ihren inneren Kämpfen ansprechbar und transparent sein können? Und das nicht nur gelegentlich, sondern ständig und greifbar?

Unserer Studie zufolge zeichnen sich Christen nicht durch solche Transparenz aus, sondern durch das Einhalten von starren Regeln und strengen Maßstäben.

Ich möchte Sie dringend bitten, über die Transparenz in Ihrem eigenen Leben nachzudenken – Ihrer Familie, Ihren Nachbarn und Kollegen gegenüber. Fangen Sie an, sich zu fragen, wie Sie Ihrer Meinung nach wesentliche moralische Fragen ansprechen sollten. Gottes Gesetze sind wichtig, und unsere inneren Gedanken und Einstellungen liegen ihm ebenso am Herzen wie unser Verhalten. Was liegt Ihnen am Herzen? Schwerwiegende moralische Probleme wie Pornografie, Sexualität, Süchte, Integrität, Homosexualität, Abtreibung, Fluchen, Egoismus und so weiter sind Symptome für tiefer liegende Probleme. Jeder Mensch hat mit Unmoral zu kämpfen, weil im Kern unseres Herzens die Rebellion gegen Gott liegt.

Spiegelt die Art und Weise, wie Sie als Nachfolger von Christus auf diese moralischen Fragen eingehen, deren Vielschichtigkeit wider? Sind Sie im Umgang mit Ihren eigenen inneren Kämpfen ehrlich zu sich selbst? Motivieren diese Kämpfe Sie, Ihr Herz und das von anderen Menschen Gott zuzuwenden und nach seinem Weg zu fragen, diese Probleme zu bewältigen? Oder konzentrieren Sie sich darauf, die Regeln und Bestimmungen einzuhalten?

Eine Frage, die diese Diskussion aufwirft, ist die Konsequenz der Sünde. Mit Sünde offen umzugehen und bereit zu sein, Menschen zur Wiederherstellung zu verhelfen, verkehrt die Folgen unseres Handelns nicht ins Gegenteil. Ein uneheliches Kind zu haben, ist zum Beispiel vielen soziologischen Daten zufolge schlicht der schwierigere Weg, ein Kind großzuziehen. Als Christen sollten wir die Realität einer Situation deutlich machen. Doch wir sollten die passende Zeit und Art und Weise sorgfältig wählen, um das Thema anzusprechen.

Denken Sie an die Geschichte von Victoria zurück, deren Begegnungen mit heuchlerischen Kirchgängern sie frustrierten und aus der Gemeinde vertrieben. Geistliches Leben lässt sich nicht einfach an der Anzahl von Predigten messen, die wir hören, an der Frömmigkeit unseres Lebens oder daran, wie gut wir handeln. Als Menschen, die von Jesu Gnade abhängig sind, sollten wir das wissen. Doch wir übersehen so leicht die Tatsache, dass ein sehr großer Teil unseres Lebens aus den einfachen Gesprächen und Kontakten mit anderen Menschen besteht. Was nach dem Gottesdienst auf dem Korridor gesagt wird. Der Ton, in dem etwas gesagt wird. Die Feiern, auf die wir eingeladen werden (oder auch nicht). Wie aufrichtig man um Menschen besorgt ist oder wie man mit Ihnen und Ihrem Kind umgeht. Victoria gab uns Christen eine Chance und fand uns heuchlerisch. Wie wir mit Menschen und ihren Lebensumständen umgehen, ist auch ein Maß für unsere geistliche Reife.

Das ist wichtig, weil einige Christen tatsächlich glauben, wir sollten die negativen Sichtweisen einfach ignorieren. Für sie ist es egal, dass wir als Heuchler abgestempelt werden. Sie nehmen fälschlicherweise an, dass das vorrangig daran liegt, dass die Andersdenkenden es »nicht richtig verstehen«.

Doch stellen Sie sich in Bezug auf Victoria einmal die Frage: Sagte sie, dass wir Heuchler seien, weil sie *die Entscheidung traf*, die freundliche Hilfe abzulehnen, die die Christen ihr anboten? Verstand sie Dutzende von wohlmeinenden Menschen falsch? Übersah sie die Männer in der Gemeinde, die versuchten ihr zu helfen? Vielleicht indem sie ihren Sohn zum Angeln oder zu Basketballspielen mitnehmen wollten?

Das bezweifle ich. Victoria beobachtete, wartete und hörte darauf, ob Leute wie Sie und ich auf ihre Nöte eingehen und ihr Leben und das ihres Sohnes nach Gottes Absichten wieder aufbauen. Hat sie einen Fehler gemacht? Klar, hat sie. Doch die Christen in ihrer Umgebung auch.

Der unchristliche Glaube sagt, dass es wichtig ist, Victoria daran zu erinnern, dass eine Familie mit nur einem Elternteil nicht so gut ist wie eine Familie mit verheirateten Eltern. Er sagt uns, dass wir ihr – ohne Liebe oder echtes Interesse – immer weiter Ratschläge geben sollten, wie sie ihren Sohn erziehen muss. Er führt uns zu der Überzeugung, dass wir es ja wissen sollten, weil wir alles im Griff haben.

DER DRECK UND WIR

Wir können uns gegen die Vorstellung wehren, dass wir Heuchler sind. Wir können sie ignorieren. Doch was, wenn der Vorwurf der Gesellschaft, wir seien Heuchler, Gottes Art ist, uns für die erdrückenden Nöte der anderen die Augen zu öffnen? Was, wenn Gott unsere Kultur benutzt, um uns unsere hohle Religiosität und leeren Antworten zu Bewusstsein zu bringen?

Babybuster und MTV-Generation suchen nach Authentizität. Sie wollen Menschen finden, denen sie vertrauen und sich anvertrauen können. Doch oft finden sie außerhalb der Kirche die transparenteren, authentischeren Menschen. Wir haben Gelegenheiten, den Andersdenkenden zu helfen, wenn wir bereit sind, unsere unchristliche Art, mit ihnen umzugehen, abzulegen.

Philip Yancey zieht in seinem Buch *Gnade ist nicht nur ein Wort* seine eigenen freimütigen Schlüsse:

> »Als einer, der viel Zeit bei ›Sündern‹ und auch bei ›eingebildeten Heiligen‹ verbrachte, ahne ich, warum Jesus vor allem der ersten Gruppe so viel Zeit gewidmet hat. Ich denke, er fühlte sich in ihrer Gesellschaft wohler. Weil die Sünder ehrlich über sich selbst waren und nichts vortäuschten, konnte Jesus besser mit ihnen umgehen. Im Gegensatz dazu verhielten sich die Heiligen arrogant, lehnten ihn ab und versuchten, ihm eine moralische Falle zu stellen. Schließlich waren es die Heiligen und nicht die Sünder, die Jesus gefangennahmen.«[17]

Wenn unser Blick auf Andersdenkende nur mehr wie der von Jesus sein könnte. Und wenn wir die Heuchler nur so verurteilen könnten wie er: »Sie knebeln euch mit unerfüllbaren religiösen Forderungen und tun nicht das Geringste, um euch die Last zu erleichtern« (Matthäus 23,4).

Denken Sie an die erdrückende Auffassung der jungen Andersdenkenden, dass wir einfach nur Heuchler sind. Weist Ihr Leben die Menschen auf ein Leben in Christus hin, das vor Freiheit zur Liebe, Wiederherstellung, Reinheit und Transparenz überfließt?

Oder begraben Sie Menschen – Insider und Andersdenkende – unter der Last eines selbstgerechten Lebens? Rühren Sie auch nur einen Finger, um zu helfen?

Als Christ ist es meine Pflicht zu fragen: Rühren Sie jetzt einen Finger?

Welchen?

DIE SICHTWEISE VERÄNDERN

ES IST OKAY, NICHT OKAY ZU SEIN

Viele junge Erwachsene betrachten Christen als Heuchler und meinen, wir sagen das eine und tun etwas anderes. Sie haben recht. Doch Heuchelei ist nicht das Problem. Wir alle glauben bestimmte Dinge und verhalten uns dann entgegengesetzt zu unseren Überzeugungen. Einer verkündet, wie schön doch das einfache Leben ist, und zwar auf dem Balkon seines 500 000 Euro-Eigenheims mit einem neuen 3er BMW Cabrio in der Garage. Ein anderer wütet gegen die großen Konzerne – mit einem Milchkaffee von McDonald's in der Hand. Ich bin ein Bayern-München-Fan, aber ich buhe Michael Ballack im Spiel von Bayern München aus. Ich brauche eine Therapie.

Das Problem besteht nicht grundlegend in der Heuchelei. Irgendwo sind wir alle Heuchler. Das Problem ist der Dünkel von moralischer Überlegenheit, den viele von uns an sich haben. Wir hören auf, Unvollkommenheiten in unserem Leben einzugestehen. Wir vergessen, woher wir kommen und alles, was Gott in unserem Leben getan hat. In der Lehre von Jesus sehe ich keinen Aufruf zu künstlicher moralischer Überlegenheit. Ich bin ein Sünder, der ihm folgt. Ich habe nicht alles im Griff, und dieses Eingeständnis ist genau das, was am Heuchler-Image kratzt. In unserer Gemeinde sagen wir: »Es ist okay, nicht okay zu sein.« Wir sprechen darüber, dass wir als Menschen viele Gemeinsamkeiten haben, egal, wo wir uns auf unserer Glaubensreise befinden. Ganz grundlegend teilen wir alle den gleichen menschlichen Zustand mit all seiner Zerbrochenheit. Und wir haben die Hoffnung, dass Jesus wirklich Leben verändern und die Zukunft retten kann.

Die Heuchelei tritt auch dann in Erscheinung, wenn wir anfangen, den »Kulturkampf« auszufechten. Also die Verhaltensmuster von Menschen zu attackieren, statt sie als Menschen zu lieben. Oder wir setzen uns dafür ein, die Moral zum Gesetz zu machen. In Las Vegas, wo ich lebe, ist der Kulturkampf vorbei. Wir haben verloren. Lassen Sie mich wiederholen: **Wir haben verloren!** Jetzt sind wir dazu berufen, die Menschen persönlich zu lieben und anzunehmen und uns dort um sie zu kümmern, wo sie sind. Wir treiben den Umbruch voran, wenn wir das Licht und die Liebe von Jesus in die Kasinos, Clubs und auf die Straßen unserer Stadt tragen. Wir versuchen, das Image der Heuchelei umzukehren, indem wir ehrlich und direkt mit unseren Fehlern und unserer Hoffnung auf Veränderung in Jesus umgehen. Und wir treten an der Seite unserer Nachbarn in einen anderen Kulturkampf ein – in einen Kampf gegen Armut, Kriminalität, Sucht und Schmerz. Wir helfen aktiv den Obdachlosen, wir haben der Kinderarmut im Las-Vegas-Tal den Krieg erklärt, und wir zeigen unseren Glauben durch unsere Taten, wenn auch unvollkommen.

Jud Wilhite
Pastor der *Central Community* Church in Las Vegas
Autor von *Stripped*

WIR BRAUCHEN HILFE

Wir werden als Heuchler bezeichnet, weil wir es sind. Ich weiß, dass ich eine Heuchlerin bin, und es tut mir nicht leid. Ich habe das, was man Sünde nennt. Das ist wie eine Krankheit, die in das Gewebe meines Daseins eingewachsen ist. Ich habe nicht darum gebeten. Ich will sie nicht. Meistens äußert sich die Sünde in Form von selbstzerstörerischem Verhalten. Wenn ich also von außen ein wenig widersprüchlich wirke, können Sie nur mutmaßen, was innen vor sich geht!

Bezüglich des Umgangs mit dieser Ansicht glaube ich, dass wir uns selbst und anderen gegenüber ehrlich werden und nicht nur die Heuchelei zugeben müssen, sondern auch die Tatsache, dass wir Hilfe brauchen. Aus eigener Erfahrung gesprochen: Ich habe mich Freunden gegenüber geöffnet, die mich – auch wenn es wehtut – auf meine Heuchelei hinweisen. Langsam hilft es, aber ich habe noch einen langen Weg vor mir.

In einem Eintrag neueren Datums in meinen Blog heißt es:

Ich dachte, dass mir das Nachfolger-von-Jesus-Werden helfen würde, mir die Sünde abzugewöhnen. Ich bekam die Impfung, die ich brauchte, aber in mancherlei Hinsicht sind die Symptome nur noch schlimmer geworden. Mir wurde klar, wie stark ich infiziert bin und wie sich das auf meine Haltung, meine Beziehungen, mein Leben auswirkte. Die Wahrheit ist also, dass ich kämpfe. Ich kämpfe mit allem, was ich habe, gegen die Sünde an. An manchen Tagen schneide ich damit besser ab als an anderen. Wenn Sie mich eine Heuchlerin nennen, dann haben Sie mich aller Wahrscheinlichkeit nach an einem meiner schlimmsten Tage erwischt.

Es tut mir leid. Es tut mir leid, dass ich Sie im Stich gelassen und enttäuscht habe. Doch die Wahrheit ist, dass ich weder aufgebe noch locker lasse. Ich bin einem Gott begegnet, der verspricht, dass der Kampf mit einem Sieg endet – Leben statt Tod. Also nennen Sie mich verrückt, aber ich halte mich an diesem Versprechen fest. Ich versuche auch, die Maßstäbe einzuhalten, die Gott gesetzt hat. Die sind ziemlich hoch, und an manchen Tagen liege ich einfach nur auf dem Boden und starre an die Decke. Aber dann verspüre ich einen Antrieb, eine Energie, aufzustehen und wieder zu kämpfen.

Ich könnte Ihre Hilfe gebrauchen. Wenn Sie das nächste Mal bemerken, dass ich mich wie eine Heuchlerin benehme, nehmen Sie mich beiseite und teilen Sie es mir behutsam mit. Dafür wäre ich wirklich dankbar.

Margaret Feinberg
Autorin und Referentin

VERLIEBT IN DIE STRASSEN

Zwischen der Kirche und ihrer Nachbarschaft herrscht eine Trennung. Und Heuchelei – Reden ohne Handeln – spielt bei dieser Kluft eine Rolle.

Ich habe mein ganzes Leben lang in den Ballungsgebieten von Philadelphia und Atlanta gelebt und gearbeitet. In diesen Gegenden findet man eine Fülle an Kirchen. In meiner Nachbarschaft in Atlanta, wo ich gerade wohne, gibt es ungefähr in jedem Block eine. Dann denkt man daran, dass in genau derselben Straße Drogenhandel und Prostitution regieren. Es ist nicht ungewöhnlich zu sehen, wie auf den Kirchenstufen mit Drogen gehandelt wird.

Diese Institution hat ihren eigenen schweigenden und unausgesprochenen Deal mit den Verkäufern gemacht, die dort ihren Lebensunterhalt verdienen. Menschen, die die Kirche am meisten brauchen, sitzen draußen und warten darauf, dass sie sich würdig genug fühlen, kommen zu dürfen.

Für die jungen Leute, die auf der Straße aufwachsen, ist es eine uralte Geschichte: Der Drogenboss kennt ihren Namen und der Pastor nicht. Die Lehrer in der Schule sind der Ansicht, dass sie nicht lernen können, aber sie bestehen die »Straßenkurse« ganz gut. Die Straßenkultur geht ihnen nach und heißt sie immer willkommen. Doch die Kirchentüren sind nur sonntags offen. Die Kirche möchte sie adrett und sauber, aber die Straße nimmt sie so, wie sie sind.

In den letzten 18 Jahren habe ich mit jungen Erwachsenen in Missionsprogrammen gearbeitet. Dort arbeiten normalerweise Jesusnachfolger im Collegealter mit, die in genau jene Stadtteile kommen und bereit und willens sind, verletzten Menschen die Kirche nahezubringen. Sie möchten die Hände und Füße des Evangeliums sein. Also ziehen sie in die Stadt und lernen ihre Nachbarn kennen. Sie arbeiten in Ferienlagern und Betreuungsprogrammen für Kinder nach Unterrichtsschluss. Sie werden Nachhilfelehrer und Mentoren. Und sie kommen und möchten in ihrer örtlichen Gemeinde Unterstützung finden und halten sie über alles auf dem Laufenden, was sie bereits in der Nachbarschaft tun.

Junge Erwachsene mit vollen Herzen sind bereit, denen, die nur selten gehört werden, zu dienen und zuzuhören. Sie ziehen los, um die Liebe von Christus zu Menschen außerhalb der Kirchenmauern zu bringen. Diese jungen Erwachsenen entdecken rasch ihre Loyalität zu ihrer neuen Nachbarschaft. Sie verlieben sich in die Straße und alle, die dort leben.

Es sollte eine Ehe sein, die im Himmel geschlossen wurde. Doch das ist sie nicht. Stattdessen stellt es sich als eine scharfe Windböe heraus, die die Flamme des Vertrauens auslöscht, die diese jungen Erwachsenen für ihre Vision von »Gemeinde« am Brennen gehalten hatten. Ihre neue Gemeinde ist nicht bereit für den Teenager aus der Nachbarschaft, der zum ersten Mal ohne christlichen Hintergrund in die Jugendgruppe kommt. Die obdachlosen Männer riechen wirklich streng, wenn sie in den Gottesdienst kommen.

Der Baufonds, Kirchenfonds und Orgelfonds verliert seine Bedeutung, wenn man täglich hungrigen Menschen begegnet. Wer ein Jahr oder länger mit leidenden Familien, Leuten auf der Straße und Opfern von Unrecht zusammengelebt hat, verliert rasch den Respekt vor der Kirche.

Ich glaube, dass heutzutage junge Leute anfangen, die Kirche als einen Ort zu betrachten, der mit den Armen und Ausgestoßenen nicht gut umgegangen ist. Sei es ein Obdachloser in der Innenstadt von Atlanta oder ein Teenager aus einem Vorort, der mit Pornografie zu kämpfen hat.

Junge Leute kommunizieren nicht mit Eltern, Pastoren und Lehrern, deren Lebensführung und Leidenschaft nicht ihren Worten und ihrem Glauben entsprechen. Und sie suchen auch keine Hilfe bei ihnen. Sie gehen zu den Menschen, die in Beziehung zu ihnen treten wollen; zu den Menschen, die ebenfalls leiden und bereit sind, darüber zu reden.

Junge Erwachsene wenden sich von einer modernen Kirche ab, die sie als nichts anderes als als heuchlerisch betrachten. Maßstäbe und Regeln ohne Opfer und Solidarität sind Heuchelei. Christliche Phrasen ohne greifbare Liebestaten sind Heuchelei. Kirchen an jeder Ecke, vor denen verletzte Menschen sind, sind Heuchelei.

Ein großes Gebäude ohne viel Verbindung zur Straße ist im Prinzip leer.

Leroy Barber
Vorsitzender von *Mission Year*

GEISTLICHES LEBEN REDUZIERT AUF MORALISCHE RICHTGRÖSSEN

Ohne Frage hat einer der größten Stolpersteine für die Welt in Bezug auf den christlichen Glauben mit den Christen selbst zu tun. Und besonders die Frage der Heuchelei.

Zu Recht.

Das Wort Heuchelei, im Grundtext des Neuen Testaments *hypokrisis*, kommt von einem alten griechischen Wort, das das Tragen einer Maske bezeichnet. Im Griechenland der Antike trugen Schauspieler oft Masken entsprechend der Rolle, die sie verkörperten. Der Auftritt ihrer Rollenpersönlichkeit auf der Bühne war eine Fassade, ein »Schauspiel«. Heuchler sind also Maskenträger. Sie scheinen etwas zu sein, doch es ist alles Fassade – hinter der Maske sind sie jemand anderes.

Die einzige Möglichkeit dagegen anzugehen ist, dass die Christen selbst in den Griff bekommen, was es heißt, Christus nachzufolgen, und das dann der Welt authentisch vermitteln. Was hinter vielen – nicht allen, aber vielen – Klagen und Anklagen gegen den Charakter und die Integrität von Christen steht, ist die Forderung nach Perfektion im Leben jedes Menschen, der behauptet Christ zu sein, und andere drängt, ebenfalls Christen zu werden. Natürlich entspricht das nicht der eigentlichen Definition eines Heuchlers. Aber noch wichtiger ist, dass es kein angemessenes Verständnis davon ist, was es heißt, ein Leben als Christ zu beginnen.

Doch die Welt misst uns daran, weil wir uns selbst – und andere – daran messen. Wir fallen der Anklage der Heuchelei zum Opfer, weil wir geistliches Leben auf eine Liste von moralischen Richtgrößen, gepaart mit einer ordentlichen Dosis Verurteilung, reduziert haben.

Die einzige Möglichkeit, wieder festen Boden unter die Füße zu bekommen, besteht darin, uns und andere daran zu erinnern, dass ein authentischer Christ einfach jemand ist, der sich dazu entschieden hat, an Jesus als den zu glauben, der ihm vergibt. Und dann zu versuchen, ihm als Führer nachzufolgen. Doch *nirgendwo* in dieser Abfolge von Ereignissen finden sich Vollkommenheit oder Sündlosigkeit. Stattdessen gibt es nur die bewusste Bemühung und den ernstlichen Wunsch, Gott als – ja als Gott anzuerkennen.

Dann müssen wir das der Welt vermitteln. Authentisch. Ich erinnere mich an die Worte des großen russischen Autors des 19. Jahrhunderts, Leo Tolstoi, der in einem persönlichen Brief schrieb:

> »Greif mich an; das tue ich selbst auch, aber greif lieber mich an als den Weg, dem ich folge, und auf den ich jeden hinweise, der mich fragt, wo ich glaube, dass er liegt. Wenn ich den Weg nach Hause kenne und ihn betrunken gehe, ist es

deswegen etwa weniger der richtige Weg, nur weil ich hin- und hertaumele?«

Einfach ausgedrückt müssen wir aufhören, uns selbst als die Botschaft zu präsentieren, und anfangen, Jesus als die Botschaft zu präsentieren. Es wird Enttäuschungen über Christen geben, solange es unvollkommene Menschen gibt. Da alle Christen unvollkommen sind, wird es immer Enttäuschungen geben. Deshalb müssen wir aufhören, die Botschaft von Christus an unsere verpfuschten Bemühungen binden zu lassen.

Jim White
Autor

4

BEKEHRT EUCH!

Die Christen sind zu beschäftigt damit, Leute bekehren zu wollen. Sie sind unaufrichtig. Ich höre immer nur »Bekehr dich!« Ich habe die ganze Sache mit Jesus schon ausprobiert. Damals hat es für mich nicht funktioniert, und jetzt bin ich nicht daran interessiert.

Shawn, 22

Bisherige Sichtweise: Christen sind unaufrichtig und nur darauf aus, Leute zu bekehren.
Neue Sichtweise: Christen pflegen Beziehungen und ein Umfeld, wo andere grundlegend von Gott verändert werden können.

Es klingelt an der Tür. Sie erwarten keinen Besuch. Sie eilen durchs Haus, werfen noch einen Blick in den Flurspiegel, um sich zu versichern, dass Sie halbwegs vorzeigbar aussehen. Sie öffnen die Tür einen Spalt weit und erspähen zwei junge Männer in weißem Hemd und Krawatte. Oh oh. Sie müssen kaum nach den anderen äußeren Anzeichen suchen, aber Sie tun es, und die beiden bestätigen Ihren Verdacht. Rucksäcke. Namensschilder. Jeder von ihnen hat ein Buch in der Hand. *Mormonen.*

Sie lächeln Sie an. Sie wissen, was kommt, bevor die beiden auch nur ein Wort sagen. Sie sind hier, um das »andere« Testament über das Leben von Jesus vorzustellen, das Buch Mormon. Sie möchten Sie als Anhänger ihrer Religion gewinnen.

Unsere Umfragen unter Andersdenkenden zeigen, dass Christen einen Ruf haben, der dem von Mormonenevangelisten ähnlich ist. Wenn es um Glaubensfragen geht, haben junge Andersdenkende das Gefühl, dass sie wissen, was Christen wollen, bevor sie auch nur ein Wort gesagt haben. Obwohl MTV-Generation und Babybuster generell offen für geistliche Themen sind, möchten sie nicht das Gefühl haben, in Gespräche über den Glauben hineingedrängt zu werden. Eine Generation, die in einer von Marketing durchsetzten Welt aufgewachsen ist, »riecht« schnell, was sie für das zugrunde liegende Motiv und was für Oberflächlichkeit hält.

Diese Art Reaktion wird größtenteils von einer generationsbedingten Skepsis geschürt. Natürlich hat jede Generation ihren Teil Zyniker. Aber MTV-Generation und Babybuster sind in einer Umwelt aufgewachsen, in der ihnen jeder Sicherheit anbietet. Bei den jungen Erwachsenen steht der Vorgang über dem Ergebnis, und die Reise ist wichtiger als das Ziel. Dieser skeptische Standpunkt wirkt sich darauf aus, wie sie über Glauben und Bekehrung denken.

In John Mayers Bestselleralbum *Continuum* bringt der Musiker, der etwas über zwanzig Jahre alt ist, die Perspektive seiner Generation auf den Punkt. Sein Lied »Belief« (Glaube) wirft Fragen über die Motivation von Menschen auf und darüber, inwieweit sie erkennen, wie vielschichtig ihre Perspektive ist. Eine der Liedzeilen dringt zum Kern dieses Gedanken vor: »Glaube ist eine schöne Rüstung, doch sie fordert das schwerste Schwert heraus.«

Bitte machen Sie sich klar, dass Skepsis sowohl positive als auch negative Auswirkungen hat. Eine der günstigen Folgen ist, dass MTV-Generation und Buster nicht gern so aufdringlich wie ein Vertreter mit ihrem Glauben umgehen und äußerst sensibel dafür sind, was andere Menschen denken und fühlen. Doch das bedeutet auch, dass junge Christen sich weniger als ältere Erwachsene verpflichtet fühlen, mit anderen über ihren Glauben an Christus zu sprechen. Junge Menschen glauben auch eher, dass man ein sinnvolles Leben führen kann, ohne Jesus Christus anzunehmen. Es ist auch interessant, dass MTV-

Generation und Babybuster seltener den Standpunkt »einmal gerettet, für immer gerettet« vertreten, das heißt, dass eine Entscheidung für Christus das ewige Schicksal eines Menschen für immer verändert.

Nun denken Sie einmal darüber nach, wie sich das auf junge Menschen auswirkt, die nicht gläubig sind. Junge Andersdenkende haben in der Regel nicht den Eindruck, dass Christen gute Absichten haben, wenn es um einen »Bekehrungsversuch« geht. Die meisten lehnen den Gedanken ab, dass Christen echtes Interesse an ihnen als Personen zeigen. Das war einer der größten Brüche in unserer Studie: Die meisten Christen sind überzeugt davon, dass ihre Bemühungen echt wirken, doch die Andersdenkenden bestreiten das. Wenn es um Glaubensfragen geht, stehen junge Andersdenkende der »Jesus-Masche« skeptisch gegenüber. Das ist eine zentrale Erkenntnis aus unserer Studie. Nur ein Drittel der jungen Andersdenkenden glaubt, dass Christen sich wirklich etwas aus ihnen machen (34 Prozent). Und die meisten Christen haben keine Ahnung von dieser Ansicht – 64 Prozent der Christen sagten, sie glaubten, dass Andersdenkende ihre Bemühungen als echt empfänden. Das ist besonders bedeutsam, weil die Christen viele der negativen Sichtweisen der Andersdenkenden zutreffend vorausgesagt hatten. Doch als unehrlich wahrgenommen zu werden, überraschte die Gläubigen. Echtes Interesse an einem anderen Menschen kann man schlecht vortäuschen.

Ebenso wie Christen Mormonenevangelisten gegenüber skeptisch sind, sind Andersdenkende unseren Motiven gegenüber skeptisch. Selbst wenn unsere Absichten uns selbst echt vorkommen, fühlen Andersdenkende sich oft als Ziel. Dass wir einfach ein weiteres Kirchenmitglied gewinnen oder eine neue Kerbe in den »Bekehrt euch«-Gürtel schneiden wollen. Obwohl wir versuchen, die wichtigste Botschaft der Menschheitsgeschichte weiterzusagen (Jesus bietet uns durch den Glauben an ihn neues Leben an), geht irgendetwas bei der Übersetzung verloren.

Wenn Andersdenkende unsere Motivation hinterfragen, neutralisiert das ihr Interesse am Christentum. Nur ein Viertel der jungen Andersdenkenden hat den deutlichen Eindruck, dass das

Christentum ihnen »Hoffnung für die Zukunft« bietet (23 Prozent), und nur einer von sieben glaubt fest, dass das Christentum »echt und ehrlich« ist (15 Prozent). Trotz der Tatsache, dass die meisten jungen Andersdenkenden sagen, das Christentum habe gute Werte und Prinzipien (79 Prozent), sagt eine Mehrheit, dass der christliche Glaube mehr oder weniger die gleichen grundlegenden Gedanken lehrt wie andere Religionen (81 Prozent).

Mit der Frage, wie Christen auf andere Menschen wirken, haben wir Steven interviewt. Er ist 34 Jahre alt und aus New York nach Phoenix gezogen. Im Interview beschrieb er seine anfängliche Begeisterung, als er in der unbekannten Stadt einen gleichaltrigen New Yorker traf. »Einmal kam ein junger Mann in der U-Bahn-Station auf mich zu: freundlich, voller Fragen, am Gespräch interessiert. Er kam mir echt nett vor, und ich konnte kaum glauben, dass ein New Yorker so ... na, eben nett war! Wir tauschten unsere Telefonnummern aus und sagten, dass wir mal was miteinander unternehmen wollten. Das nächste Mal, als ich von ihm hörte, lud er mich zu einer Bibellesegruppe ein. Das war alles, worüber er reden wollte. Als ich ›nein, danke‹ sagte, hörte ich nie wieder von ihm.« Statt ehrlich an Menschen und ihrer Freundschaft interessiert zu sein, wirken wir oft wie geistliche Kopfgeldjäger.

Viele der jungen Leute, die wir interviewten, betonten auch, wie schwierig es ist, Christen im Licht einiger ihrer Taktiken ernst zu nehmen. In allen Interviews hörten wir keinen vorteilhaften Kommentar über sogenannte Straßenevangelisationen, wo Christen unbekannte Passanten anhalten, um von der Guten Nachricht zu erzählen. »Die Leute verfolgen dich und beschimpfen dich. Ich denke, ›Kenne ich dich? Warum sollte es mich kümmern, was du sagst?‹«, war einer der Kommentare.

Andersdenkende äußerten eine besondere Abneigung gegen Methoden, die die Aufmerksamkeit von Leuten mit einem Trick erlangen. Eine Umfrageteilnehmerin nannte das den »Bekehrungsschwindel«. Sie sagte: »Christen möchten, dass man ihrer Botschaft von Jesus Aufmerksamkeit schenkt, aber irgendwie glaube ich nicht, dass es Jesus gefallen würde, zu einer Art ›Trick‹ gemacht zu werden.«

Andersdenkende sind skeptisch und gescheit. In der überwältigenden Mehrzahl der Fälle schaffen diese Methoden, statt
geistliche Tiefe bei Menschen zu erzeugen, unchristliche men-
tale und emotionale Barrieren gegen Jesus.

FALSCHE VORSTELLUNGEN

In zwölf Jahren bei *Barna* habe ich umfassende Recherchen
über Evangelisation und missionarische Strategien angestellt.
Unsere Firma hatte Gelegenheit, die Wirksamkeit von vielen der
bekanntesten Evangelisationsprogramme und -materialien zu
untersuchen, von Videos bis hin zu Bibeln, von Gemeindepro-
grammen bis hin zu anderen Formen von Schulungen und Veranstaltungen. Auf Grundlage dieser großen Menge von Daten
haben sich eine Reihe von Mythen darüber herauskristallisiert,
wie und warum Menschen Christen werden. Diese falschen Vorstellungen führen dazu, dass Christen keine Ahnung von der
Wirkung ihrer Bekehrungsbemühungen haben. Diese Mythen
blockieren oft die Art von Beziehungen und Umfeld, in denen
Menschen durch ihren Glauben an Jesus zutiefst verändert werden könnten. Untersuchen wir doch einige davon, die mit dem
Verständnis für Andersdenkende zu tun haben.

Mythos: Die besten Evangelisationsbemühungen sind die, mit
denen man möglichst viele Menschen auf einmal erreicht.

Realität: Die wirksamsten Bemühungen, über den Glauben zu
sprechen, sind persönlich und basieren auf Beziehungen. Wenn
wir wiedergeborene Babybuster baten, die Veranstaltung, das
Gemeindeprogramm oder die Person zu benennen, die am unmit-
telbarsten für ihre Bekehrung verantwortlich waren, nannten
71 Prozent eine Person – in der Regel ein Elternteil, einen Freund
oder eine Freundin, einen anderen Verwandten oder einen Lehrer. Die Mehrzahl dieser Entscheidungen wurde als Gespräche
und Gebet beschrieben. Während in etwa einem Drittel der Fälle
ein Freund oder Familienmitglied die betreffende Person in einen

Gottesdienst oder eine evangelistische Veranstaltung mitnahm. In einer Zeit der Massenmedien könnte man leicht annehmen, dass die Wirkung umso größer ist, je mehr Zuschauer es gibt. Doch Radio, Fernsehen und Traktate machten insgesamt nur weniger als 0,5 Prozent der Bekehrungen von Babybustern aus. Die klare Aussage ist, dass die meisten jungen Leute aufgrund von Menschen zu Jesus finden, die sie gut kennen, gewöhnlich vor dem Hintergrund von »alltäglichen« Kontakten.

Mythos: Alles, was Menschen zu Christus bringt, lohnt sich.

Realität: Finanziell betrachtet ist kein Preis zu hoch für eine Seele. Doch das Problem besteht nicht nur in den Kosten. Bei unseren Recherchen über einige der maßgeblichen Mittel der »Massenevangelisation« fanden wir heraus, dass *diese Maßnahmen oft drei- bis zehnmal mehr negative als positive Reaktionen hervorrufen.* Mit anderen Worten, stellen Sie sich vor, Ihre Gemeinde überlegt, Bibeln oder Videos oder anderes christliches Material an Haushalte in ihrer Nachbarschaft zu verschicken. Unsere Recherchen zeigen, dass der »Kollateralschaden« – Menschen, deren Eindruck von Ihrer Gemeinde und dem Christentum in der Folge *noch* negativer wäre – wesentlich größer ist als der positive Eindruck auf diejenigen, die wohlwollend reagieren. Zudem sind solche Massenevangelisations-Bemühungen am effektivsten bei bereits etwas kirchlich sozialisierten Erwachsenen, während Andersdenkende normalerweise diejenigen sind, die am negativsten reagieren.

Als Christen müssen wir daran denken, dass unser letztendliches Ziel nicht die Rücklaufquote ist, sondern eher der weise und sorgfältige Umgang mit unserem Gottesbild. Die Medien und Technologien von heute bieten unvergleichliche Möglichkeiten. Doch sie tragen auch die Gefahr in sich, den Ruf von Christen bei vielen Andersdenkenden zu schädigen. Wenn Sie bei Andersdenkenden durch Ihre Evangelisationsstrategie nur noch mehr Barrieren aufbauen, waren Sie kein guter Haushalter über das Evangelium. Die Entscheidung, *wie* wir über Christus sprechen, ist ebenso wichtig, wie es *tatsächlich zu tun.*

Mythos: Wir können keine Rücksicht darauf nehmen, Menschen zu beleidigen, wenn wir von der Wahrheit über Jesus sprechen.

Realität: Dass wir dem Gebot gehorchen, Menschen zu Jüngern zu machen, gibt uns nicht die Erlaubnis, Menschen zu beleidigen. Besonders wenn diese Beleidigungen uns in Wirklichkeit daran hindern, genau dieses Gebot zu erfüllen. Jesus gebrauchte starke Worte, doch wen stieß er wohl am meisten vor den Kopf? Religiös arrogante Menschen, keine Andersdenkenden. Ja, das Kreuz ist ein Anstoß für die Menschen. Doch das gibt uns keinen besonderen Grund, hartherzig oder gehässig zu sein. Wahrer Respekt Menschen gegenüber ist ein Schlüsselfaktor für wirksame Evangelisation. Die Bibel weist gezielt darauf hin: »Ein Diener des Herrn darf nicht streiten, sondern er muss zu allen freundlich sein ... Denen, die sich der Wahrheit widersetzen, soll er freundlich den richtigen Weg zeigen. Vielleicht wird ja Gott diese Menschen zur Umkehr bewegen, sodass sie die Wahrheit erkennen« (2. Timotheus 2,24 f). Diese Bibelstelle erinnert uns außerdem daran, dass Menschen sich Jesus ausliefern, weil Gott ihre Herzen verändert.

Mythos: Menschen werden aufgrund von logischen Argumenten Christen.

Realität: Die meisten Menschen sind von ihrer Persönlichkeit her keine logischen Denker und werden ihre Überzeugungen wahrscheinlich nicht durch elegante Argumentation oder Apologetik ändern. Natürlich sind einige Andersdenkende so veranlagt, und durchdachte Antworten sind besonders wichtig, um zu verdeutlichen, dass das Christsein auf bemerkenswerte Weise auf alle Aspekte des Lebens eingehen kann. Unsere Kultur ist geprägt von Ideen und Weltanschauungen. Unterschätzen Sie also nicht, dass gründliches Denken, Logik und intellektuelles Engagement eine angemessene Rolle spielen sollten. Die meisten Menschen werden allerdings nicht aufgrund der überwältigenden Beweislage Christen. Und da MTV-Generation und Babybuster das Leben eher auf nicht lineare, fließende

Art und Weise verarbeiten, fällt ihnen der Umgang mit Unterschwelligem, Nuancen, Mehrdeutigkeiten und Widersprüchen zunehmend leichter. Selbst wenn Sie also in der Lage sind, ein unwiderstehliches logisches Argument zu entwickeln, werden junge Leute nicken, lächeln und Sie ignorieren.

Als wir Andersdenkende fragten, was für sie der wichtigste Faktor bei ihrem Glauben ist, sagten sie, dass es etwas ist, das »ihnen persönlich richtig vorkommt« (69 Prozent der Nichtchristen erklärten, dies sei ein wichtiger Aspekt ihrer Spiritualität). Bevor Sie anfangen, über diese Abhängigkeit von Gefühlen zu klagen, sollten Sie sich bewusst machen, dass 67 Prozent der *Christen* zwischen 16 und 29 Jahren ebenfalls sagten, dass dies wichtig sei. Junge Menschen lassen sich bei ihrer spirituellen Suche, ob es uns gefällt oder nicht, von ihrem Individualitätssinn, ihrer Loyalität Freunden gegenüber und ihrem emotionalen und erfahrungsgemäßen Blick aufs Leben leiten.

Mythos: Jeder hat die gleiche Chance, ein Nachfolger von Christus zu werden.

Realität: Basierend auf umfassenden Recherchen zu diesem Thema weisen unsere Daten deutlich darauf hin, dass bei der großen Mehrheit der Amerikaner der Verlauf ihres Glaubenslebens vorgezeichnet ist, noch bevor sie erwachsen werden. Oft sogar noch, bevor sie überhaupt in die Pubertät kommen. Tatsächlich vertrauen nur sechs von hundert Personen, die zum Zeitpunkt ihres 18. Lebensjahres noch nicht wiedergeboren sind, als Erwachsene zum ersten Mal ihr Leben Jesus an. Natürlich müssen wir hinsichtlich des geistlichen Potenzials eines Menschen immer das Beste annehmen. Gott kann jederzeit in jedem Leben alles tun, und oft tut er das auch. Doch überlegen Sie einmal, wie wahrscheinlich es ist, dass Sie als Erwachsener sich jetzt überzeugen lassen, zu einer anderen Religion zu konvertieren. Sie müssen zugeben, dass eine Menge nötig wäre, um Ihre Ansichten so drastisch zu verändern.

Bitte denken Sie darüber nach, was das bedeutet. Erstens unterstreicht es, dass Christen sich die Glaubensentwicklung bei Kindern zu einem hohen Ziel machen sollten. Das ist eine einzigartige Zeit im Leben, in der die meisten von uns sich einen Glauben »aussuchen«. Zweitens bedeutet es, dass wir uns sehr bemühen müssen, den oft zarten Glauben von Teenagern zu stärken. Denn in dieser Zeit verfestigt sich ihr Glaube – dazu gleich mehr. Schließlich erinnert es uns daran, warum der Respekt vor dem Glauben anderer Menschen so entscheidend ist. Wir werden den Verlauf des Glaubenslebens eines Erwachsenen wahrscheinlich nicht durch eine Bemerkung hier oder eine kleine Dosis Jesus da ändern können. Wenn wir tatsächlich Andersdenkenden helfen wollen, die einzigartige Freiheit zu erkennen, die Christus ermöglicht, ist eine simple Bekehrt-euch-Botschaft eine Beleidigung ihrer Intelligenz. Wir denken vielleicht, dass die Menschen bloß eine schnelle geistliche Transaktion brauchen. Doch diese Art vollständiger Veränderung geschieht nicht ohne das Einverständnis eines Menschen und das Wirken des Heiligen Geistes.

Mythos: Wir müssen den Andersdenkenden einfach helfen, eine Verbindung zu Gott zu finden.

Realität: Es stimmt zwar, dass Gottes Gegenwart Leben verändernd ist. Doch die meisten Andersdenkenden geben zu, dass sie nur ungern etwas mit dieser Art von Erlebnis zu tun haben wollen. Beinahe die Hälfte der jungen Andersdenkenden (42 Prozent) sagt, dass sie Glaube und Religion skeptisch und misstrauisch gegenüberstehen. Ein Teil dieser Skepsis ist erbittertes Unabhängigkeitsstreben. Sie wollen nicht in einen Zustand versetzt werden, in dem sie gefühlsbetont und vom Glauben abhängig sind. Nur ein Viertel der Andersdenkenden gab an, dass sie nach einem Glauben suchen, der ihnen hilft, mit Gott in Verbindung zu kommen. Im Vergleich dazu war dies die oberste Motivation von jungen Christen. Das bestätigt, dass es zwischen uns innerhalb und den Menschen außerhalb der Kirche ein riesiges Feld von Unstimmigkeiten gibt. Wir haben die Gegenwart des lebendigen Gottes erlebt. Doch Andersdenkende hüten sich vor dem Gefühl, sie müssten sich einer Gehirn-wäsche unterziehen oder manipulieren lassen.

EIN GLAUBE, DEN MAN VERGESSEN KANN

Ein weiterer Fehler, den Christen machen, besteht darin, dass ihnen nicht klar ist, wie viel Erfahrung mit und Vergangenheit im christlichen Glauben die meisten Andersdenkenden haben. Die meisten Nichtchristen »kennen das alles schon«. Das Christentum ist für sie nichts Neues und noch nicht Erprobtes. Stattdessen wirkt es auf sie langweilig und gewöhnlich. Es ist zu einem zu vernachlässigenden Teil ihres täglichen Lebens geworden. Eric, 29 Jahre, stellte Folgendes fest: »Das Christentum wirkt wie ein altes, baufälliges Gebäude, an dem ich jeden Tag vorbeifahren muss. Ich bemerke es nicht einmal mehr.«

Der Grund: Die große Mehrheit von Leuten (selbst Anders-denkenden) hört in Amerika mehrmals in ihrem Leben die Bot-schaft des Christentums. In Kirchen, über die Medien, durch ihre Freundschaften und so weiter. Vier von fünf (82 Prozent) jungen Atheisten, Agnostikern, Unentschlossenen und Ange-hörigen anderer Glaubensrichtungen sind in ihrem Leben schon irgendwann einmal in einer christlichen Kirche gewesen. Die meisten von ihnen besuchten diese Gemeinde mindestens drei Monate lang. Zwei Drittel der Nichtchristen (65 Prozent) gaben an, dass sie im vergangenen Jahr mit einem christlichen Freund Gespräche über ihre Glaubensansichten geführt hätten. Mehr als die Hälfte (53 Prozent) sagte, dass man in den letzten Jahren direkt mit der Frage an sie herangetreten sei, ob sie Christen werden wollten.

Die Möglichkeiten für Andersdenkende, von Christus zu hören und Christen kennenzulernen, sind geradezu verblüffend. Seit beinahe 20 Jahren untersucht das *Barna*-Team die Kirchenzuge-hörigkeit von amerikanischen Teenagern. Wir stellen durchweg fest, dass die überwältigende Mehrheit der Teenager im ganzen Land einen beträchtlichen Teil ihrer Teenagerjahre in einer christlichen Gemeinde verbringt. Die meisten Teenager in Amerika betrachten sich, wenn sie erwachsen werden, als Christen und sagen, dass sie eine persönliche Entscheidung für Christus getroffen haben. Doch zehn Jahre später haben die meisten dieser jungen Leute die Kirche verlassen und schieben ihre emotionale Verbindung zum christlichen Glauben beiseite. Bei den meisten von ihnen war der Glaube nur oberflächlich. Das führt zu der ernüchternden Erkenntnis, dass die große Mehrheit von Andersdenkenden in diesem Land, besonders in den jungen Generationen, genau genommen *entkirchlichte* Menschen sind.

Trotz des Umstands, dass viele von ihnen momentan zu keiner Gemeinde gehören, sagen uns die meisten Amerikaner, zwei Drittel (65 Prozent) aller erwachsenen MTV-Generation und Babybuster eingeschlossen, dass sie irgendwann in ihrem Leben einmal eine Entscheidung für Christus getroffen haben. Dieser Wert ist etwas niedriger als der Prozentsatz bei älteren Erwachsenen (73 Prozent). Das ist ein erstaunliches Merkmal unserer Kultur. Die überwältigende Mehrheit von Amerikanern behauptet altersunabhängig, bereits eine grundlegende Entscheidung getroffen zu haben, Christus nachzufolgen!

Natürlich wirft das die Frage auf, wie tief ihr Glaube ist. Wenn so viele Amerikaner die Entscheidung getroffen haben, Jesus nachzufolgen, würde unsere Kultur und Welt revolutioniert, wenn sie einfach diesem Glauben gemäß leben würden. Im heutigen Amerika ist es leicht, eine konsequenzenlose Form des Christentums anzunehmen. Wahrscheinlich haben wir selbst dazu beigetragen, indem wir den Menschen ein oberflächliches Verständnis des Evangeliums vermittelt und uns nur auf ihre Bekehrungsentscheidung konzentriert haben.

Bei *Barna* verwenden wir Dutzende von Hilfsmitteln, um zu bewerten, wie tief der Glaube eines Menschen reicht. Lassen Sie mich für unsere Betrachtung nur eines herausgreifen: die biblische Weltanschauung. Ein Mensch mit einer biblischen Weltanschauung erlebt, interpretiert und reagiert auf die Realität im Licht biblischer Prinzipien. Was die Heilige Schrift lehrt, ist das erste und wichtigste Raster zur Entscheidungsfindung und für den Umgang mit der Welt. Zum Zweck unserer Forschung untersuchen wir eine biblische Weltanschauung auf acht Elemente. Ein Mensch mit einer biblischen Weltanschauung glaubt, ...

- ... dass Jesus Christus ein sündloses Leben geführt hat;
- ... dass Gott der allmächtige und allwissende Schöpfer des Universums ist und heute noch regiert;
- ... dass die Rettung ein Geschenk Gottes ist und nicht verdient werden kann;
- ... dass Satan real ist;
- ... dass ein Christ eine persönliche Verantwortung dafür trägt, seinen Glauben anderen nahezubringen;
- ... dass es eine unveränderliche moralische Wahrheit gibt und dass diese Wahrheit von der Bibel definiert wird.

Bei unseren Recherchen haben wir festgestellt, dass Menschen, die diese acht Elemente akzeptieren, einen grundlegend anderen Glauben als andere Amerikaner leben – und tatsächlich auch einen grundlegend anderen Glauben als andere Gläubige. Was wir glauben, beeinflusst unsere Entscheidungen.

Zurück zur Frage der geistlichen Tiefe: Wenn zwei Drittel der jungen Erwachsenen schon einmal eine Entscheidung für Jesus getroffen haben, wie viele, glauben Sie, vertreten eine biblische Weltanschauung? Unsere Recherchen zeigen, dass nur 3 Prozent der Babybuster und MTV-Generation diese acht Elemente akzeptieren. Das ist nur einer von 22 jungen Erwachsenen, die eine Entscheidung für Christus getroffen haben. Obwohl ältere Erwachsene mit höherer Wahrscheinlichkeit eine solche Auffassung vertreten, ist auch ihr Anteil faktisch sehr klein: Er beträgt nur 9 Prozent.

Das bedeutet, dass von 95 Millionen Amerikanern zwischen 18 und 41 Jahren etwa 60 Millionen sagen, dass sie schon eine Entscheidung für Jesus getroffen haben, die ihnen noch wichtig ist. Doch nur etwa 3 Millionen von ihnen vertreten eine biblische Weltanschauung.

Breit, aber nicht tief – das Bekenntnis von Amerikanern zum Christentum

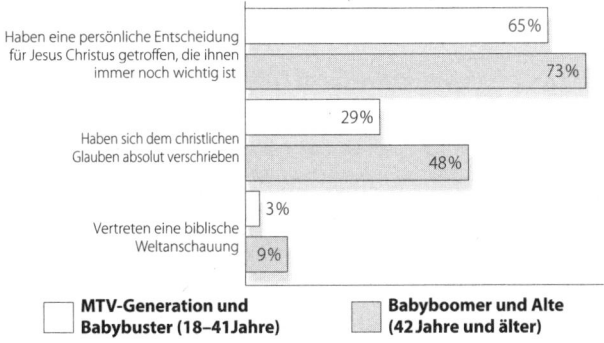

Ich habe nicht die Absicht, Sie zu entmutigen, sondern Ihr Interesse an geistlichem Tiefgang zu wecken. Bei *Barna* nutzen wir Forschungen und Informationen, um dazu beizutragen, dass Gemeindeleiter die Probleme in ihren Gemeinden gezielter angehen. Hier ist eine der Herausforderungen, mit denen wir konfrontiert sind: Wir können nicht auf Babybuster und MTV-Generation einwirken, wenn wir nicht das Problem des oberflächlichen Glaubens angehen.

Unsere Firma hat sehr viel Zeit und Energie darauf verwendet, Weltanschauungen zu untersuchen. Unsere Bemühungen sind ganz sicher nicht die endgültige Antwort für die Definition oder Bewertung biblischer Sichtweisen. Wie sieht Ihre Definition einer biblischen Weltanschauung aus? Vielleicht gibt es andere Elemente, die Sie hinzufügen oder weglassen würden. Letztlich bedeutet Glaube natürlich nicht, einen Haufen Fragen in einer Umfrage richtig zu beantworten.

Er greift viel tiefer.

Wie tief gehend ist der Glaube, den Sie Andersdenkenden vermitteln? Welche Tiefe erwarten wir von unseren Freunden und Nachbarn? Der Ansatz »Bekehrt euch« lässt die Tatsache außen vor, dass die meisten Menschen in Amerika bereits einmal eine emotionale Verbindung zu Jesus aufgebaut haben. Jetzt brauchen sie viel mehr als ein nur eindimensionales Verständnis von ihm.

Noch mehr Umgang mit dieser Art »Christentum light«, bei dem eine Entscheidung für Christus als einfach und folgenlos dargestellt wird, wird bei den jungen Menschen keinen bleibenden Glauben hervorbringen. Wir müssen uns entscheiden, was in den nächsten zehn Jahren unser Maßstab für Erfolg sein soll. Wobei werden wir mehr erreichen: bei dem Versuch, die Anzahl von jungen Erwachsenen zu vergrößern, die eine emotionale Entscheidung für Christus treffen? Oder dabei, ein deutliches Wachstum bei den 3 Prozent zu fördern, die eine biblische Weltanschauung haben?

Unsere Recherchen deuten darauf hin, dass wir im Leben von viel zu vielen jungen Menschen die Nachfolge vernachlässigt haben. Unsere Begeisterung für die Evangelisation entspricht nicht unserer Leidenschaft für Jüngerschaft und Glaubensaufbau, auch nicht unserer Geduld mit Jüngerschaft und Glaubensaufbau.

ECHT UND EHRLICH?

Kommen wir noch einmal auf einige der Statistiken zurück, die ich weiter oben erwähnt habe. Sie vertragen eine Wiederholung, da Sie mehr von der Geschichte wissen. Nur einer von sieben Andersdenkenden bezeichnet das Christentum als etwas, das ihm echt und ehrlich vorkommt. Nur ein Drittel glaubt, dass Christen aufrichtiges Interesse an ihnen zeigen. Das sind keine Ansichten, die in einem Vakuum entstanden sind oder weil Christen in den Medien negativ dargestellt werden. Die meisten Andersdenkenden sind unter Christen aufgewachsen. Viele haben die »Sache mit Jesus« gründlich Probe gefahren, und eine Mehrheit hat Gemeinden ausprobiert und festgestellt, dass sie zutiefst bedeutungslos sind.

Die Vertrautheit von Andersdenkenden mit dem Christentum schafft den faszinierenden Umstand, dass Menschen genau genommen *zu viel* vom christlichen Glauben wissen. Die meisten jungen Menschen haben bereits ihre Schlüsse über das Christentum gezogen. Diese Menschen haben von Jesus gehört, können Gedanken und Geschichten wiedergeben, die in der Bibel zu finden sind, und glauben, dass sie das alles ziemlich gut »kapieren«. Es ist eine Respekt einflößende Aufgabe, diese vorgefassten Meinungen der Menschen zu durchbrechen, wenn sie glauben, sie hätten diesen Film schon einmal gesehen.

In einigen Fällen bringt die Vertrautheit heftige Geringschätzung hervor. Einige Andersdenkende haben gut entwickelte, gut durchdachte Einwände gegen den Glauben. Diese Einwände sind nicht fehlerfrei. Aber der Kernpunkt ist, dass diese Menschen ungewöhnlich viel Zeit damit verbracht haben, das Christentum zu studieren und darüber nachzudenken und zu den Schlüssen zu kommen, die sie gezogen haben. Selbst wenn ihr Standpunkt nicht zugunsten von Jesus ausfällt, weisen diese Menschen oft eine größere Kenntnis der Bibel auf als ihre christlichen Pendants. Dieser Umstand lässt sie besonders verächtlich auf die Christen herabsehen, die »Christus unwissend nachfolgen«. Unglücklicherweise haben diese Andersdenkenden hinsichtlich dieses Glaubens ohne viel Tiefgang, den sie bei vielen Christen bemängeln, nicht ganz unrecht.

All das führt zu einem verblüffenden Befund für die unter 30-Jährigen. Selbst von denen, die nie eine Entscheidung für Christus getroffen haben, sagt beinahe die Hälfte (45 Prozent), dass sie schon einmal darüber nachgedacht haben, Christ zu werden, während die andere Hälfte angibt, diesen Gedanken nie wirklich in Betracht gezogen zu haben. Diese beiden Gruppen stehen für äußerst unterschiedliche Erfahrungen! Im zweiten Fall sind es junge Menschen, die eine »Bekehrung« nie in Erwägung gezogen haben. Viele von ihnen haben christliche Freunde und Bekannte. Die meisten sagen, dass sie im Großen und Ganzen die grundlegenden Prinzipien des Christseins verstehen. Doch sie sind entweder zu engagiert in einem anderen Glaubenssystem oder zu wenig interessiert an geistlichen Themen, um sich über das Christentum viele Gedanken zu machen. Das ist ein wenig so, als würde man einen richtigen Bayern-München-Fan fragen, ob er schon einmal überlegt hat, sich für Borussia Dortmund zu begeistern. Er kennt die andere Mannschaft und hat gewiss keinen Mangel an Ansichten über sie. Doch er ist nicht daran interessiert, Fan von einem anderen Club zu werden.

Die andere Gruppe umfasst Menschen, die die Botschaft von Christus überdacht, erwogen und abgelehnt haben. Wenn man mit ihnen über das Christsein spricht, ist das für sie, als würde man ihnen Essensreste servieren. Sie mögen Hunger haben, doch das Menü ist unappetitlich.

Unsere Recherchen bestätigten, dass viele dieser jungen Leute tatsächlich eine Phase durchlebt haben, in der sie nach Glauben gesucht haben. Sie haben den christlichen Glauben unter die Lupe genommen, ihn »anprobiert«. Aber sie konnten einige der mentalen, emotionalen oder geistlichen Hindernisse nicht überwinden – die oft durch ihre Erfahrung mit einem unchristlichen Glauben noch höher wurden. Also gaben sie auf. Das sollte für uns ein lauter Weckruf sein. MTV-Generation und Babybuster sind in unsere Gemeinden und Häuser gekommen. Doch wir haben ihre Augenblicke geistlicher Offenheit im Großen und Ganzen verpasst. Die meisten verabschieden sich wieder ohne eine sehr dauerhafte Verbindung zu Jesus. Wir können einfach nicht weiter die riesige Anzahl von Gelegenheiten verschleudern, die wir haben, um unseren Dienst an der MTV-Generation und den Babybustern zu tun.

Ich möchte eine Geschichte erzählen, die diesen Gedanken der verpassten Chancen beschreibt. Etwa zu der Zeit, als dieses Projekt begann, interviewten wir Rachel, eine sympathische, selbstbewusste 21-Jährige. Damals war sie in der Ausbildung zur Krankenschwester in Kentucky. Sie schilderte ihre Erfahrungen ruhig, beinahe entschuldigend. »Ich schätze, es gab in meinem persönlichen Glauben eine Umbruchphase, in der ich nicht genau wusste, was alles vor sich ging. Doch ich begann, mich in die Richtung zu bewegen, wo ich heute bin, nämlich dass ich nicht mehr so sehr an die Religion glaube. Ich ging in Gemeinden, und man sagte mir in etwa: ›Du bist Katholikin? Tja, du kannst nicht katholisch sein und in diese Gemeinde kommen. Du musst dich bekehren.‹ Ich glaube einfach, das sollte keine Rolle spielen. Es sollte keine Rolle spielen, aus welcher Ecke des

Lagers man kommt, oder welche Ansichten man zu einzelnen unbedeutenden Themen hat ...«

Wir haben das Interview mit Rachel auf Video aufgenommen. Also sehe ich sie immer, wenn ich ihre Geschichte erzähle, mit einem höflichen Lächeln vor mir, wie sie bei dem Interviewer ein klein wenig Akzeptanz sucht. Ich habe tiefes Mitgefühl für diese junge Frau und die Menschen, für die ihre Geschichte steht. Sie war auf der Suche nach Hilfe und ihr Leben war offen für Neues. Doch wegen der »Bekehr dich«-Mentalität der Gemeindeleiter ist sie jetzt noch weiter davon entfernt, Gottes Gnade zu begreifen. Wie Rachel entgeht vielen Andersdenkenden die Gelegenheit, wahres Leben in Christus zu erfahren, weil wir die Botschaft von Jesus auf Kirchenzugehörigkeit oder denominationelle Loyalität abwerten. Rachel gestand, dass sie Führung suchte. Hätte man nicht ganz anders damit umgehen können? Als Folge ihrer Erlebnisse erhält sie jetzt *keine* Führung von der christlichen Gemeinschaft. Rachels Glaube ist ein Opfer unserer unchristlichen Herangehensweise, Menschen zu bekehren.

UMGESTALTUNG

Die Bibel sagt deutlich, dass es einen grundlegenden Ausgangspunkt für den christlichen Glauben geben muss: zuzugeben, dass man Jesus braucht. Als Jesus am Kreuz starb, sagte der Verbrecher, der neben ihm gekreuzigt wurde, einfach: »Jesus, denk an mich, wenn du in dein Reich kommst.« Und Jesus antwortete ebenso einfach: »Ich versichere dir: Heute noch wirst du mit mir im Paradies sein« (Lukas 23,42f). In der Apostelgeschichte nehmen Menschen die Botschaft an und kommen dann zum Glauben an Jesus, ohne irgendwelche Kunststücke vollführen zu müssen (siehe Apostelgeschichte 2,37-41).

Unser Forschungsergebnis soll verdeutlichen, wo ein einfacher Ausgangspunkt zum Ersatz für christliche Jüngerschaft wird. Absichtlich oder nicht, wir vermitteln Andersdenkenden die Vorstellung, dass es bei der Nachfolge von Christus hauptsächlich um die bloße Entscheidung zur Bekehrung geht. Wir stellen sie nicht als uneingeschränkte Aufnahme in das Reich Gottes dar, die jeden Bereich des Lebens tief greifend beeinflusst. Vielleicht glauben Sie, dass Sie die Bekehrung sehr wohl in dieser Art beschreiben. Warum begreifen dann aber so viele Millionen junger Menschen die Hauptsache nicht und entwickeln nicht die grundlegenden Elemente einer biblischen Weltanschauung? Unsere Studie zeigt, dass die meisten der Leute, die eine Entscheidung für Christus getroffen haben, schon kurze Zeit – normalerweise acht bis zwölf Wochen – nach ihrer Bekehrung nicht mehr in Verbindung zu einer christlichen Gemeinde stehen. In einer Bekehrt-euch-Kultur werden aus zu vielen Bekehrten entweder »Glaubensabbrecher« oder nachlässige Christen. Wie vermitteln wir den Menschen sowohl die Ernsthaftigkeit als auch die Leichtigkeit der Entscheidung, Christus nachzufolgen?

Um die Sichtweise zu verändern, dass wir uns nur auf Bekehrungen konzentrieren, müssen wir eine umfassendere Vorstellung davon verinnerlichen, was es heißt, ein Nachfolger von Christus zu sein. Deshalb müssen wir unsere Aufmerksamkeit auf die geistliche Umgestaltung richten – oder geistliche Formung, wie manche es auch nennen. In den letzten beiden Jahren haben wir die *Barna*-Organisation ganz um diesen zentralen Gedanken herum umstrukturiert – dass die Gemeinde Katalysator und Umgebung für echte und tragfähige geistliche Umgestaltung sein muss. Dementsprechend kommt noch mehr Forschung zu diesem kritischen Thema auf unser Team zu. Dennoch nenne ich hier einige Dinge, die wir bisher gelernt haben.

WAS IST UMGESTALTUNG?

Die meisten Menschen haben keine klare Vorstellung davon, was geistliche Umgestaltung ist oder wie sie aussehen sollte. Das ist zum Teil verständlich, weil es ein schwer zu greifendes Thema ist. Von der Definition her geht es bei geistlicher Umgestaltung mehr um Tiefe als um simple Formeln. Dennoch ist es schwer, sich um etwas zu bemühen, das nicht definiert ist.

Eine Möglichkeit, geistliche Formung zu betrachten – wenn auch sicher nicht die einzige – ist, das zu untersuchen, was einen Nachfolger von Christus leidenschaftlich antreiben sollte. Bei unserer Arbeit bei *Barna* untersuchen wir die folgenden sieben Elemente:

- Gott innig und leidenschaftlich anbeten
- geistliche Freundschaften mit anderen Gläubigen pflegen
- den Glauben im Familienverband leben
- bewusstes Bemühen um geistliches Wachstum
- anderen dienen
- Zeit und Ressourcen in geistliche Projekte investieren
- mit Andersdenkenden Gespräche über den Glauben führen.[18]

Wenn Sie an das Kapitel über Heuchelei zurückdenken: Dort habe ich Forschungen vorgestellt, die diese sieben Leidenschaften eines Gläubigen widerspiegeln. Vielleicht erinnern Sie sich daran, dass wir wiedergeborene Christen gefragt haben, was ihrer Meinung nach die Prioritäten des Lebens als Christ sein sollten. Ihre Antworten konzentrierten sich hauptsächlich auf die Lebensführung und das Vermeiden von Sünde. Es ist ernüchternd festzustellen, dass die meisten wiedergeborenen Christen kaum verstehen, was ihre Prioritäten oder Leidenschaften als Nachfolger von Christus sein sollten. Vielleicht würden Andersdenkende erkennen, dass es uns nicht nur um Bekehrung geht, wenn unser Glaube ein runderes und umfassenderes Bild von der Nachfolge von Christus böte, indem wir diesen sieben Kriterien folgen.

WAS SOLLEN DIE FOLGEN SEIN?

Das letztendliche Ziel der Umwandlung ist es, wie Christus zu werden. Paulus schreibt im Galaterbrief: »Es zählt nur, ob wir wirklich zu neuen, veränderten Menschen geworden sind«

(Galater 6,15b). Doch was sollte die geistliche Umwandlung noch im Leben von Christusnachfolgern hervorbringen? Hier sind drei Folgen, über die wir nachdenken sollten.

- *Denken.* Unsere Studien zeigen, dass einer der konstantesten Einflüsse auf das Verhalten eines Menschen seine Denkweise ist.[19] Menschen, die eine biblische Weltanschauung haben, verhalten sich viel eher wie Jesus, weil sie Dinge wie das Leben, Menschen und Krisen anders betrachten als die meisten anderen Menschen. Römer 12,2 ist die vielleicht bekannteste Bibelstelle zu diesem Thema: »Deshalb orientiert euch nicht am Verhalten und an den Gewohnheiten dieser Welt, sondern lasst euch von Gott durch Veränderung eurer Denkweise in neue Menschen verwandeln.«

  Wir stellen fest, dass einer der Hauptgründe, weshalb die Teenagerarbeit in den Gemeinden keinen bleibenden Glauben hervorbringt, darin besteht, dass man ihnen nicht beibringt zu denken. Das greift an den Kern des Bekehrt-euch-Image: Junge Leute hören eine Einheitsbotschaft, die keine Verbindung zu ihren einzigartigen Empfindlichkeiten, Persönlichkeiten oder intellektuellen Fähigkeiten hat. Man muss jungen Menschen unbedingt beibringen, die unglaubliche Vielschichtigkeit des Lebens zu verarbeiten und ihren Glauben aus der Perspektive eines Nachfolgers von Christus zu erforschen, auszuprobieren und zu erweitern.

- *Lieben.* Wenn wir durch unseren Glauben umgestaltet werden, verändert sich die Art und Weise, wie wir Menschen wahrnehmen und lieben, Andersdenkende eingeschlossen. Die Bibel spricht immer wieder von der Liebe. Gott wird als die Liebe bezeichnet, und Jesus stellt die Liebe an den Anfang seiner Gebote. Er lehrt, dass wir Gott mit allem lieben sollen, was wir sind. Wir sollen einander aufopferungsvoll lieben und von der Liebe bestimmt sein (siehe Markus 12,30; Johannes 11,35; 13,34; 1. Johannes 4,16). Nur weil ein Mensch das Richtige von Jesus glaubt – das heißt, dass er eine hoch entwickelte biblische Weltanschauung hat –, macht ihn das nicht automatisch zu einem liebevollen Menschen. Wir brauchen eine tief greifende Veränderung weg von der von der Sünde gestörten, egoistischen und konsumorientierten Perspektive, die uns als Christen in Amerika so oft plagt. Weil Christus sagt, dass man uns an der Liebe erkennen wird und weil die Liebe das eindeutigste Mittel ist, anderen Menschen Jesus zu zeigen, ist dies einer der Bereiche, in denen Satan die Gemeinde schwächen und beeinträchtigen will. Ich meine, der unchristliche Glaube hat hauptsächlich deswegen so viel Macht, weil dieses Missverhältnis zwischen unserem Wissen über Gott und unserer Fähigkeit und Bereitschaft besteht, die Menschen zu lieben. Wir sehen für Andersdenkende nicht wie Jesus aus, weil wir Andersdenkende nicht so lieben wie Jesus.

- *Zuhören.* Eine dritte Folge geistlicher Umgestaltung ist die Fähigkeit zuzuhören – Gott und anderen. In meinen zwölf Jahren als Rechercheur bin ich zu dem Schluss gelangt, dass die wichtigste Charaktereigenschaft Weichherzigkeit ist. Dazu gehört, dass wir auf das hören, was Gott uns sagt, im Rahmen von Bibel, Gebet, Krisen und Beziehungen. Gott redet ständig mit seinen Leuten. Wie können wir lernen, unsere Bemühungen als Christen daran zu orientieren, wie er spricht, und darauf zu antworten? Es reicht nicht, die richtigen Antworten zu kennen. Wir müssen anwenden können, was wir wissen. Der erste Schritt ist zu erkennen, was wir *nicht wissen.* Wir lernen, indem wir Gott durch die Bibel und oft durch andere Menschen hören. Je besser wir zuhören, desto nutzbringender werden wir für Gottes Absichten. Das biblische Bild vom Weinberg verdeutlicht diesen Gedanken: »Ich bin der wahre Weinstock und mein Vater ist der Weingärtner. Er schneidet jede Rebe ab, die keine Frucht bringt, und beschneidet auch die Reben, die bereits Früchte tragen, damit sie noch mehr Frucht bringen« (Johannes 15,1f; siehe auch 1. Korinther 3,18).

PASSEND FÜR EINE GANZE GENERATION

Die meisten Menschen in Amerika werden nicht verändert, wenn sie mit dem christlichen Glauben in Berührung kommen. Sie treten einen Schritt zur Tür herein und die Reise endet. Man lässt sie nicht wie Christus denken oder lieben, oder man ermutigt sie nicht dazu oder rüstet sie dazu aus. Trotzdem entspricht der Blick in Richtung geistliche Umgestaltung in vielerlei Hinsicht dem, was die junge Generation wirklich sucht. Umgestaltung ist ein Prozess, ein Weg, nicht eine einmalige Entscheidung. Das kommt bei der MTV- und Babybuster-Generation an. Die Tiefe und das Wesen des Christentums sollten junge Leute ansprechen. Doch der unchristliche Glaube macht aus dem Leben in Christus einfach eine verstandesmäßige Loyalität einer Religion gegenüber. In Wahrheit ist die Entscheidung eines Menschen für Christus nur der erste Schritt in eine viel umfassendere Realität hinein. Wenn Menschen Christen werden, müssen wir angemessene Erwartungen an sie formulieren, sie in sinnvolle, verantwortliche Beziehungen einbinden und eine Umgebung schaffen, wo tief greifende Lebensveränderungen stattfinden können.

UNSERE PRIORITÄTEN VERÄNDERN

Was bewirkt eine Verwandlung? Sie verändert unsere Vorstellung von geistlicher Effektivität. Wir sollten den Erfolg nicht nur an unserer Gemeindegröße oder der Anzahl von Taufen oder Entscheidungen messen, sondern auch an der Tiefe und Qualität von geistlichem Wachstum im Leben von Menschen.

Wenn Christen das ausleben, was die Bibel lehrt, üben wir einen Einfluss auf unsere Kultur aus, wie Salz auf Nahrung oder Licht auf einen dunklen Raum (siehe 2. Korinther 2,3; Matthäus 5,13-16). Wir leben der bedürftigen Welt Christus aktiv vor. Wenn die abgestandene Religion beiseitegeschoben wird, fließen Gottes Worte und Taten in unserem täglichen Leben aus uns heraus.

Das Christentum muss sein aktuelles Image um 180 Grad drehen und dynamisch, echt und ehrlich werden. Wenn wir verhindern können, dass die Botschaft von nachlässigen Christen verwässert wird, werden Andersdenkende anfangen, Gläubige zu erleben, die von ihrem Glauben umgestaltet wurden (und noch umgestaltet werden). Die bescheiden und respektvoll daran arbeiten, die Gesellschaft umzugestalten. In der Bibel formuliert es Paulus folgendermaßen: »Bemüht euch, ein ruhiges Leben zu führen, kümmert euch um eure eigenen Angelegenheiten und – wie schon gesagt – seht zu, dass ihr euch von der Arbeit eurer eigenen Hände ernähren könnt. Dann werden die Menschen um euch herum, die Gott nicht kennen, eure Lebensweise achten, und ihr seid nicht von anderen abhängig« (1. Thessalonicher 4,11 f). Es gibt nichts Eindrücklicheres als ein in Gehorsam gelebtes christliches Leben. Es gibt nichts Schlimmeres als eine flache, selbstgerechte Art von Glauben, die in einem christlichen Aufzug umherstolziert.

Was hat das nun mit den Andersdenkenden zu tun? Das Bekehrt-euch-Image wird verändert, wenn wir lernen, dass Beziehungen der Schlüssel sind. Nicht nur, wenn wir Menschen zu Christus führen, sondern auch, wenn wir ihnen helfen, sich umgestalten zu lassen. Wir können ein Umfeld schaffen, in dem Beziehungen geistliche Formung ermöglichen. Nehmen Sie sich im Umgang mit Andersdenkenden Zeit, ihre geistliche Geschichte nachzuvollziehen? Kennt Ihre Gemeinde die einzelnen Bedürfnisse, Ansichten, Lernstile und Erfahrungen der Menschen und weist sie sie dann auf dieser Grundlage auf den Glauben an Christus hin? Es ist extrem schwere Arbeit, anderen Menschen zu helfen, ein Leben als Christ zu erwägen. Aber es gibt keine größere Belohnung, wenn diese Arbeit in einer Art und Weise getan wird, die Gott ehrt und bei Menschen dauerhaften Glauben aufbaut.

DRANBLEIBEN

Angesichts der Kritik, wir seien zu entscheidungsorientiert, dürfen wir als Christen weder die Motivation noch den Mut verlieren, Andersdenkende mit Jesus bekannt zu machen. Wenn Andersdenkende empört sind, weil wir Menschen dazu ermutigen, eine Entscheidung zur Nachfolge von Christus zu treffen, kann unsere Reaktion nicht sein, einfach nach Hause zu gehen. Einige Gläubige vergessen, was es heißt, bei der Botschaft der Freiheit und Gnade, die wir nur durch Jesus bekommen, in der Pflicht zu stehen. Manche Leute verfechten den Standpunkt, Christen sollten überhaupt nicht von Jesus reden oder irgendwo Missionare hinschicken, denn das könnte ja die Menschen irgendwie beleidigen. Das ist eine ernsthafte Bedrohung für das Christentum, weil diese Ansicht im Prinzip besagt, dass Evangelisation gegen den Weg des geringsten Widerstandes eingetauscht werden kann.

Die gegenteilige Reaktion ist, noch lauter und direkter zur Entscheidung aufzurufen. Doch dann hat die Kritik der Andersdenkenden noch mehr Zugkraft. Warum sollte die wichtigste Botschaft der Menschheitsgeschichte als billiger Marketingtrick aufgefasst werden? Wenn Andersdenkende nicht mehr zuhören, können wir nicht einfach nur die Lautstärke hochdrehen.

Der Mittelweg zwischen diesen Extremen wäre, dass wir uns darauf konzentrieren, Beziehungen mit Menschen aufzubauen und ein Umfeld zu schaffen, das tief greifende geistliche Umgestaltung ermöglicht.

Vor einigen Jahren auf einer Geschäftsreise, bei der ich einem unserer Klienten Daten präsentieren sollte, wartete ich darauf, aus meinem Hotel auschecken zu können. Es war das Ende eines langen Tages, und ich konnte es kaum erwarten, nach Hause zu kommen. Mein Klient hatte meine Fahrt zum Flughafen organisiert. Man schickte einen ehemaligen Pastor, der für die betreffende Organisation arbeitete, ein beredter Mann, dem es nichts auszumachen schien, den Taxifahrer zu spielen. Der Mitarbeiter am Empfang, ein junger Mann vermutlich Anfang zwanzig, bearbeitete meine Hotelrechnung. Während er im Hotelcomputer herumklickte, fragte er mich nach meinem Beruf. Ich erklärte ihm, dass ich das geistliche Leben von Amerikanern erforsche. Ich erinnere mich nicht mehr ganz genau, aber wahrscheinlich erwähnte ich etwas davon, dass ich das Christentum studiere. Bereits von der Arbeit des Tages erschöpft, war ich eigentlich nicht vorbereitet auf das, was dann folgte. Er begann, sehr ausführlich über seine geistliche Herkunft zu sprechen. Seine Ausführungen verrieten, dass er früher regelmäßig in eine Gemeinde gegangen war, dass seine Mutter ihn gedrängt hatte, hinzugehen, und dass er sich jetzt gerade selbst Gedanken über all das machte. Beim lauten Nachdenken über seine neu entdeckte Unabhängigkeit sprach er von einem »tollen Buch«, das er vor Kurzem gelesen hatte. Ein Werk, das ganz offensichtlich nicht schmeichelhaft vom Christentum sprach.

Vielleicht nicht zufällig hatte *ich* auch gerade ein tolles Buch gelesen – einen kurzen, angenehmen Band, der das Christentum auf neue Art und Weise beschrieb. Ich fragte ihn: »Wären Sie offen dafür, noch ein Buch zu lesen, eines, das Ihnen vielleicht hilft, anders über das Christentum zu denken?«

»Klar. Aber Sie müssen mein Buch auch lesen.«

»Okay. Hier, schreiben Sie mir den Titel auf dieses Blatt. Ich werde es mir anschauen.« Ich war nicht begeistert davon, meine Lektüreliste noch weiter zu verlängern, doch ich hatte vor es durchzuziehen. »Wenn Sie möchten: Das ist meine E-Mail-Adresse«, bot ich ihm an. »Sie können mir schreiben, was Sie denken, und ich tue das auch.«

»Ja, okay. Das ist meine«, sagte er, während er seine digitale Anschrift auf einen Zettel schrieb.

Als mein Pastorenfreund und ich das Hotel verließen, betete ich für den Empfangsmitarbeiter. Doch dann war mein nächster Gedanke, dass ich es kaum erwarten konnte, im Flugzeug zu schlafen.

Zwei Dinge sollten Sie über diese Geschichte wissen. Das erste ist die Bemerkung meines christlichen Bekannten: »Es hat mir wirklich gefallen, welche Technik Sie da angewendet haben. Wie Sie ihn dazu gebracht haben, ein Buch zu lesen, indem Sie ihm versprochen haben, das zu lesen, was er vorgeschlagen hatte.« Ehrlich gesagt war ich zu müde, um zu erklären, dass es gar keine Technik war. Dass ich nur den Eindruck gehabt hatte, es sei die richtige Art und Weise, mit dem jungen Mann ins Gespräch zu kommen. Ich sagte dem Fahrer ebenso wenig, dass seine Bemerkung mir oberflächlich vorkam. Dass sie ein natürliches geistliches Gespräch wie eine Art Formel aussehen ließ.

Doch heute, mehrere Jahre später, nachdem ich das Leben von Andersdenkenden studiert und den negativen Ballast von Christen gesehen habe, die es gut meinen, aber oft unehrlich wirken, sollte ich noch eine weitere Kleinigkeit an der Geschichte erwähnen. Auf dem Heimweg habe ich die E-Mail-Adresse verloren.

DIE SICHTWEISE VERÄNDERN

DAS EVANGELIUM IN SEINER FÜLLE

Die Gute Nachricht ist in 1. Korinther 15 zusammengefasst: Christus starb für unsere Sünde am Kreuz, damit wir erlöst werden können. Das ist die enge Definition, die die meisten Evangelikalen vertreten. Ich glaube, wir haben unrecht, wenn wir das Evangelium darauf begrenzen. Wenn Sie die ersten 27 Worte lesen, die Jesus im Markusevangelium sagt, wird klar, dass er das Reich Gottes ankündigte. Er sagte, dass das Reich Gottes in die Geschichte durchgebrochen ist. Er sagte, dass wir in seinem Leben ein Bild des Reiches sähen, das noch kommt. Es ist ein Bild dessen, was die Hebräer *Schalom* oder Frieden oder Heilsein nannten, das in jeden Aspekt des Lebens hineingreift: Die Kranken werden geheilt, die Gefangenen befreit, die Unterdrückten erlöst, die richtige Beziehung zwischen Gott und der Menschheit wiederhergestellt.

Später dann, in Apostelgeschichte 4, sehen wir diese unglaubliche Geschichte, wie die Gemeinschaft der Gläubigen zusammenkommt. Niemand litt Not, weil die Menschen ihren Wohlstand miteinander teilten. Sie beteten und studierten die Bibel. Sie bildeten eine Gemeinschaft, die die Welt direkt nach der Lebenszeit von Jesus absolut faszinierte. Sie boten einen Vorgeschmack auf das Königreich, das erst noch kommen sollte (Offenbarung 22 und 23).

Ich gehöre also zu den Menschen, die glauben, dass das Evangelium – obwohl es von den Evangelikalen sehr zutreffend als die »Gute Nachricht« bezeichnet wird – noch darüber hinaus geht. Die Katholiken zum Beispiel sehen diese weitere Dimension. Der Schutz des menschlichen Lebens gehört zum Evangelium, weil es Gott sehr wichtig ist. Ich glaube, dass die Katholiken damit einen sehr wichtigen Punkt getroffen haben. Wenn wir darüber nachdenken, dass mit Jesus das Reich Gottes angebrochen ist – wie wir übrigens auch beten: »Dein Reich komme, Dein Wille geschehe wie im Himmel, so auf Erden« –, glaube ich, dass wir anfangen, das Evangelium in einem viel weiteren Zusammenhang zu betrachten.

Die Ortsgemeinde muss die Verantwortung dafür übernehmen, »das unsichtbare Reich Gottes sichtbar zu machen«, wie Calvin sagte. Wenn die Ortsgemeinde tut, wozu die Gemeinde berufen ist – das Evangelium zu predigen, die Sakramente auszuteilen und Gemeindezucht zu üben – wird die umliegende Kultur notwendigerweise davon beeinflusst. Mit anderen Worten, wenn wir wirklich als Christen leben, vergrößert sich die Gemeinde exponentiell.

Denken Sie einmal an den Aufstieg des Christentums in der Römerzeit. Die Leute waren von den Christen angezogen, nicht aufgrund von missionarischen Aktionen oder Evangelisationen oder Massenmedien – die gab es nicht. Die Gemeinde wuchs, weil Christen das Evangelium *lebten* und eine Gemeinschaft hatten – eine Ortsgemeinde –, wo Menschen einander wirklich liebten. Während der großen Seuchen, die Rom im 2. Jahrhundert heimsuchten, flohen alle Ärzte. Doch die Christen blieben und pflegten die Kranken. Sie verkörperten das, wozu Christen berufen sind. Auch wenn viele Christen starben, weil sie sich um die Kranken kümmerten, wurden Heiden zu Christus gezogen, weil sie sowohl die Liebe der Christen als auch das Christentum selbst als einen besseren Lebensstil sahen. Als Konstantin Rom zum *Imperium Romanum Christianum* erklärte, glaubten die Menschen, dass er das aus politischen Gründen tat. Doch so war es nicht. Das Römische Reich war bereits christianisiert; er erkannte nur die Realität dessen an, was bereits geschehen war.

Wenn ich Menschen kennenlerne, frage ich sie immer: »Was ist das Christentum?« Zweifellos antwortet die Hälfte mit: »Eine Beziehung zu Jesus.«

Das ist falsch. Das Evangelium kann nicht nur eine private Transaktion sein. Gott ist nicht durch Raum und Zeit hindurch in die Geschichte eingebrochen, als Säugling auf die Welt gekommen und Mensch geworden und hat nicht am Kreuz gelitten, nur damit Sie zu ihm kommen und sagen können: »Ach ja, ich nehme Jesus an, und jetzt lebe ich glücklich bis an mein Lebensende.« Deshalb ist er nicht gekommen. … Jesus kam als Radikaler, um die Welt auf den Kopf zu stellen. Wenn wir glauben, dass es nur um Jesus und uns selbst geht, begreifen wir das Wesentliche nicht.

Ich gebrauche auch nicht mehr gern den Ausdruck »Christus annehmen« – weil es um sehr viel mehr als nur das geht. Christsein heißt, das ganze Leben und die ganze Wirklichkeit durch Gottes Augen zu sehen. Das ist Christentum: eine Weltanschauung, ein System und ein Lebensstil. Ich glaube, wenn Sie das Evangelium in seiner Fülle sehen, ist es sehr viel mehr. Es ist die aufregendste, radikalste, revolutionärste Geschichte, die je erzählt wurde.

Chuck Colson
Gründer von *Prison Fellowship Ministries*

ZÄUMEN SIE DAS PFERD NICHT VON HINTEN AUF

Ich verstehe, weshalb die meisten Nichtchristen glauben, dass Christen sich nur damit befassen, Menschen zu bekehren und sie in den Himmel zu bringen. Wenn Sie zu meiner Generation gehören, erinnern Sie sich an die Evangelisationen, Erweckungsveranstaltungen und Lobpreisgottesdienste, die mit dem Aufruf endeten, nach vorn zu kommen und sich zu *bekehren*. Wer diesem Aufruf folgte, wurde sofort nach vorn geleitet und zum *Christen* erklärt. Einige Generationen lang wurde nur dieser Bekehrungsmoment in den Vordergrund gerückt.

In gewisser Hinsicht ist das verständlich. Christen wissen, dass Errettung wichtig ist. Doch in Wahrheit haben wir das Pferd von hinten aufgezäumt. Wir haben vermittelt, dass wir wollen, dass Menschen an etwas glauben, das wichtig für ihr Leben ist, bevor sie uns kennengelernt, erlebt oder irgendetwas von uns bekommen haben … und bevor wir sie kennen.

Wenn wir das Drehbuch für das Image des Christentums neu schreiben könnten, würden wir, glaube ich, den Schwerpunkt darauf legen, Beziehungen zu Nichtgläubigen aufzubauen, ihnen zu dienen, sie zu lieben und ihnen das Gefühl zu vermitteln, dass sie angenommen sind. Nur dann hätten wir uns das Recht verdient, vom Evangelium zu reden. Unsere Annahme für sie stünde dann nicht unter dem Vorzeichen ihrer Bereitschaft Christus anzunehmen. Immerhin hat Gott uns geliebt, bevor wir liebenswert waren; Gott hat die ganze Welt geliebt, bevor die Welt etwas von ihm wusste. Das sollte unser Vorbild sein.

Mein Rat für Christen, die die Sichtweise der Gesellschaft vom Christentum verändern wollen, ist folgender: »Lasst eure guten Taten leuchten vor den Menschen, damit alle sie sehen können und euren Vater im Himmel dafür rühmen.« Mit anderen Worten, tun Sie etwas, das die Menschen dazu bringt, wohlwollend in Gottes Richtung zu schauen. Ich glaube immer noch, dass jeder irgendwo die Ewigkeit verbringt. Wenn das der Fall ist, ist es kein Randthema, die richtige Entscheidung zu treffen. Es ist *das* Thema.

Andy Stanley
Leitender Pastor von *North Point Ministries*, Atlanta, Georgia

UNZUREICHENDE INFORMATIONEN

Bei dem Versuch, das Evangelium den Massen nahezubringen, wurde die Botschaft letzten Endes auf eine unvollständige Geschichte reduziert: Menschen sind Sünder und brauchen Jesus, um in den Himmel zu kommen. Dadurch hat das Christentum einen Teil seines Lebens verloren, weil die vollständige Beschreibung von Gottes Handeln – wie zum Beispiel seine Schöpfung, seine Pläne zur Rettung der Welt, seine Souveränität – ausgelassen wurde. Das war eine radikale Kürzung: »Sagt der Sünde ab und setzt eure Hoffnung auf Jesus.« Dieser Satz ist an sich nicht falsch. Doch er ist unzureichend, besonders, weil unsere Kultur immer pluralistischer wird. Als Folge dieser Mentalität kann ein Mensch problemlos Jesus und Buddha und eine Form des Wicca-Kultes annehmen, ohne das geringste Problem mit den bedeutenden Widersprüchen zwischen den dreien zu haben. Wenn wir das Evangelium auf eine »Was ist für mich drin«-Botschaft reduzieren, bekommen die Menschen das Gefühl, dass Jesus zu ihrem Nutzen existiert.

Das größte Problem an diesem Kommunikationsmodell ist, dass Gott es nicht anerkennen muss. Nur weil jemand ein Gebet gesprochen hat, heißt das nicht, dass er sein Vertrauen auf Jesus gesetzt hat, vom Heiligen Geist erneuert wurde und in Christus ein neues Geschöpf geworden ist. Für einige ist das vielleicht ein gutes Hilfsmittel, doch für andere könnte es zur Abkehr und Verwirrung beitragen.

Manchmal glauben wir, die größte christliche Tugend bestehe darin, einen anderen Menschen zu Christus zu führen. Die Bibel lehrt die Nachfolger von Christus, dass sie ihren Nächsten lieben und dabei Menschen zu Jüngern machen sollen. Menschen zu Jüngern zu machen ist ein langer Prozess. Verstehen Sie mich nicht falsch. Ich glaube, dass es wichtig ist, dass Menschen die Entscheidung treffen, Jesus nachzufolgen. Ich denke nur, dass das vor dem Hintergrund der Liebe geschehen muss und nicht darauf reduziert werden darf, die Konsumentenmentalität, geistlichen Trost zu finden, zu befriedigen. Die Evangelien zeichnen ein großes, vielseitiges Bild von Jesus. Ich glaube, dass wir tatsächlich mit diesem Bild arbeiten müssen, wenn wir anderen Christus nahebringen wollen. Lesen Sie mit den Menschen die Evangelien durch und lassen Sie sie der Person Jesus begegnen statt der Formel. Ich glaube einfach, es verdient viel mehr Respekt, jemanden zu bitten, sich einem radikalen Lebensstil wie der Nachfolge von Christus zu verschreiben als einfachen geistlichen Formeln.

Das Traurige ist: Wenn wir, die *Imago Dei Church,* hinausgehen und die Menschen von Portland lieben, ohne die Absicht, etwas für unseren Zeiteinsatz »zurückzubekommen«, wird das als revolutionär betrachtet. Ich glaube, das sollte die Norm sein, und wir haben noch sehr viel zu lernen, um es besser zu machen. Wenn wir das Evangelium weitersagen und Menschen Jesus ablehnen, hören wir dann auf, sie zu lieben?

Rick McKinley
Pastor von *Imago Dei Church*, Portland, Oregon

5

ANTIHOMOSEXUELL

Viele Leute in der homosexuellen Szene scheinen kein Problem mit Jesus zu haben, sondern eher mit denen, die behaupten, ihn heute zu repräsentieren. Es ist eine starke Wir-gegen-sie-Mentalität, als ob es ein Krieg wäre. Natürlich glaubt jede Seite, die andere hätte den ersten Schuss abgegeben.

Peter, 34

Bisherige Sichtweise: Christen verachten Schwule und Lesben.
Neue Sichtweise: Christen zeigen allen Menschen gegenüber Barmherzigkeit und Liebe, unabhängig von ihrem Lebensstil.

»Also, David, glaubst du immer noch, dass ich in die Hölle komme, weil ich schwul bin?«
Die Frage meines Freundes traf mich völlig unvorbereitet.

Nachdem ich den ganzen Tag lang Klienten unserer Firma besucht hatte, saß ich mit Mark beim Abendessen. Erschöpft von einem Tag voller Sitzungen konnte ich es kaum erwarten, dass mein alter Kumpel mich wieder einmal auf den neuesten Stand brachte. Mit Mark war ich seit der Highschool befreundet. Im College gingen wir getrennte Wege, und zu dieser Zeit outete er sich. Er fing an, den Leuten zu erzählen, dass er homosexuell ist.

Wir hatten nicht viel über das Thema gesprochen. Er wusste, dass ich Christ bin und glaube, dass homosexuelle Handlungen Sünde sind. Doch ich konnte mich nicht daran erinnern, was ich im Vorfeld unseres Abendessens zu Mark gesagt hatte, das ihn auf seine Frage brachte.

Offenbar erinnerte sich Mark aber. Denn eine gute Stunde freundlicher Unterhaltung führte zu seiner provokanten Frage über die Hölle.

Ich saß eine Minute lang schweigend da und forschte in seinem Gesicht nach irgendeinem Hinweis oder einer Erkenntnis. Schließlich brachte ich den Mut auf zu fragen: »Habe ich das *wirklich* gesagt?«

»Nicht mit diesen Worten, aber irgendwie schon. Glaubst du das immer noch?« Auf seinem Gesicht blitzte Frustration und auch ein wenig Schmerz auf. Seine Frage hing immer noch in der Luft und wartete auf meine Erwiderung.

Meine Gedanken rasten durch ein Dutzend möglicher Antworten. *Ich hätte darauf vorbereitet sein sollen*, dachte ich. »Tja ...«, begann ich und gewann eine Extrasekunde zum Nachdenken, als ich an meinem Kaffee nippte.

Ich werde die Geschichte von Mark später in diesem Kapitel zu Ende erzählen. Doch lassen Sie mich zuerst beschreiben, was Andersdenkende im Licht dieses heiß diskutierten Themas über Christen denken. In unserer Studie hat die Sichtweise, dass Christen »gegen« Schwule und Lesben sind, die kritische Masse erreicht. Nicht nur, dass wir etwas gegen ihren Lebensstil haben, sondern dass wir ihnen gegenüber auch eine irrationale Angst und unverdiente Verachtung hegen. Das Thema Homosexualität ist zum »Thema Nr. 1« geworden, zu dem negativen Image, das am meisten mit dem Ruf des Christentums verbunden ist. Es ist zudem die Dimension, die den jungen Leuten heute am deutlichsten den unchristlichen Glauben zeigt und eine Welle von negativen Sichtweisen an die Oberfläche treibt: verurteilend, engstirnig, abgeschottet, rechtsgerichtet, heuchlerisch, unehrlich und gefühllos. Andersdenkende sagen, dass unsere Feindseligkeit gegen Homosexuelle – nicht nur Opposition gegen pro-homosexuelle Politik und homosexuelle Verhaltensweisen, sondern Verachtung homosexueller Menschen – gewissermaßen zum Synonym für den christlichen Glauben geworden ist.

Es überraschte mich, wie massiv diese Sichtweise ist, doch es zeigte sich gleich am Anfang unserer Recherchen. Bei ersten Probeinterviews tauchte das Thema, wie Christen Homosexuelle behandeln, immer wieder auf. Die ersten Interviews waren eher qualitativer Art. Das heißt, eher eine Reihe von Erzählungen, die keine »harten Fakten« liefern. Zunächst nahm ich an, dass die Häufigkeit dieser Art Kommentar eher ein Zufallsbefund war.

Dann führten wir unsere quantitativen Interviews durch, die repräsentative Daten über die Sichtweisen von Andersdenkenden liefern sollten, und stellten fest, dass die ersten Testinterviews keine Abweichung von der Norm waren.

Von 20 positiven und negativen auf das Christentum bezogene Eigenschaften, die wir bewertet haben, stand die Sichtweise, wir seien antihomosexuell, ganz oben auf der Liste. Mehr als neun von zehn Vertretern der MTV-Generation und Babybuster unter den Andersdenkenden (91 Prozent) sagten, dass »antihomosexuell« das moderne Christentum zutreffend beschreibt. Und zwei Drittel der Andersdenkenden haben diesbezüglich sehr emotionale Ansichten über Christen. Damit sind sie bei Weitem die größte Gruppe lautstarker Kritiker. Wenn Sie sich als Christ vorstellen, könnten Sie sich ebenso gut »antihomosexuell«, »Schwulenhasser« oder »homophob« auf den Arm tätowieren lassen. Ich bezweifle, dass Sie sich selbst so sehen würden, doch so denken Andersdenkende von Ihnen.

Natürlich ist Homosexualität ein explosives Thema. Die meisten haben sehr emotionale Ansichten darüber. Und das Thema ist unglaublich vielschichtig. Es betrifft Familien und Kinder und beeinflusst Medien und Kultur. Aktivisten der Homosexuellen-Bewegung haben aggressiv versucht, die Sichtweise der Amerikaner zu verändern. Die Medien haben eine wesentliche Rolle bei der Prägung der Ansichten und Werte von jungen Leuten zu diesem Thema gespielt. Diese moralisch relativistische Generation hat, ebenso wie die differenzierte Medienwelt und politische Strategien, ein Pulverfass für den Ruf der Christen hinsichtlich dieser Frage geschaffen. Das dürfen wir nicht unterschätzen.

Doch die Christen haben auf dieses Umfeld oft unchristlich reagiert. Obwohl dieses Kapitel kein umfassender Leitfaden zu allen damit verbundenen Fragen ist, werden wir einige der vielschichtigen Aspekte der Homosexualität untersuchen und versuchen zu entwirren, was die junge Generation tatsächlich über uns denkt.

Auch wenn die Herausforderungen einzigartig und die Emotionen geladen sind, müssen wir verstehen, was in den Herzen und Köpfen der jungen Leute vor sich geht. Sowohl innerhalb als auch außerhalb der Gemeinde sagen sie uns, wir müssen uns dieses Problems bewusst werden und uns selbst objektiv betrachten. Wenn wir uns mit Homosexuellen befassen, wirken die meisten von uns arrogant, selbstgerecht und gefühllos – das Gegenteil von dem, wie Jesus mit Andersdenkenden umging. Statt die biblische Sichtweise zu formulieren und biblisch auf Homosexuelle einzugehen, zeigt die Studie, wie widersprüchlich und unbarmherzig – wie unchristlich – wir sind.

Und die Andersdenkenden haben uns sehr aufmerksam beobachtet. Hier einige Beispiele, auf die Interviewteilnehmer verwiesen haben:

- Christen glauben, dass Ereignisse wie der 11. September und der Hurrikan Katrina Gottes Gericht über Homosexuelle sind.
- Öffentliche Kommentare von Pastoren und anderen christlichen Leitern werden oft als über die Maßen abfällig Homosexuellen gegenüber wahrgenommen.
- Ein weiterer Andersdenkender wies darauf hin, wie Christen Homosexuelle in öffentlichen Ämtern ablehnen: »Warum sollten sie weniger qualifiziert sein, in der Regierung zu arbeiten?«
- Christen machen derbe Witze über Homosexuelle und bezeichnen sie mit beleidigenden Ausdrücken wie »Tunte« oder »Sodomist«.

- Einige Andersdenkende wiesen in unseren Interviews auf Gott-hasst-Schwule-Internetseiten hin. Eine solche Internetseite stellt eine Liste von Bibelversen, in denen Homosexualität verurteilt wird, neben eine Karikatur von einem Mann, der ein gelbes antihomosexuelles Schild hochhält. Auf diesem sind zwei Strichmännchen in einer sexuell anzüglichen homosexuellen Pose zu sehen. Der Kommentar des Andersdenkenden: »Was brauchen Sie noch, um zu kapieren, dass Christen homosexuelle Menschen hassen?«

Sind das bloß extreme Beispiele? Vielleicht wären die meisten Christusnachfolger über diese Geschichten beschämt. Doch unsere Widersprüchlichkeit und Vorurteile greifen tiefer, als wir uns vorstellen können. Denken Sie bitte einmal über folgende Tatsachen nach:

- Wiedergeborene Christen missbilligen Homosexualität eher als Scheidung. Die große Mehrheit der Christen sagt, dass Homosexualität nicht als legitimer Lebensstil betrachtet werden sollte, und lehnt von der Kirche sanktionierte Ehen für gleichgeschlechtliche Paare vehement ab. Eine Minderheit von wiedergeborenen Gläubigen (39 Prozent) vertritt allerdings Jesu Lehre, dass Scheidung – außer im Fall von Ehebruch (siehe Matthäus 5,32) – eine Sünde ist. Selbst unter den Evangelikalen bezeichnen nur drei von fünf Scheidung als Sünde. Gleichgeschlechtliche Ehen lehnen sie weit häufiger ab.
- Den meisten wiedergeborenen Christen fällt es schwer abzuschätzen, wie sie auf den Lebensstil von Homosexuellen reagieren sollen. Ebenso, wie sie auf die politischen Bemühungen von Aktivisten der Homosexuellen-Bewegung reagieren sollen. Zum Beispiel befürworten viele Gläubige gesetzliche Einschränkungen für homosexuelle Verhaltensweisen. Die Mehrheit von wiedergeborenen Christen, einschließlich mehr als vier von fünf Evangelikalen, ist der Ansicht, dass einvernehmliche homosexuelle Beziehungen zwischen zwei Erwachsenen illegal sein sollten.[20]

- Millionen von Amerikanern, darunter zwei von fünf Kirchgängern, sagen, dass Schulvorstände das Recht haben sollten, Lehrer zu entlassen, die als homosexuell bekannt sind. Natürlich sind diese Fragen kompliziert. Doch Christen schüren den Gedanken, dass es Schwulen und Lesben nicht gestattet sein sollte, an öffentlichen Schulen zu arbeiten.[21]
- Viele Christen sind weiterhin sehr skeptisch, wenn es darum geht, für HIV/AIDS-Kampagnen zu spenden, selbst in Entwicklungsländern – trotz der Großzügigkeit von Christen in vielen anderen Bereichen. In einer Umfrage fanden wir heraus, dass nur 14 Prozent von wiedergeborenen Christen sagen, sie wären hoch motiviert, HIV/AIDS-Waisen in Übersee zu helfen.[22] In einer anderen Studie stellten wir fest, dass zwei von fünf wiedergeborenen Christen (das gleiche Verhältnis fand sich bei Evangelikalen) zugaben, mehr Mitgefühl für Krebskranke als für Menschen mit HIV/AIDS zu haben.[23] Wenn wir dann die Haltung der Leute hinterfragen, erfahren wir meist, dass diese Ansicht typischerweise von dem Gedanken herrührt, die betreffenden Menschen hätten diese Krankheit verdient. Sie glauben, dass Gott diese Menschen straft – oder dass ihre Entscheidungen und ihr Lebensstil diese Konsequenz verdienen.

Wie Sie sehen werden, ist unsere Kritik an Schwulen und Lesben nicht nur wirkungslos, sondern auch abstoßend für viele aus der Babybuster- und MTV-Generation. Wie ein Interviewteilnehmer es formulierte: »Ich kann mir nicht vorstellen, dass Jesus Schwule und Lesben tatsächlich so behandelt, wie Christen es heutzutage tun.« Wenn Sie dieses Kapitel gelesen haben, ist mein Gebet, dass Sie sich dazu inspiriert und herausgefordert fühlen werden, dieses Image in Ihrem eigenen Leben und in Ihrer Umgebung umzukehren. Gott beabsichtigt, Ihr Leben als Kanal seiner Gnade und Barmherzigkeit für Andersdenkende zu gebrauchen – seien sie schwul, lesbisch, bisexuell oder transsexuell.

Bei Andersdenkenden kommt laut und deutlich die Botschaft an, dass Christen den homosexuellen Lebensstil ablehnen, und sie sagen, dass die Verachtung von Christen für Homosexuelle unverkennbar ist. Dieses Thema ist kontrovers, das ist mir klar. Doch um uns mit dem unchristlichen Glauben auseinanderzusetzen, müssen wir einen Blick auf die harten Fakten unseres *antihomosexuell*-Etiketts werfen. Wir müssen dazu beitragen, dass die Generation, die nur wenige sexuelle oder moralische Grenzen kennt, die tiefe und reiche Wahrheit des Christentums begreift und annimmt. Meine Recherchen führen mich zu der Schlussfolgerung, dass wir das bisher nicht getan haben.

WAS GLAUBEN SIE?

Zunächst sollten wir klarstellen, was wir glauben. Gibt es Verbrechen und Sünden, die Gott nicht vergeben kann? Wenn Sie das glauben, sind Sie nicht allein. Unsere Umfragen zeigen, dass beinahe ein Drittel der Amerikaner so denkt, darunter ein Viertel der wiedergeborenen Christen.

Die zentrale Lehre der Bibel ist allerdings, dass alle Sünde in ihrem Kern Rebellion gegen Gott ist. Shayne Wheeler, der einen Kommentar zu diesem Kapitel geschrieben hat (zu finden auf Seite 141), stellt fest: »Es gibt kein spezielles Urteil über Homosexuelle, und es gibt keine besondere Rechtfertigung für Heterosexuelle.« Ein anderer Pastor sagte einfach: »Homosexuelle haben nicht anders damit zu kämpfen, dass sie sich vom *eigenen* Geschlecht angezogen fühlen, als ich damit, dass ich mich vom *anderen* Geschlecht angezogen fühle.« Wir alle sind Sünder. Keiner kann mehr oder weniger mit dem Geschenk von Gottes freier Gnade rechnen. Alle sind hinter Gottes Maßstäben zurückgeblieben. Die Bibel sagt, dass Gott durch das Kreuz Frieden mit uns geschlossen hat, als wir noch seine *Feinde* waren (Römer 5,19). Weil er die Welt *liebte*, sandte er seinen Sohn, um für uns zu sterben (Johannes 3,16). Alles hängt davon ab, was ein Mensch mit Jesus anfangen will – sich ihm auszuliefern oder ihn abzulehnen. Egal, welche Sünde wir begehen, er liebt uns dennoch.

Lassen Sie mich diesen Punkt besonders im Hinblick auf Homosexualität klarstellen. Es stimmt, dass sexuelle Sünden sich im Leben von Menschen besonders zerstörerisch auswirken. Doch das trifft auf alle sexuellen Sünden zu. Und ehrlich gesagt sollten wir gerade in der Frage der Homosexualität noch besorgter und mitfühlender werden, wenn wir erkennen, wie vielschichtig und schwerwiegend Sünde im Allgemeinen und sexuelle Sünde im Besonderen ist.

Es ist eine Sache, gegen *Homosexualität* zu sein – zu bestätigen, dass die Bibel das Praktizieren einer gleichgeschlechtlichen Lebensweise ablehnt[24]. Doch es ist etwas anderes, gegen *Homosexuelle* zu sein – die eigene Ablehnung gegen ihr Verhalten auf die Gefühle und Worte ihnen als Menschen gegenüber übergreifen zu lassen. Es ist unchristlich, den Blick dafür zu verlieren, dass das gefallene Wesen eines jeden Menschen alle Bereiche seines Lebens beeinträchtigt, auch die Sexualität, und Gottes Gebot zu vergessen, die Menschen zu lieben, um sie auf Jesus hinzuweisen.

Es ist unchristlich, anderen Menschen feindselig gegenüberzutreten, egal was sie tun oder wie sie aussehen. Billy Graham, einer der angesehensten christlichen Leiter in der amerikanischen Geschichte, sagte bei einer Pressekonferenz Folgendes über Homosexualität: »Ich werde jetzt die Bibel zitieren, nicht mich selbst, wenn ich sage, dass sie [die Homosexualität] falsch ist, eine Sünde. Doch es gibt auch andere Sünden. Warum stürzen wir uns auf diese Sünde, als wäre sie die größte? Die größte Sünde in der Bibel ist Götzendienst – andere Dinge außer dem wahren und lebendigen Gott anzubeten. Eifersucht ist eine Sünde. Stolz ist eine Sünde. All das sind Sünden. Doch Homosexualität ist auch eine Sünde und muss bewältigt und vergeben werden. Dafür kam Christus und starb am Kreuz.«[25]

Unsere Studie zeigt, dass es Christen schwerfällt, eine konsequente und biblische Reaktion auf Homosexualität zu finden oder die einzigartigen und erheblichen Probleme anzugehen, die dieser Lebensstil mit sich bringt. Wir müssen bedenken, was die Ziele von Christusnachfolgern sein sollten. Wollen wir wirklich, dass die Regierung das Sexualleben der erwachsenen Bürger regelt? Unsere Sorgen wegen des Fortschreitens von

Homosexuellenrechten übertragen sich oft in den Wunsch, im Leben von Menschen unrealistische Grenzen zu setzen.

Ich möchte noch etwas Wichtiges klarstellen: Ich weiß von keiner konzertierten Aktion seitens eines christlichen Leiters oder einer christlichen Organisation, Gesetze zu erlassen, die einvernehmlichen homosexuellen Geschlechtsverkehr zwischen Erwachsenen illegal machen würden. Allerdings würden viele Christen es begrüßen, wenn es solche Gesetze gäbe. Menschen lassen sich leicht beunruhigen, und Christen reagieren oft auf ihre Ängste, indem sie die Gefahr aufbauschen und Lösungen suchen, die das Problem nicht angemessen behandeln.

REINEN TISCH MACHEN

Eine Schwierigkeit beim Gespräch und Kontakt mit Homosexuellen besteht darin, wie leicht wir sie missverstehen. Und unglücklicherweise sind wir bei einigen Christen auf beträchtlichen Widerstand gestoßen, ihre Ansichten über Schwule und Lesben infrage stellen zu lassen. Offenbar haben sie bereits entschieden, dass sie nichts zu lernen haben. Überdenken Sie bitte einmal einige der unzutreffenden Annahmen, denen Christen erliegen:

Homosexuelle sind unfähig, moralisch zu handeln. Dieser Auffassung sind wir bei unseren Recherchen unter Christen ständig begegnet: Es ist das Beste, Homosexuelle ganz zu meiden, weil sie unmoralisch sind. Vor einer geschäftlichen Entscheidung erhielt ein junger Christ folgenden Rat von seinem Pastor: »Sie können nicht davon ausgehen, dass Homosexuelle Sie fair behandeln werden, weil sie keine moralischen Grundsätze haben.« Christen werfen einen Blick auf die sexuelle Orientierung eines homosexuellen Menschen und haben sofort Vorurteile hinsichtlich ihrer anderen Charaktereigenschaften.

Homosexuelle sind eine organisierte Bewegung mit der Absicht, das konservative Christentum zu unterwandern. Eine andere Unterstellung ist, dass alle Homosexuellen im Hinblick auf ihr politisches Engagement gleich denken; ebenso in ihrer Feindseligkeit gegenüber Christen. Bei unseren Recherchen stellten wir allerdings fest, dass Schwule und Lesben sehr komplexe Empfindungen über, Erfahrungen mit und Sichtweisen vom Christentum haben. Verglichen mit anderen Gruppen von Andersdenkenden stehen einige Homosexuelle dem Christentum skeptischer und feindseliger gegenüber. Doch das trifft nicht auf alle Homosexuellen zu. Unsere Studie zeigt, dass ein Drittel der Schwulen und Lesben regelmäßig in die Kirche gehen, und zwar in einem breiten Spektrum von Denominationen und Konfessionen, darunter katholische Kirchen, evangelische Landeskirchen, evangelische Freikirchen und Gemeinden ohne feste denominationelle Zugehörigkeit. Die meisten Schwulen und Lesben in Amerika fühlen sich dem Christentum zugehörig und ein Sechstel vertritt Überzeugungen, die sie als wiedergeborene Christen qualifizieren. Die meisten waren einmal in einer Gemeinde aktiv, wie dieser homosexuelle Mann: »Manchmal fällt es mir schwer, die ›christliche Bewegung‹, die ich heutzutage in der Politik sehe, mit den gütigen, großzügigen Menschen in Einklang zu bringen, die ich aus meinen eigenen Gemeindetagen kenne. Ich erinnere mich daran, dass die Christen (und ich habe mich selbst einmal als solchen betrachtet) Schüler Gottes waren, die ihm dienen und seine Gute Nachricht und Botschaft der Hoffnung in einer Not leidenden Welt verbreiten wollten.« Fazit: Einige Homosexuelle stehen dem Christentum feindlich gegenüber, aber viele nicht.

Homosexualität ist eine einfache Angelegenheit. Es ist leicht zu unterstellen, dass es im Leben von Homosexuellen um einfache Entscheidungen geht (und das ist besonders einfach zu glauben, wenn man nicht viel Kontakt zu Homosexuellen hat). Doch nur wenige Bereiche des menschlichen Lebens lassen sich als »einfach« bezeichnen. Viele christliche Psychologen und Pastoren betrachten die menschliche Sexualität als komplexes Puzzle aus der Persönlichkeit, der gefallenen, sündhaften Natur des Menschen, der persönlichen Geschichte und persönlichen Bedürfnissen. Manche beziehen ihre gesamte sexuelle Identität aus der gleichgeschlechtlichen Lebensweise. Andere kämpfen mit homosexuellen Gefühlen, während sie in heterosexuellen Partnerschaften leben, und andere haben in der Vergangenheit einige gleichgeschlechtliche Experimente gemacht, für die sie sich noch heute schämen. Manche fühlen sich wohl mit ihrer homosexuellen Identität, während andere versteckt leben oder sich nicht völlig darüber im Klaren sind, dass sie sich vom eigenen Geschlecht angezogen fühlen.

Die jungen Andersdenkenden, die wir interviewten, erklärten, dass die meisten Christen offenbar nur wenig Energie darauf verwenden, Homosexuelle kennenzulernen oder zu erfahren, was im Leben von Menschen vor sich geht, die in irgendeiner Form sexuelle Kontakte zum eigenen Geschlecht haben oder sich von ihm angezogen fühlen. Dieser Mangel an Umgang führt dazu, dass Christen missverstehen, wie vielschichtig die Probleme von Schwulen und Lesben sind. Zudem ist dies nicht mehr eine Frage von zwei Kategorien. Es gibt in zunehmendem Maße bisexuelle und transsexuelle Menschen. Die junge Generation kundschaftet alle möglichen sexuellen Einstellungen und Erfahrungen aus.

Es ist am besten, Freundschaften mit Homosexuellen zu meiden. Viele Christen glauben, man sollte Freundschaften mit Homosexuellen meiden, doch Jesus schien keine Angst davor zu haben, sich mit allen möglichen Leuten abzugeben. Für die religiösen Leute seiner Zeit war Jesu Auswahl an Beziehungen ein Skandal. Ironischerweise bauen wir mit dem Versuch, Homosexuelle zu meiden, Barrieren auf, ohne die die Menschen tatsächlich durch uns Jesus erleben könnten. Ein Kommentar verdeutlicht das: »Meine Freundin hat eine lesbische Schwester. Christen kommen auf sie zu und sagen ihr, dass sie nichts mit ihr oder diesem Lebensstil zu tun haben wollen. Meine Freundin hat das wirklich verletzt, weil es sogar *ihre* Beziehungen zu anderen Leuten beeinträchtigt, und sie selbst ist nicht einmal homosexuell!«

Bei unseren Recherchen gab einer von 33 Befragten in Amerika an, schwul, lesbisch oder bisexuell (3 Prozent) zu sein. Unsere

Recherchen unter jungen Erwachsenen zeigen, dass die meisten Leute während der Highschool oder im College Freunde haben, die schwul, lesbisch, bisexuell oder transsexuell sind. Wenn wir junge Menschen also dazu erziehen, ihre »anderen« Altersgenossen zu meiden, begrenzen wir genau genommen den geistlichen Einfluss, den sie ausüben können. Wir zwingen sie, eine falsche Barriere aufzubauen, die sie dazu bringt, ihren Glauben noch grundlegender infrage zu stellen (dazu gleich mehr).

SICH ÄNDERNDE WERTE

Um besser zu verstehen, warum Andersdenkende Christen als antihomosexuell betrachten, schauen wir uns doch einmal an, was die junge Generation über Homosexualität denkt. Ihre moralisch relativistische Haltung mag uns nicht gefallen. Doch wir müssen begreifen, was sie denken und weshalb.

Amerikaner aller Altersgruppen sind in der Frage der Homosexualität tief gespalten, doch im Großen und Ganzen haben die meisten eine negative Haltung. Konservative trösten sich manchmal mit der Tatsache, dass die meisten Amerikaner kein Verständnis für die Zwangslage von Homosexuellen haben und unter anderem ihr Interesse an Ehe und Adoption ablehnen. In diesem Zusammenhang haben politische Bemühungen an Zugkraft gewonnen, weil antihomosexuelle Initiativen eine ausreichende Anzahl von Wählern hervorbringen, um eine Wahl zu gewinnen.

Doch bei MTV-Generation und Babybustern ist das eine ganz andere Geschichte. Ihre Haltung zu Homosexuellen ist eine ganz andere als die ihrer Eltern. Die junge Generation von Erwachsenen hat ihre Ansichten deutlich verändert und akzeptiert Homosexualität heutzutage als legitimen Lebensstil. Während der Großteil der Bevölkerung sich über die letzten 20 Jahre hin zentimeterweise zu einer größeren Akzeptanz für Schwule und Lesben hin bewegt hat, ist es bei den unter 26-Jährigen sehr viel wahrscheinlicher, dass sie sie ohne nachzudenken akzeptieren. In den 1980er-Jahren gab es quer durch alle Altersgruppen kaum Differenzen zu diesem Thema. Doch seitdem hat sich eine immer größer werdende Kluft zwischen den Ansichten junger und älterer Erwachsener aufgetan.[26]

Heutzutage billigen die meisten jungen Erwachsenen den Gedanken der gleichgeschlechtlichen Ehe, und eine Mehrzahl befürwortet das Recht von Schwulen und Lesben auf Adoption von Kindern.[27] Sie glauben generell auch, dass Gesetze geändert werden sollten, um Homosexuellen mehr Rechte und Schutz zu gewähren. Die meisten älteren Erwachsenen lehnen diese Alternativen rundheraus ab.

Und hier ist noch ein Beweis für die sich verändernden Einstellungen. Ein wichtiger Indikator für die öffentliche Meinung ist nicht einfach, wie viele Einwohner eine Idee *befürworten*, sondern wie stark sie sie *ablehnen*. Selbst in einem Land, wo die Mehrheit regiert, kann eine mobilisierte Minderheitsfraktion sich einen entscheidenden Raum verschaffen, damit die Gesellschaft ihre Ideen akzeptiert. Wir haben jedoch festgestellt, dass Gegner von Homosexuellenrechten wenig Einfluss auf junge Erwachsene haben – außerhalb und innerhalb der Kirche. Tatsächlich gab nur einer von sieben Vertretern der MTV-Generation (14 Prozent) und ein Viertel der Babybuster (28 Prozent) an, dass sie strikt gegen Gesetzesänderungen sind, die Homosexuellen mehr Freiheiten, Rechte und Schutz gewähren würden. In älteren Generationen sind mehr als zwei Fünftel (42 Prozent) rigoros gegen solchen gesetzlichen Schutz für Schwule und Lesben. Junge Erwachsene unterstützen die homosexuelle Szene nicht nur mehr. Es ist auch nur ein kleiner Prozentsatz, der gegen homosexuelle Initiativen angehen will.

Die unkonventionellen Werte von jungen Erwachsenen werden in den kommenden Jahren eine zunehmend wichtige Rolle bei der Prägung unserer Gesellschaft spielen. Dadurch wird es für diejenigen mit abweichenden Ansichten immer schwieriger werden, in diesem Bereich politische Zugkraft zu erlangen. Je größer der Anteil wird, den diese neuen Generationen in der Gesellschaft ausmachen, desto mehr Rechte und Schutz – und weitgehende Akzeptanz – werden Homosexuelle in unserer Gesellschaft erhalten.

SICH DEN VERÄNDERUNGEN STELLEN

Christen, und insbesondere Evangelikale, haben sich bisher hauptsächlich auf zwei Methoden verlassen, wie sie mit den Gefahren umgehen, die sie als von der homosexuellen Szene ausgehend wahrnehmen: Predigen und Politik. Über die circa letzten 20 Jahre hinweg hat der Prozentsatz von Kirchgängern wesentlich zugenommen, der einmal eine Predigt über Homosexualität gehört hat. Darunter erinnern sich mehr als zwei Drittel der Besucher von evangelikalen Gemeinden an solche Predigten.[28]

Die zweite Lösung war politisches Engagement. Von den wiedergeborenen Christen, die an einem Volksentscheid betreffs gleichgeschlechtlicher Ehen teilgenommen haben, erinnern sich beinahe neun von zehn, dagegen gestimmt zu haben.

Am aufschlussreichsten ist vielleicht die relative Abwesenheit anderer Ansätze für den Umgang mit Homosexualität in der christlichen Szene. Obwohl die meisten Christen sagen, dass sie besorgt über homosexuelle Lebensstile sind, geben nur 4 Prozent der Amerikaner (und 10 Prozent der wiedergeborenen Christen) an, in einer anderen, nichtpolitischen Form gegen das anzugehen, was sie als Problem empfinden. Nur 1 Prozent der Amerikaner erklärt, für Homosexuelle zu beten. Ein ebenso verschwindend kleiner Anteil sagt, dass sie sich um dieses Thema bemühen, indem sie Organisationen Geld spenden, die Menschen im Umgang mit ihrem Lebensstil helfen oder dass sie versuchen, mit anderen Leuten tiefgründige Gespräche darüber zu führen. Diese Information ist einer zufälligen, repräsentativen Befragung von 1 007 Erwachsenen entnommen, von denen 600 angaben, dass der homosexuelle Lebensstil ein Problem ist, dem Amerika gegenübersteht. Als die Teilnehmer beschrieben, was ihrer Meinung nach helfen würde, erwähnte nur ein Befragter das Wort *Liebe* als mögliche Lösung. Ein anderer Umfrageteilnehmer schlug vor, »verständnisvoll zu sein«. Einfach ausgedrückt, meinen die Christen, dass es ein Problem gibt, haben aber keine Ahnung, was sie dagegen tun sollen.

SICH VERÄNDERNDE LOYALITÄTEN

Dieses Fehlen von beziehungsmäßigen und geistlichen Lösungen für das Problem des homosexuellen Lebensstils macht die Kirche besonders angreifbar. MTV-Generation und Babybuster sind auf Beziehungen programmiert. Wenn Christen also beziehungsmäßige Lösungen außer Acht lassen, wirken sie unehrlich und gefühllos auf jüngere Erwachsene. Das mag uns nicht gefallen, doch so bewerten die jungen Leute die Realität des christlichen Glaubens.

Selbst unter Kirchgängern der MTV- und Babybuster-Generation glaubt nur ein Drittel, dass ein homosexueller Lebensstil ein großes Problem darstellt, verglichen mit der Hälfte der Babyboomer und beinahe drei von fünf Alten. Das ist bezeichnend, weil die Kirchgänger in der MTV- und Babybuster-Generation trotz häufigerer Predigten von der Kanzel über das Thema und mehr Betonung auf politischem Engagement weiterhin nicht davon überzeugt sind, dass der homosexuelle Lebensstil ein Problem für die Gesellschaft ist. Während die meisten jungen Kirchgänger glauben, dass die Bibel Homosexualität nicht billigt, sind sie immer weniger davon überzeugt, und ihnen ist peinlich, wie die Kirche Schwule und Lesben behandelt. Sie haben allerdings nur wenig Einblick oder Anleitung, wie ein Christ sinnvolle Freundschaften mit Schwulen, Lesben, Bisexuellen oder anderen Menschen mit alternativen Lebensstilen aufbauen sollte.

Andersdenkende und junge Kirchgänger: Beide haben keine Bedenken wegen Homosexualität

Prozentsatz derer, die Folgendes als *große* Probleme für Amerika betrachten

	homosexueller Lebensstil	politische Bemühungen homosexueller Aktivisten
alle Erwachsene	35	35
Andersdenkende aus MTV- und Babybuster-Generation	17	18
Kirchgänger der MTV- und Babybuster-Kirchgänger	29	33
Kirchgänger der Babyboomer-Generation	46	44
Kirchgänger der Alten-Generation	58	52

Ich habe diese Themen mehrere Jahre lang studiert. Aufgrund dessen kann ich gar nicht genug betonen, dass Gemeinden und christliche Leiter nicht nur die Gelegenheit verpassen, sich um die sexuellen Probleme von jungen Leuten zu bemühen, sondern auch noch das Vertrauen von jungen Gläubigen erschüttern, indem sie keine biblische Antwort auf das Problem der Homosexualität anbieten.

Ein Beispiel: Eine 17-jährige Kirchgängerin beschrieb ihre Erfahrung, als sie einen homosexuellen Freund mit in die Gemeinde brachte. »Der Jugendpastor wusste, dass ich ihn mitbringen würde, und obwohl seine Predigt eigentlich gar nichts mit Homosexualität zu tun hatte, schaffte er es trotzdem, noch den Spruch ›Gott erschuf Adam und Eva, nicht Adam und Stefan‹ in seinen Ausführungen zu platzieren. Ich saß da und wäre am liebsten im Boden versunken. Das geschah mehr als nur einmal. Mein Freund stand an einem Punkt, an dem er daran interessiert war, was Jesus vielleicht anzubieten hatte, und die Tür wurde einfach zugeschlagen.«

Vor einigen Wochen unterhielt ich mich mit Katie. Sie ist eine junge Journalistin und Christin. Ich erwähnte, dass junge Leute in den Gemeinden nicht genau wissen, was sie mit Homosexualität anfangen sollen: Sie sind ihren homosexuellen Freunden gegenüber unglaublich loyal. Viele Gemeinden haben ihnen keine Richtschnur an die Hand gegeben, wie sie mit dem Thema umgehen sollen, außer sich unbehaglich, peinlich berührt oder angeekelt zu fühlen, das Thema zu umgehen und Angst um die Seele ihres homosexuellen Freundes zu haben.

»Wem erzählst du das«, sagte Katie. »Der Mann, der in den letzten acht Jahren mein bester Freund war, hat mir gerade gesagt, dass er homosexuell ist. Ich war schockiert und wirklich durcheinander. Ich weiß, was die Bibel sagt, aber ich weiß auch, was ich für diesen Mann empfinde. Es fällt mir schwer, auf ihn herabzusehen, weil er homosexuell ist. Aber ich weiß nicht, was ich denken soll. Ich habe es meinen Eltern nicht gesagt, weil sie einfach zu ... ich weiß nicht ... ich habe keine Ahnung, was sie tun würden.«

Diese Beispiele unterstreichen eine wichtige Erkenntnis aus unserer Studie: Junge Menschen sind mit einer offenen, sexuell facettenreichen Welt konfrontiert, und das oft ohne Unterstützung oder biblischen Rat von ihren Gemeinden oder Eltern.

Es ist wichtig, sich klarzumachen, dass die Freundschaften in der MTV- und Babybuster-Generation zu einem moralischen und geistlichen Kompass geworden sind. In einem Maß, das ihre Eltern nicht verstehen würden. Lassen Sie mich Ihnen erklären, wie das funktioniert. MTV-Generation und Babybuster sind ihrem »Stamm«, ihrem Beziehungsnetzwerk gegenüber zutiefst loyal. Dieses Netz oft fließender Beziehungen ermöglicht es ihnen, die Realität zu verstehen. Konfrontiert mit einer Unmenge von Lebensentscheidungen werden ihre Freunde zu ihrem Filter für die Entscheidungsfindung. Sie legen Richtig und Falsch teilweise dem zufolge fest, was im Rahmen ihrer Erfahrungen und Freundschaften sinnvoll erscheint. In ihrer Denkweise ist das illegale Herunterladen von Musik nur ein »Teilen« unter Freunden. Freunden Produkte oder Dienstleistungen kostenlos zukommen zu lassen, selbst wenn das praktisch ein Diebstahl am Arbeitsplatz wäre, läuft einfach unter »Freunde mit Gratissachen versorgen«. Schwulen und Lesben gegenüber toleranter zu sein ist das Gleiche wie den Leuten gegenüber loyal zu sein, die sie am besten kennen.

Die Loyalität von MTV-Generation und Babybustern ist bezeichnend. Sie lässt darauf schließen, dass die Gemeinde immer noch Wege finden kann, hinsichtlich Verantwortlichkeit, Gemeinschaft, Transparenz, Lebenssinn und Barmherzigkeit eine Verbindung zu diesen jungen Erwachsenen aufzubauen. Doch wir dürfen nicht übersehen, wie tief greifend ihre Loyalität sich auf das Thema der Homosexualität auswirkt. MTV-Generation und Babybuster bemühen sich wirklich sehr, ihre Toleranz für Menschen und Lebensstile in die Praxis umzusetzen. Sie sind feinfühlig auf die Herzen und Motivationen von Menschen eingestellt. Wenn sie spüren, dass Christen inkonsequent, nicht lernbereit oder gefühllos sind, ziehen sie rasch den Schluss, dass die Christen schlicht und einfach falsch liegen. Und das ist einer der Gründe, warum die homosexuelle Szene für Andersdenkende immer akzeptabler wird. Richtig oder falsch, infolge ihres Respekts für andere und ihrer relativistischen Ansichten schätzen junge Andersdenkende das, was sie als verständnisvollere und tolerantere Mentalität in der homosexuellen Szene wahrnehmen.

Auf dem Weg der MTV-Generation und Babybuster von »Stamm« zu »Stamm« stürzen Christen, die kein Mitgefühl, keine Güte oder Barmherzigkeit an den Tag legen, sie in einen tiefen Konflikt darüber, mit wem sie als Menschen zusammen sein wollen. Weil der unchristliche Glaube Homosexuellen so verurteilend gegenübersteht, bietet er ihnen keine Bedeutung und keine Verbindlichkeit. Wenn einige Leute die Bibel so interpretieren, dass aus Homosexuellen abscheuliche Kreaturen werden, und wenn Christen Homosexuellen das Gefühl vermitteln, Menschen zweiter Klasse zu sein, fangen junge Christen an, ihre eigene Loyalität diesem Glauben gegenüber infrage zu stellen. Wenn das Christentum nicht die Mischung aus Gnade und Wahrheit ist, die Jesus verkörpert, fällt es ihnen schwer, es mit ihren Freundschaften in Einklang zu bringen.

Vor die Wahl gestellt, wären viele junge Leute lieber loyal zu ihren Freunden, als am unchristlichen Glauben festzuhalten.

BIBLISCHE REAKTIONEN

Aufgrund unseres Widerstandes gegen Homosexuelle können Andersdenkende sich die Gemeinde nicht als die liebevolle Gemeinschaft von Gläubigen vorstellen, die Jesus vorgesehen hatte. Vor Kurzem besuchte ein bekannter Homosexueller die Gemeinde meines Pastorenfreundes Rob Brendle. Dieser Mann hatte eine Gemeindekrise ausgelöst, als er eröffnete, eine Affäre mit einem der Gemeindeleiter zu haben. Weshalb die Gemeinde ihn so warmherzig begrüßte, selbst nachdem sie ein so schmerzhaftes Erlebnis durchgemacht hatte, erklärt Rob folgendermaßen: »Eine der bleibenden Wahrheiten des Christentums ist, die Menschen zu lieben, die die Welt zu deinen Feinden erklärt.«[29]

Wie können wir die »bleibende Wahrheit« der ungehinderten Liebe in unserem Leben und unseren Gemeinden in die Tat umsetzen? Was ist die biblische Antwort, die die christliche Gemeinschaft geben muss? Hier sind einige Perspektiven und Antworten, die wir bedenken sollten:

ANERKENNUNG DER VIELSCHICHTIGKEIT

Die biblische Reaktion auf Homosexualität sollte sein, sich mit den fundamentalen Bedürfnissen auseinanderzusetzen, die alle Männer und Frauen haben. Wir müssen anerkennen, dass jeder sexuellen Ballast hat, aber auch das Potenzial zu sexueller Ganzheit. Es gibt große Probleme auf dem ganzen Spektrum der Sexualität, um die die Kirche sich kümmern muss. Zum Beispiel glaubt die *Mehrheit* von wiedergeborenen Babybustern, dass Zusammenleben ohne Trauschein und sexuelle Fantasien moralisch akzeptabel sind.

»Gegen« Schwule und Lesben zu sein, sollte man sich nicht auf die Flagge schreiben. Entwickeln Sie in Ihrer Gemeinde oder in Ihrem Leben doch stattdessen ein Verfahren, das es Menschen erlaubt, sexuelle Probleme in einem verantwortlichen, respektvollen und transparenten Rahmen aufzuarbeiten. Dieses Verfahren sollte entsprechend zeitig beginnen, besonders weil in unserer Kultur die Sexualität in ein immer jüngeres Alter verschoben wird. Sexualität sollte nicht schwarz-weiß betrachtet werden – nur als gut oder nur als schlecht –, sondern als guter Teil unserer Schöpfung, der ständig der Instandsetzung bedarf. Der Vorgang lehrt Menschen, Gott und anderen gegenüber sensibel und einfühlsam zu sein, und er endet nicht mit der Hochzeit von zwei Menschen, denn sexuelle Sünde kann in jedes Leben eindringen. Wir müssen auf geistliche Lösungen wie Gebet, Einsicht und andere geistliche Disziplinen zurückgreifen. Denken Sie daran, Jesus hat die Messlatte höher als nur bis zum direkten Hautkontakt gelegt und gesagt, dass sogar etwas so Einfaches wie ein sexueller Gedanke uns verderben kann. Unser Ansatz sollte diesen hohen Maßstab von Sexualität beinhalten: Letzten Endes ist es eine Sache des Herzens, und in unseren persönlichen Gedanken und Haltungen ist ebenso viel Zerrissenheit zu finden wie in unserem Verhalten (siehe Matthäus 5,28).

GESPRÄCHE ALS TÜRÖFFNER

Ein unerlässlicher Bestandteil im Umgang mit Homosexuellen ist es, mehr Gewicht auf Gespräche zu legen. Christen erwarten Ergebnisse über Nacht und sind ungeduldig, wenn es um die Notwendigkeit geht, tiefe, offene Beziehungen und Vertrauensverhältnisse zu schaffen. Peter, ein Homosexueller, den wir interviewten, sagte Folgendes: »Viele Leute in der homosexuellen Szene scheinen kein Problem mit Jesus zu haben, sondern eher mit denen, die behaupten, ihn heute zu repräsentieren. Es ist eine starke Wir-gegen-sie-Mentalität, als ob es ein Krieg wäre. Natürlich glaubt jede Seite, die andere hätte den ersten Schuss abgegeben.«

Ein Versuch, Gespräche zu ermöglichen, kam mit dem *Sundance Film Festival* im Jahr 2007, wo die Filmemacher *Save Me* und *For the Bible Tells Me So* präsentierten, Filme mit der Absicht, den Konflikt zwischen Christen und Homosexuellen zu entschärfen. Unsere Studie zeigt, dass sich mit Gesprächen

Wege zu geistlichen Einflussmöglichkeiten eröffnen lassen. Zum Beispiel hat die Bereitschaft, über HIV/AIDS zu sprechen, Türen zu Gesprächen mit Menschen geöffnet, die sich geschworen hatten, nie wieder etwas mit konservativen Christen zu tun haben zu wollen.

RESPEKT VOR ANDEREN CHRISTEN

Christen dürfen ihren »Berechtigungsnachweis« nicht so sehr in Form einer antihomosexuellen Haltung suchen und damit beweisen wollen, dass sie Gott ergebener sind als jeder andere. Zum Beispiel sagte eine junge christliche Bekannte, die wir interviewten, sie müsse ihre Versuche, einige homosexuelle Menschen geistlich zu betreuen, die sie bei der Arbeit kennengelernt hat, verschwiegen behandeln. »Wenn meine Gemeindefreunde hören, dass ich verständnisvoll über Homosexuelle rede, regen sie sich tierisch darüber auf. Es ist interessant, dass unsere Alarmglocken nicht schrillen, wenn Menschen Völlerei, Lügen, den Umgang mit Pornografie oder eine Scheidung zugeben, doch auf Homosexualität scheinen wir fixiert zu sein.«

Wenn wir uns nicht bemühen, tiefgründige Beziehungen zu unseren Kollegen aufzubauen, ob sie nun homo- oder heterosexuell sind, wie können wir dann erwarten, dass sie uns und unseren Glauben respektieren? Wenn wir Homosexuelle kennen- und lieben lernen, weil sie Menschen sind, werden sie vielleicht auch anfangen, uns zu lieben und wertzuschätzen und vielleicht sogar anzuhören, was wir glauben. Wir müssen uns mehr darum bemühen, diejenigen zu erreichen, die Jesus brauchen, als denjenigen unseren Glauben zu »beweisen«, die bereits behaupten, Jesus zu kennen. Legte Paulus in Athen einen Mangel an Glauben an den Tag, als er den unbekannten Gott anerkannte? Oder hörte er auf den Heiligen Geist, der ihm half, eine Verbindung zu einer Kultur aufzubauen, die Jesus brauchte? Wir müssen unseren Mitgläubigen vertrauen und uns klarmachen, dass ihre Liebe zu Jesus und anderen größer ist als ihre Angst vor unserer Missbilligung.

DIE RICHTIGE PERSPEKTIVE

Wir sollten Einflussmöglichkeiten, wie zum Beispiel in der Politik, nicht aufgeben, nur weil unser Standpunkt negative Sichtweisen hervorrufen könnte. Doch wir müssen unsere Bemühungen auf diesen Gebieten mit Integrität, Respekt und Liebe zu den Menschen verfolgen. Zum Beispiel sorgen Gesetze für maßgebliche Kenngrößen, die das Verhalten der Amerikaner bestimmen. Deshalb sollten Rechtsanwälte und Gesetzgeber gewissenhaft eine biblische Perspektive verfolgen, die angemessene Ziele erreicht. Es ist richtig und wichtig, dass Christen daran festhalten, dass Ehe die Verbindung von einem Mann und einer Frau ist. Nichtsdestotrotz wird sich die Kluft zwischen Christen und Andersdenkenden weiter vertiefen, selbst wenn wir jede juristische, legislative und politische Schlacht »gewinnen« könnten. Diese Kämpfe werden immer schwieriger, je mehr MTV-Generation und Babybuster ins Zentrum des Geschehens rücken. Wir können nicht voraussetzen, dass Politik die einzige oder beste Möglichkeit ist, Menschen zu beeinflussen.

Trotz weitreichender Mobilisierung in den letzten zehn Jahren haben sich die Christen nur noch mehr von den Homosexuellen isoliert. Diese sollten allerdings nicht überrascht sein, dass wir in einem nichtreligiösen Umfeld Seite an Seite mit ihnen zusammenarbeiten, um das HIV/AIDS-Problem anzugehen oder die Diskriminierung am Arbeitsplatz zu beenden. Man kann ein Land nicht einfach dadurch verändern, dass man seine Gesetze verstärkt. Stattdessen müssen die Herzen des Volkes umgestaltet werden.

SORGE UM DIE KINDER

Bei dem Drängen von Homosexuellen auf gesellschaftliche Rechte ist eine der wichtigen Diskussionen, ob sie Kinder adoptieren können sollten. Christen betonen, wie wichtig Vater und Mutter für die Entwicklung eines Kindes sind, und weisen die Forderung zurück, homosexuelle Paare sollten Kinder adoptieren können. Natürlich ist mir bewusst, dass es für Homosexuelle anstößig ist, wenn wir sagen, dass ein Kind sowohl Vater als auch Mutter braucht. Das ist ein schwieriger Teil dessen, was Christen glauben. Doch obwohl es eine wichtige Überzeugung ist, müssen Christen vermeiden, eine Ausdrucksweise zu gebrauchen, die Menschen entwürdigt. Besonders im persönlichen Kontakt. Unsere wichtigste Sorge sollte sein, wie junge Menschen Christus antworten. Nicht nur, in welcher Art Zuhause sie aufgewachsen sind.

Mir ist klar, dass viele Christen diese Schlussfolgerung vielleicht anstößig finden. Bitte denken Sie aber an das letztendliche Ziel unseres Lebens: Menschen auf Jesus hinzuweisen. Doch wenn Christen Schwule und Lesben angreifen, als ob sie es nicht wert wären, mit Würde und Respekt behandelt zu werden, besudeln wir das Ansehen von Christus. Wenn die Leute, die zu Jesus gehören, die Eltern eines Kindes attackieren, verspotten und kritisieren, verringert sich die Wahrscheinlichkeit, dass dieses Kind einmal sein Leben Christus anvertraut.

Das ist unchristlicher Glaube in Aktion – Menschen von Jesus fernzuhalten. Statt den Kampf gegen diese Familien aufzunehmen, denken Sie daran, dass eine echte Verbindung zu anderen Menschen und zu Christus meistens dann entsteht, wenn wir unsere Mitmenschen lieben und ihnen dienen. Wenn wir besorgt sind, dass unsere Liebe und unser Dienst irgendwie ihr Verhalten billigt, lieben wir die Menschen wahrscheinlich nicht so wie Jesus. Wahrhaftig von Gottes Liebe motiviert zu sein, bringt immer irgendeine Form von Gottes Leben bei Menschen hervor. Selbst wenn wir die Ergebnisse nicht sofort sehen. Lesen Sie 1. Korinther 13 – den berühmten »Liebesabschnitt« der Bibel – und überdenken Sie dann ihre Sorge hinsichtlich Homosexuellen. Paulus schreibt, dass die Liebe geduldig und freundlich ist. Sie führt nicht Buch über Fehler. Sie hofft immer das Beste. *Die Liebe hört niemals auf.*

BARMHERZIGKEIT

Dietrich Bonhoeffer, der deutsche Pfarrer, der für seinen Widerstand gegen die Nationalsozialisten hingerichtet wurde, schrieb Folgendes aus dem Konzentrationslager: »Nichts von dem, was wir im anderen verachten, ist uns selbst ganz fremd. Wir müssen lernen, die Menschen weniger auf das, was sie tun und unterlassen, als auf das, was sie erleiden, anzusehen.«[30] Christen sollten solch eine Einstellung Homosexuellen gegenüber haben. Wir sollten an das denken, was sie durchmachen. Können Sie sich vorstellen, dass sie von einem unchristlichen Glauben beeinflusst worden sind? Was glauben Sie, was haben unchristliche Leute zu ihnen gesagt, ihnen geschrieben oder per E-Mail geschickt? In einer Wir-gegen-sie-Welt können unsere Worte Waffen sein, die wir gegen Andersdenkende einsetzen, besonders gegen Homosexuelle. Das wirft ein neues Licht auf das, was Jakobus geschrieben hat: »Wenn ihr behauptet, Gott zu dienen, aber eure Zunge nicht im Zaum halten könnt, betrügt ihr euch nur selbst, und euer Dienst für Gott ist wertlos« (Jakobus 1,26). Es ist leicht, *Political Correctness* anzuprangern, doch es ist viel schwieriger, dem biblischen Plan zu folgen und unsere Zunge im Zaum zu halten und für das verantwortlich zu zeichnen, was wir anderen vermitteln. Es ist leicht zu lernen, welche Worte anstößig sind, und sie einfach zu umgehen. Es ist viel schwerer, Wege zu finden, die Wahrheit in Liebe zu sagen. Vermitteln unsere Worte und Taten anderen Barmherzigkeit? Wenn unsere Theologie besagt, Homosexualität ist falsch und Sünde, trifft es dann trotzdem noch zu, dass Homosexuelle tiefe sexuelle Bedürfnisse haben, genau wie wir anderen auch? Wie können wir dann nicht barmherzige Worte sagen und barmherzige Taten tun?

ZURÜCK ZU MARKS GESCHICHTE

»Also, David, glaubst du immer noch, dass ich in die Hölle komme, weil ich schwul bin?«

»Tja ... ich weiß nicht, was ich damals gesagt habe. Es tut mir leid, falls ich gesagt habe, dass du in die Hölle kommst, weil du schwul bist. Ich glaube Folgendes: Alles läuft darauf hinaus, was du mit Jesus anfängst. Ich glaube, dass er der Sohn Gottes ist. Nicht jeder glaubt das, aber ich würde alles geben, damit du siehst, wer Jesus wirklich ist. Sein Leben gibt meinem Leben einen Sinn und ein Ziel. Er kann das auch für dich tun.«

Ich unterbrach mich, damit sich meine Worte setzen konnten, und dachte daran, es dabei zu belassen. Doch dann wagte ich mich behutsam zum Kern von Marks Frage vor.

»Niemand kommt für etwas in den Himmel, was er tut oder nicht tut. Das ist die Botschaft von Jesus. Jeder Mensch sündigt, und wir alle verdienen dafür die Hölle. Aber Jesus bietet jedem ganz frei seine Gnade an. Ich weiß, das ist kein einfacher Teil der christlichen Theologie. Aber, ja, ich glaube, dass homosexuelles Verhalten eine Sünde ist. Doch es ist nicht anders als jede andere Sünde. Nicht anders, als wenn ich mit einer anderen außer meiner Frau schlafe oder sogar eine kurze sexuelle Fantasie habe. Gott hat die Sexualität erschaffen. Also ist sie gut, doch man kann sie auf falsche Weise äußern. Jeder von uns, ob nun schwul oder nicht oder was sonst noch, äußert Sexualität nicht so, wie es von Gott gemeint war.«

Ich schaute mich um, froh darüber, dass das Restaurant quasi leer war. Mark sah mich durchdringend an. Er wirkte nicht besonders glücklich.

»Weißt du was: Ich würde trotzdem alles geben, damit du Jesus kennenlernst. Wirklich. Dafür würde ich sterben. Alles hängt daran, welche Entscheidung du in Bezug auf Jesus triffst.«

Ich griff wieder nach meinem Kaffee. Normalerweise verstieg ich mich bei Mark in langatmige Antworten. Was wahrscheinlich einer der Gründe war, warum bei früheren Gesprächen keine klare Aussage von mir bei ihm angekommen war. Doch dieses Mal hatte ich das Gefühl, dass ich mich klar ausgedrückt hatte.

»David, du solltest Folgendes über mein Leben wissen«, begann Mark. »Ich war unglaublich einsam. Ich hasste mich.

Ich konnte nicht verstehen, was mit mir nicht stimmte, und es fraß mich auf. Beinahe hätte ich das College geschmissen. Es war furchtbar. Ich kenne Jungs, die sich wegen des tiefen Widerspruchs zwischen dem, wer sie waren, und dem, was die Religion als richtig und falsch bezeichnet, das Leben genommen haben.«

»Ich glaube nicht, dass ich eine Ahnung hatte, was du durchgemacht hast, Mark«, sagte ich. »Es tut mir leid, dass ich dir während dieser Zeit kein besserer Freund war.«

Die Kellnerin kam an den Tisch, um unsere Getränke nachzufüllen. Unser Gespräch ging zu einem neuen Thema über.

Ich wünschte, ich könnte Ihnen sagen, dass Mark sich an jenem Abend verändert hat. Ich weiß allerdings, dass sich meine Ansichten über homosexuelle Menschen änderten.

DIE SICHTWEISE VERÄNDERN

DER BRUCH IN UNSERER SEELE

Während einer Epidemie in der antiken Weltstadt Alexandria im 3. Jahrhundert riskierten Christen ihr Leben, um die Kranken zu pflegen. Sie hatten eine Haltung der Gnade, die aussagte: »Ich bin für dich da. Es kann sein, dass ich sterbe, aber du wirst nicht allein sein.« Die Gemeinde verkörperte das Evangelium. Die Botschaft wurde nicht vergessen.

In den 1980er-Jahren traf die AIDS-Epidemie die homosexuelle Szene. Ansonsten gesunde Männer starben, und keiner wusste warum. Die einzige Verbindung schien zu ihrer sexuellen Orientierung zu bestehen. Die Kirche hatte wieder die Gelegenheit, Barmherzigkeit zu beweisen. Doch stattdessen spuckte sie Gift. Statt Mitgefühl zu zeigen, verkündeten wir selbstgerecht Gottes Gericht. Die Botschaft kam laut und deutlich an.

Es war die falsche Botschaft.

Und sie wurde nicht vergessen.

Als Greg, der homosexuell ist, herausfand, dass ich Pastor bin, änderte sich sein Verhalten. Seine Wunden hatten eine Geschichte.

Nachdem er einige Minuten lang Pech und Schwefel über mich ausgeschüttet hatte, unterbrach ich ihn. »Ich sag' Ihnen was: Sie setzen nicht voraus, dass ich ein schwulenhassender Heuchler bin. Und ich setze nicht voraus, dass Sie ein Pädophiler sind. In Ordnung? Wenn wir Vorurteilen glauben, werden wir nie in der Lage sein, einander zu lieben.«

Tränen strömten über sein Gesicht. Er fragte: »Sind Sie sicher, dass Sie Christ sind?«

Jetzt weinte ich auch.

Christen sagen vielleicht: »Liebe den Sünder; hasse die Sünde.« Doch Greg und viele andere Homosexuelle hören: »Gott hasst Schwule.« Das ist bedauerlich. Es ist falsch. Und es ist unsere Schuld.

Von Mensch zu Mensch mag es sich unterschiedlich äußern. Doch die Sünde hat *jede* Menschenseele zerbrochen (siehe Römer 3,23; 5,12; 1. Johannes 1,10). Alexander Solschenizyn sagte: »Die Grenze zwischen Gut und Böse verläuft quer durch das Herz des Menschen.« Es ist an der Zeit, dass wir so leben und lieben, als glaubten wir das wirklich.

In unserer Gemeinde sagen wir regelmäßig: »Als Christ hat keiner von uns die Freiheit, so zu leben, wie er will. Mann oder Frau, jung oder alt, homosexuell oder heterosexuell – wir alle unterstehen Gottes Autorität und sind dazu berufen, unser Leben Christus anzupassen.«

Die Bibel drückt sich deutlich aus: Das Ausleben von Homosexualität ist unvereinbar mit christlicher Jüngerschaft. Doch es gibt kein spezielles Urteil über Homosexuelle. Es gibt keine besondere Rechtfertigung für Heterosexuelle. Für uns alle ist die einzige Hoffnung für den Bruch in unserer Seele das Kreuz von Christus.

Shayne Wheeler
Pastor von *All Souls Fellowship*, Decatur, Georgia

BÄUME PFLANZEN

Die Feststellung, dass Christen als antihomosexuell wahrgenommen werden, überrascht mich nicht. In dem brutalen Kulturkampf, der über die letzten zehn Jahre hin getobt hat, sind auch Christen ganz sicher in destruktive Ausdrucksweisen und schlechte Politik hineingeraten und sind von Jesu Liebesgebot abgeirrt. Bedauerlicherweise wurden die Transparente mit der Aufschrift »Gott hasst Schwule« nur allzu heftig geschwenkt, alles im Namen des Christentums. Diese Schlacht wurde auf vielen Fernsehsendern übertragen, in Gesprächssendungen im Radio debattiert und hat die christliche und homosexuelle Szene radikal polarisiert. Beide Gruppen haben gelitten. Jetzt sind diejenigen, die diesen hässlichen Kampf beobachtet haben, zu einigen unglücklichen Schlussfolgerungen über das Christentum gekommen.

Ich bin der Erste, der sagt, dass vieles von dem, was in diesem Kulturkampf an den Tag gelegt wurde, eine unredliche Darstellung meines Glaubens und meiner Überzeugungen ist. »Das bin ich nicht. Diese Leute im Fernsehen sind Idioten. Warum brüllen und schreien sie und machen Front gegen die Homosexuellenehe? Ich hasse das!« Und vielleicht reagieren auch Sie so. Doch irgendwo müssen wir alle der Tatsache Rechnung tragen, dass die breite Masse des Christentums, mich eingeschlossen, es nicht geschafft hat, der homosexuellen Szene eine alternative Botschaft von Liebe, Erbarmen und der Guten Nachricht von Jesus zu bringen. Wir sind jämmerlich stumm geblieben und haben zugelassen, dass diejenigen, die am lautesten schreien, uns repräsentieren. Das wunderbare Evangelium wurde auf einen hasserfüllten, markanten Spruch in den 18-Uhr-Nachrichten reduziert. Und in den Gesprächen mit meinen homosexuellen Freunden spielen diese Bruchstücke eine große Rolle für sie und für viele andere. Als Christen haben wir es versäumt, uns zu Wort zu melden und unserer Gesellschaft das wahre Zentrum der Botschaft von Christus zu vermitteln.

Meine persönliche Mission, dieses negative Bild zu verändern, sieht so aus, dass ich aufgehört habe, mich bei diesem Thema von politischen und religiösen Organisationen vertreten zu lassen. Ich habe beschlossen, mich selbst zu vertreten, und damit hoffe ich, Christus richtig darzustellen. Nach meinem bescheidenen Verständnis von Jesus im Neuen Testament sehe ich einen Mann, der danach strebte, Beziehungen wiederherzustellen, und nicht, sie zu zerstören. Einen Mann voller Mitgefühl, der die Menschen, die die

Religiösen seiner Zeit als »die falschen Leute« betrachteten, heiß und innig liebte.

Der elsässische Philosoph und Arzt Albert Schweitzer merkte einmal an, dass das Vorbild nicht die *Hauptsache* beim Einfluss auf andere ist, sondern das *Einzige*. Wenn wir eine zutreffende Wahrheit hervorbringen wollen, müssen wir mit unserem eigenen Leben Vorbild sein und heute damit anfangen. Wir müssen bewusst, reflektiert und entschlossen persönlich Verantwortung dafür übernehmen, die Sichtweisen neu zu definieren. Unsere Taten, Reaktionen und Beziehungen müssen durchweg von Mitgefühl, Respekt und Liebe erfüllt sein. Wir müssen aufhören, die Menschen als »sexuelle Wesen« zu betrachten und sie stattdessen als »menschliche Wesen« sehen. Die Veränderung stellt sich ein, wenn wir mit unseren homosexuellen Freunden und Familienmitgliedern an ihrem Esstisch und in ihrem Wohnzimmer sitzen. Wir nehmen an ihren Veranstaltungen teil und helfen. Wir versuchen, das Leben gemeinsam zu gestalten und Verständnis aufzubringen. Es ist an der Zeit, dass wir denen, die wir in der Vergangenheit so nachhaltig verletzt haben, demütig dienen und sie akzeptieren.

Doch wir müssen eines bedenken: Es ist entscheidend, dass wir das nicht tun, weil wir uns genötigt fühlen, Wiedergutmachung für das Christentum zu leisten, sondern weil es die Art des Christentums ist. Wir geben unsere Hintergedanken am Eingang ab und pflegen einfache, ehrliche und natürliche Kontakte zu homosexuellen Menschen. Wir dürfen uns nicht dazu hinreißen lassen, daraus ein Missionsprojekt oder eine »gute Sache« zu machen. Das wäre verheerend.

Ein altes, aber zutreffendes Sprichwort sagt: »Heute sitzt jemand im Schatten, weil vor langer Zeit jemand einen Baum gepflanzt hat.« Mögen Sie und ich heute damit beginnen, eine neue Art des Lebens, Liebens und Dienens in der homosexuellen Szene zu pflanzen und damit eine neue Art von Christentum einzuleiten.

Mike Foster
Vorsitzender von *Ethur*
Gründer von XXXchurch.com

GOTT LIEBT DEN HOMOSEXUELLEN

Ich habe einige echte Gespräche mit homosexuellen Freunden überstanden. Ich erinnere mich deutlich daran, wie ich mich bei jedem einzelnen fühlte. Meistens unbehaglich. Da ich wusste, dass Christen im Rennen um Engstirnigkeit oft einen Vorsprung haben, hatte ich nicht das Bedürfnis, noch zusätzliche Medaillen für uns zu holen.

Bei jedem Gespräch verriet mich meine Zugehörigkeit zum Christentum. Daher deuteten meine homosexuellen Freunde wissend auf den hintersten Winkel meiner Seele, wo ich die Tatsache übergangsweise verstaut hatte, dass Homosexualität nicht mit meinem Glauben zusammenpasst.

In einem Fall begann sogar ich das Gespräch nur weil mein Freund hoffte, unsere christliche Gruppe würde seine Homosexualität und seinen Glauben akzeptieren und ihn vielleicht bei seinem Versuch unterstützen, Homosexualität als Nicht-Sünde darzustellen.

Ich fürchtete, dass man ihn in unserer Gruppe emotional teeren und federn würde. Also bot ich ihm eine behutsame Kurzversion der Reaktionen, die ihm begegnen könnten.

Das zwang mich, den Inhalt des hintersten Winkels meiner Seele offenzulegen. Ich musste ihn herausziehen und die Falten und Flecken auf meiner sich noch entwickelnden Meinung zu Homosexualität und Glauben zeigen.

Es gab Dutzende handfeste Eigenschaften, die ich an meinem Freund schätzte, und das sagte ich ihm. Aber ich bekannte – mit vor Nervosität und Mitgefühl zitternder Stimme –, dass ich fürchtete, dass meine Freundschaft unehrlich wirken würde, wenn ich nicht in dem bestätigen konnte, was er als zentralen Teil seiner Identität betrachtete: seine Sexualität.

»Soweit ich das beurteilen kann«, schluckte ich, »kennt die Bibel nur eine Art sexueller Vereinigung, und das ist die zwischen einem Mann und einer Frau. Also muss ich glauben, dass das der Weg ist, der zum erfüllenden Leben führt – zu dem Leben, das der Schöpfer für uns vorgesehen hat.«

Als ich diese Definition hervorbrachte, hatte ich Angst, dass mein Freund bloß ein christliches Blabla hören würde.

Doch er schaute mich freundlich an. Also fuhr ich fort und war dankbar, dass es keine Mikrofone oder aufleuchtenden Lampen gab, während ich mich weiter durch meine Stellungnahme zur Homosexualität kämpfte. »Ich möchte, dass du weißt, dass Gott jeden Menschen gleich und gleich viel liebt. Das gilt auch für Homosexuelle.

Es wäre unehrlich von mir, wenn ich so tun würde, als wäre ich mit dem Weg einverstanden, den du für richtig hältst, oder als würde ich ihn verstehen. Aber ich akzeptiere, dass es dir frei steht, deinen eigenen Lebenskurs einzuschlagen. Der Grund ist nicht, dass ich besonders nachsichtig oder großzügig wäre, sondern dass Gott es ist.«

Ich glaube, das Gespräch veränderte mich mehr als meinen Freund, weil es mich zwang, Teile von Gottes Willen anzuerkennen, die ich manchmal übersehen hatte. Ich musste akzeptieren, dass Gott nicht von mir möchte, dass ich etwas tue, was nicht einmal er tut: einen anderen Menschen in seiner Freiheit zu kontrollieren oder zu bezwingen.

Ich soll nicht den Heiligen Geist vertreten, sondern ein Leben führen, das Gottes Licht leuchten lässt. Ich beschließe, mich daran zu erinnern, dass Gott uns oft gestattet, auf der Reise auf unseren selbst gewählten Wegen ebenso viel zu lernen, wie wenn wir nur auf seinen von ihm beleuchteten Wegen gegangen wären.

Aber Halt, wenden wir ein, das ist fast so, als sagte man, dass Gott uns selbst dann erlaubt zu lernen, wenn wir den falschen Weg gehen. Aber Halt, fahren wir fort, wenn wir genau darüber nachdenken, klingt das sehr nach Gnade.

Sarah Raymond Cunningham
Autorin von *Dear Church:*
Letters from a Disillusioned Generation

OHNE CHRISTUS SIND WIR UNFÄHIG, UNSERE EIGENEN SÜNDEN ZU BEWÄLTIGEN

Ecclesia liegt im Monrose-Viertel von Houston. Dort gibt es mit den höchsten Bevölkerungsanteil von Homosexuellen im ganzen Land. Als wir als Gemeinde dieses Grundstück kauften, beschloss ich eines Abends, durch die Straßen zu gehen, um einen besseren Einblick in die Dynamik der Nachbarschaft zu bekommen. Als ich dem Platz näher kam, wo unsere Gemeinde stand, bemerkte ich, dass an der Straßenecke drei Transvestiten-Prostituierte arbeiteten. Ich beschloss, ein Gespräch mit ihnen anzufangen, was dazu führte, dass ich ins Haus ging und ihnen Wasser brachte. Sie hatten Durst, also gab ich ihnen etwas zu trinken.

Einige Wochen später veranstaltete unsere Gemeinde ein Kunstfest. Zwei Lesben aus der Nachbarschaft kamen und fanden sofort einen Zugang zu den Kunstwerken, die wir ausstellten. Während des Festes kam eine der Frauen auf mich zu und fragte neugierig: »Warum die ganze christliche Kunst?« Ich sagte ihr, dass ich Pastor bin, und auf der Stelle entfuhr ihr die Antwort: »Sch---, das gibt's doch gar nicht!« Ich erzählte ihr die Geschichte von Jesus, vom Evangelium und warum ich den Eindruck hatte, dass Gott mich dazu führte, eine Gemeinde zu gründen. Sie war begeistert und elektrisiert von dieser neuen Sicht auf das Leben, und immer wieder sagte sie: »Sch---, das gibt's doch gar nicht!« An jenem Tag begab sie sich auf die Glaubensreise.

Ich erzähle diese Geschichten, weil ich denke, dass einer der entscheidenden Gründe, dass Christen einen so negativen Ruf haben, von unserer übermäßigen Besorgnis um die Moral herrührt. Statt zu erklären, worum es beim wahren Christsein geht, haben wir das Pferd von hinten aufgezäumt und die Menschen, um die wir uns am meisten kümmern sollten, noch weiter entfremdet.

Das muss sich ändern.

Man kann unmöglich Einfluss auf die Moral eines Menschen nehmen, ohne ihn mit Jesus bekannt zu machen. Wir müssen lernen, die Geschichte von Jesus zu erzählen. Das führt zu einem ganz anderen Gespräch, einer ganz anderen Diskussion.

Hätte ich in der Unterhaltung mit meiner neuen lesbischen Bekannten die Moral zum Hauptpunkt des Gesprächs gemacht, wäre dieses sehr viel kürzer ausgefallen. Sie wäre beleidigt weggegangen und hätte wahrscheinlich nie angefangen, nach Jesus zu suchen.

Die heutige moralische Konzentration auf Homosexualität führt uns dazu, Homosexualität als »schlimme« Sünde herauszustellen, schlimmer als alle anderen. Für mich ist es eine Ironie, dass so viele so schnell mit dem Finger auf die Sünde der Homosexualität und deren Verbindung zu AIDS zeigen. Dabei aber bereitwillig die Sünde der Fettleibigkeit übersehen, die in direktem Zusammenhang mit der Krankheit Diabetes steht.

Wenn wir mit der Homosexualität so umgehen, wie die Bibel es uns sagt, müssen wir mit ihr umgehen, wie wir es mit jeder anderen Sünde tun würden. Ich glaube, es ist inzwischen einfacher, über Homosexualität zu reden als sich mit dem Gedanken zu befassen, dass Gott für uns alle gekommen ist, weil wir alle Sünder sind. Wir können die Sünde nicht ohne Christus bewältigen. Wenn Menschen Christus nicht kennen, können sie mit ihrer eigenen Sünde nicht fertig werden. Wir bei *Ecclesia* befassen uns mit der Sünde, wenn die Menschen an einem Punkt stehen, an dem sie bereit sind, Gott zu folgen.

Christen müssen klug, weise und gebildet sein. Wir sollten die Menschen nicht nach ihrer Sünde unterschiedlich behandeln. Die Bibel sagt deutlich, dass keine Sünde größer ist als eine andere. Die Gnade ist groß genug für Homosexualität. Es dauert nur. Erlösung und Heiligung geschehen nicht über Nacht.

Chris Seay
Pastor der *Ecclesia*-Gemeinde, Houston, Texas

EIN SAUBERER SCHNITT

Christen fassen Homosexualität normalerweise als angeboren oder anerzogen auf. Wir zwingen uns, eine Seite zu wählen und die Gründe zu finden, warum jemand homosexuell ist, wodurch Leute sofort in Schubladen eingeordnet werden. Diese Position ist wahrscheinlich nicht der beste Ausgangspunkt, wenn man Freundschaft mit jemandem schließt, der homosexuell ist.

Die *Imago-Dei*-Gemeinde hat ein breites Spektrum an Besuchern, die sich irgendwo auf dieser Skala befinden und mit ihrer Homosexualität zu kämpfen haben. Als Gemeinde müssen wir uns an das halten, was die Bibel über praktizierte Homosexualität sagt: Das Ausleben von gleichgeschlechtlichen Partnerschaften ist Sünde. Wir fragen uns allerdings, ob es möglich ist, sich vom eigenen Geschlecht angezogen zu fühlen, sich aber zu einer enthaltsamen Lebensweise zu entschließen. Was, wenn wir für diese Menschen in ihrem Kampf eine vertraute, christuszentrierte und verantwortliche Gemeinschaft schaffen könnten? Wir glauben, dass Gemeinschaft die Antwort ist, damit jeder sich geliebt und als Mensch fühlen kann.

Vor Kurzem verbrachte ich ein Jahr mit einem Mann, der glaubte, er sei homosexuell geboren worden. Wir arbeiteten uns durch das, was ich als Gottes Plan für ihn ansah. Ich glaube, dass Gottes Plan eindeutig die Verbindung zwischen Mann und Frau, also Heterosexualität ist. Er jedoch zog den Schluss, dass Gott ihn so homosexuell gemacht hatte, und wollte diese Lebensweise auch voll ausleben. Daher verließ er die Gemeinde, aber es war ein sauberer Schnitt. Ich weiß nicht genau, wie man diese Art Problem umgehen kann, wenn man Beziehungen aufbaut und Menschen liebt, die mit Fragen ihrer sexuellen Identität zu kämpfen haben.

Rick McKinley
Pastor von *Imago Dei Church*, Portland, Oregon

EIN ENTSCHEIDENDER AUGENBLICK

Ich glaube, dass es für beinahe jeden Mann, der mit Homosexualität zu kämpfen hat, einen entscheidenden Augenblick gibt, in dem ihm klar wird, dass sich all das, was in seinem Körper, seinem Verstand und an dem geheimen Platz in seinem Herzen vor sich geht, »Homosexualität« nennt. Das ist ein äußerst furchterregender Moment, den man in der Regel nie vergisst.

Ich erinnere mich deutlich an *meinen* Augenblick. Ich saß mit meinem Vater in einem Beratungsgespräch im Büro meines Jugendpastors. Ich war 14 Jahre alt, war von der Schule geflogen, hatte zweimal versucht mich umzubringen und niemand wusste, wie er mir helfen konnte oder mich lieben sollte. Ich schlug über die Stränge – ich fühlte einen so tiefen inneren Schmerz. Ich wusste nicht warum.

Mit den allerbesten Absichten versuchte mein Jugendpastor, meinen Problemen auf den Grund zu kommen. Stattdessen war das Ergebnis, dass mir klar wurde, dass ich homosexuell war, dass das etwas richtig Schlimmes war und dass ich, so sehr ich die Gemeinde liebte, dort nie akzeptiert werden würde.

Irgendwie war ich erleichtert, denn die Kinder in meiner Gemeinde nannten mich »Schwuchtel« oder »Tunte« und lehnten mich ab, ebenso wie die Kinder in meiner christlichen Schule. Überall wo ich hinkam stieß ich auf Ablehnung … überall. Außer bei anderen Homosexuellen.

Ich ging nicht wieder in die Kirche. Nicht bis vor vier Jahren.

Es dauerte 20 Jahre mit Depressionen, zwölf Jahre mit Drogenabhängigkeit und Drogenhandel und mehrere Selbstmordversuche, bis ich wieder dort nach Jesus suchte, wo ich als Teenager hatte sein wollen. Dort begegnete ich einem barmherzigen Gott, der mich liebte und verstand. Als ich am verzweifeltsten nach Antworten suchte, waren meine Familie, Freunde und Gemeinde nicht in der Lage, mit meiner Situation umzugehen. Unglücklicherweise war es für mich am schwersten, die hasserfüllten Worte und die Ablehnung zu überwinden, die von Leuten kamen, die sich Christen nannten.

Levi Walker

SEXUELLE ZERBROCHENHEIT

Zehn Jahre lang führte ich eine Beratungsambulanz von *New Life* in Scottsdale, Arizona. Ich hatte vier Klienten, die an AIDS starben – alle waren homosexuell. Ich bin immer noch traurig über ihren Tod. Denn es waren freundliche und fürsorgliche Leute, die ich kennengelernt hatte. Sie waren wie andere Leute, aber homosexuell. Einen jungen Mann, der voller Leben und Talente steckte, vermisse ich besonders. Natürlich konnte ich ihrem sexuellen Verhalten nicht zustimmen. Aber ich war auch erstaunt und frustriert darüber, wie Christen diese Menschen behandelten.

Ich glaube, ein Grund, warum so viele Christen Homosexuellen feindlich gegenüberstehen, ist, dass es ihnen schwerfällt zu verstehen, wie sie Homosexualität betrachten sollen. Ist es eine Sünde, eine Krankheit, ein Syndrom oder eine einfache Entscheidung? Das erinnert mich daran, wie unsere Gesellschaft vor 30 Jahren darum kämpfte, Alkoholiker zu akzeptieren. Mit der Zeit begannen wir, Alkoholiker und Alkoholismus besser zu verstehen. Jetzt müssen wir mit sexueller Zerbrochenheit zurechtkommen, Homosexualität eingeschlossen. Homosexualität ist nur ein Aspekt einer sexuell zerbrochenen Gesellschaft. Wir müssen klarstellen, dass es nicht akzeptabel ist, Homosexualität auszuleben. Doch wir müssen auch freundlich, barmherzig, fürsorglich und hilfsbereit zu jedem sein, der mit seiner sexuellen Orientierung kämpft.

Ich würde noch folgende Warnung hinzufügen: Ich habe sehr viel mehr heterosexuelle Christen therapiert als Homosexuelle. Viele Gläubige haben mit beträchtlichen sexuellen Problemen zu tun, von ehelicher Untreue bis hin zu Pornografiesucht und anderen Dingen, die Sie kaum glauben würden. Unterschätzen Sie nicht die Macht von sexuellen Problemen – homo- oder heterosexueller Art. Sie können selbst die besten Familien und Gemeinden zerstören.

Reverend Alfred Ells
Geschäftsführer von *Leaders That Last Ministries*

6

ABGESCHOTTET

Christen genießen es, in ihrer eigenen Gemeinschaft zu sein. Je mehr sie sich abkapseln, desto weniger können sie in der richtigen Welt funktionieren. Sehr viele Christen sind in einer christlichen »Seifenblase« gefangen.

Jonathan, 22

Bisherige Sichtweise: Christen sind langweilig, unintelligent, altmodisch und haben keinen Realitätsbezug.
Neue Sichtweise: Christen sind engagiert, informiert und tragen durchdachte Antworten zu den Problemen bei, mit denen Menschen konfrontiert sind.

Denken Sie an die größten amerikanischen Marken: Apple, McDonald's, Starbucks, Wal-Mart, Disney, Microsoft, Coca Cola. Was fällt Ihnen ein, wenn Sie an das Logo jeder dieser Firmen denken? Normalerweise zeigen Menschen starke, tief sitzende Reaktionen auf diese Firmengebilde, und diese Reaktionen fallen bei den verschiedenen Menschen enorm unterschiedlich aus.

Wir haben Andersdenkende gebeten, ihr Image vom Christentum zu beschreiben. Und obwohl das Christentum keine Marke ist, ist Fakt, dass die Menschen ein definiertes System von Ansichten über den christlichen Glauben im Kopf haben. Als wir Andersdenkende baten, das Christentum zu beschreiben, brachten sie provokante Vergleiche vor:

- Die Titanic – ein sinkendes Schiff, aber ahnungslos von seinem Schicksal.
- Ein leistungsstarker Verstärker, bei dem es an der schlechten Verkabelung und schwachen Lautsprechern hapert.
- Eine Horde Hauskatzen, die aussehen, als hingen sie tiefgründigen Gedanken nach, doch eigentlich warten sie nur auf ihre nächste Mahlzeit.
- Ein Strauß, der den Kopf in den Sand gesteckt hat.
- Ein Hobby, das die Leute unterhält.

Diese Bilder fangen eine Vorstellung ein, der wir bei unseren Recherchen wiederholt begegneten: Christen sind abgeschottet. Die Sichtweise, dass wir abgeschottet sind, wurde unterschiedlich formuliert.

DANEBEN

Andersdenkende denken, dass das Christentum keine Ahnung von den Entscheidungen, Schwierigkeiten und Lebensstilen in der »richtigen Welt« hat, mit denen sie konfrontiert sind. Nur ein Fünftel der jungen Andersdenkenden glaubt, dass ein aktiver Glaube Menschen hilft, ein besseres, erfüllendes Leben zu führen. Drei Viertel der MTV-Generation und Babybuster außerhalb der Kirche erklären, das Christentum von heute könnte zutreffend als altmodisch bezeichnet werden. Sieben von zehn denken, der Glaube sei realitätsfern. Die meisten Andersdenkenden und beinahe die Hälfte der jungen Insider sagen, das Christentum ist verwirrend. Diese Sichtweisen sind deswegen besonders beunruhigend, weil 18- bis 25-jährige Amerikaner glauben, dass sie eine ganz andere Lebensweise haben als die jungen Erwachsenen vor 20 Jahren. Dass das Christentum anscheinend nicht mehr mit ihrem rasanten und sich ständig verändernden Leben

Schritt hält. Die Mehrheit sagt, dass sie bessere Bildungschancen und besser bezahlte Arbeitsstellen hat und dass sie in einer aufregenderen Zeit lebt als Leute in ihrem Alter vor zwei Jahrzehnten. Die jungen Leute gestehen allerdings auch ein, dass es in ihrer Generation tendenziell leichteren Sex, mehr Gewalt und Drogen- und Alkoholmissbrauch gibt als bei ihren Vorgängern.[31] Der Ruf, das Christentum sei abgeschottet, lässt es antiquiert erscheinen.

ZU WENIG GEISTLICHE VITALITÄT UND ZU WENIG GEHEIM-NISVOLLES

Das Christentum wird als fernab echter geistlicher Vitalität und Rätsel wahrgenommen. Es erscheint als Religion von Regeln und Maßstäben. Überraschenderweise wird der christliche Glaube heute als von der übernatürlichen Welt abgeschnitten angesehen. Dabei glaubt die überwältigende Mehrheit der Andersdenkenden, dass man die übernatürliche Welt erreichen und beeinflussen kann. Obwohl sie Kontakt *mit* der Kirche haben, sagen nur wenige Andersdenkende, dass sie Gott *durch* die Kirche erlebt haben. Sie hat keinen geistlichen Schwung, sagen sie. »Das Christentum ist so berechenbar«, meint ein Befragter verächtlich. Zwei Drittel der jungen Andersdenkenden sagt, der Glaube sei langweilig. Eine Ansicht, die auch ein Viertel der jungen Kirchgänger vertritt. Das Image des Abgeschottetseins bedeutet, dass der christliche Glaube fade, platt und leblos wirkt.

ISOLIERT VOM DENKEN

Viele Andersdenkende glauben, dass das Christentum Menschen vom Denken isoliert. Oft bezweifeln junge Leute, darunter viele Insider, dass das Christentum den Intellekt fördert. Wir haben eine Reihe von Ansichten hierzu entdeckt. Doch generell wird das Christentum nicht als etwas wahrgenommen, das einen durchdachten Blick auf die Welt erlaubt. Ein Kommentar illustriert dieses Image: »Das Christentum erstickt die Neugier. Die Menschen verlieren die Bereitschaft, sich ihren Zweifeln und Fragen zu stellen. Es macht die Menschen hirntot.« Die große Mehrheit der Andersdenkenden weist den Gedanken zurück, das Christentum sei »einleuchtend« oder habe »etwas mit ihrem Leben zu tun«. Zu der Ansicht, das Christentum sei abgeschottet, gehört also auch die Vorstellung, dass Christen keine Denker sind.

LEBEN IN DER EIGENEN WELT

Andersdenkende meinen, dass Christen in ihrer eigenen Welt leben. Obwohl Andersdenkende in der Regel Freunde haben, die Christen sind, klagen sie unter anderem darüber, dass Christen nicht auf der gleichen Ebene sprechen wie alle anderen. Beinahe ein Viertel sagt, dass Christen spezielle Wörter und Ausdrücke verwenden, die niemand sonst verstehen kann. Und die Hälfte aller jungen Andersdenkenden meint, dass das Christentum wie ein Club wirkt, dem nur bestimmte Personen beitreten können. Ein Mann aus Indiana formuliert es so: »Christen genießen es, in ihrer eigenen Gemeinschaft zu sein. Je mehr sie sich abkapseln, desto weniger können sie in der richtigen Welt funktionieren. Sehr viele Christen sind in einer christlichen ›Seifenblase‹ gefangen.« Die Sichtweise, dass Christen abgeschottet leben, lässt sie abgehoben und isoliert erscheinen.

EINE ÜBERRASCHENDE SCHLUSSFOLGERUNG

Die junge Generation hält das Christentum für frei von geistlicher Lebendigkeit, beschränkt, engstirnig und unwissend. Dieser Eindruck des Abgeschottetseins ist aus einer Reihe von Gründen überraschend.

Zum einen ist Jesus der rechtmäßige Weg zu einer dynamischen geistlichen Welt, die jenseits unserer fünf Sinne existiert.

Allerdings ist dies für die meisten jungen Andersdenkenden selbst nach der Teilnahme am christlichen Gemeindeleben nicht sichtbar. Sie betrachten die Nachfolge von Christus so wie die Zugehörigkeit zu einem Gesellschaftsclub, der an einem netten System von Lebensprinzipien festhält.

Ein weiterer Grund, weshalb das Image des Abgeschottet-seins überrascht, ist, dass das Christentum eine durchdachte, lebensnahe Antwort auf das Wesen der Welt und wie wir als Menschen »funktionieren« bietet. Als Christen verstehen wir, dass die Sünde überall ist und jedem anhängt. Wir wissen auch, dass der Mensch nach dem Bild Gottes gemacht und in der Lage ist, etwas zu erschaffen und Gutes zu tun. Obwohl die biblische Weltsicht nicht einfach oder immer leicht zu begreifen ist, ermöglicht sie uns, die Schöpfung und uns selbst zu verstehen. MTV-Generation und Babybuster innerhalb und außerhalb der Kirche haben nur selten erlebt, wie gut diese Weltsicht das Leben, wie wir es kennen, erklärt.

Schließlich ist die Ansicht, das Christentum sei abgeschottet, eine relativ neue geschichtliche Entwicklung. Ja, die Kirche hat eine uneinheitliche Geschichte mit ihren intellektuellen und politischen Engagements. In den letzten 2 000 Jahren hat sich ihre dunkle Seite in schrecklichen Exzessen gezeigt. Doch jahrhundertelang waren Christen an der Prägung der Kultur beteiligt und ganz und gar nicht isoliert davon. Große Verdienste im Bereich der Bildung, Regierung, Literatur, Musik, Kunst, Medizin, Naturwissenschaften und sozialen Gerechtigkeit stammen von christlichen Denkern und Führern.[32] Heutzutage sind den jungen Leuten die historischen Verdienste des Christentums völlig egal. Aus ihrer Perspektive sehen sie kaum oder keine Hinweise darauf, dass die Kirche sich in der heutigen Welt derartig einbringt.

Ein Glaube, der einflussreich war und sein könnte, erfüllt nur geistlose Erwartungen von MTV-Generation und Babybustern. Wie kam es dazu?

WEIT ENTFERNT VON DER »JUNGEN« WELT

Wenn man viel Zeit mit Leuten zwischen 20 und 30 verbracht hat, weiß man, dass MTV-Generation und Babybuster das genaue Gegenteil von »abgeschottet« sind. Das ist einer der Gründe, warum das Christentum in seiner abgeschotteten, unbedarften, unintellektuellen Form für sie unbegreiflich ist. Sie wurden dazu erzogen zu glauben, dass sie so ziemlich alles kontrollieren können, und sie erwarten, an der Realität aktiv teilzunehmen. Deshalb kommt die Vorstellung eines abgesonderten Lebens als Christ nicht an. Ein Glaube, der sie an die Seite drückt, ist für sie nicht haltbar. Ihr Leben ist alles andere als »in einer Seifenblase«.

MTV-Generation und Babybuster blühen bei unerwarteten Erlebnissen auf und genießen es, neue Quellen des Wissens zu suchen. Ihr Leben besteht aus einem bunten Flickenteppich aus Vielfalt, Perspektiven, Freundschaften und Leidenschaft. Ein riesiger Teil ihres normalen Tages besteht aus Medienkonsum und der Erforschung der unendlichen Weiten des Internets. Filme, Zeitschriften, Musik und Fernsehen transportieren sie mit größerer Frequenz und Intensität in andere Realitäten als irgendeine vorangegangene Generation. Sie haben mehr Kontakt mit und Zugriff auf Philosophien und Lebensansichten – und können sie mit höherer Geschwindigkeit erreichen – als irgendeine Generation in der gesamten Geschichte. Sie sind eine Generation von »ein Häppchen hier, ein Häppchen da« und immer bereit, ein wenig von allem zu probieren.

Neben ihrer Experimentierfreudigkeit sind diese jungen Leute (besonders die MTV-Generation) als eine der »geschütztesten« Generationen aller Zeiten aufgewachsen. Angefangen bei Autokindersitzen und Airbags bis hin zu öffentlichen Rauchverboten und anderen gesellschaftlichen Sicherheitsvorkehrungen. Dieses Überbeschütztsein scheint ihre Risikobereitschaft zu schüren, sich über die »sichere« Grenze, die Routine, hinwegzusetzen und etwas Neues auszuprobieren. Besonders wenn das bedeutet, dass sie so aus den eventuell von ihren Eltern gesetzten Grenzen ausbrechen können.

Ein weiterer Grund, weshalb ein abgeschotteter Glaube unattraktiv ist, besteht darin, dass junge Erwachsene sich gegen zu einfache Antworten wehren. MTV-Generation und Babybuster genießen das Geheimnisvolle, die Unsicherheit und Mehrdeutigkeit. Widersprüche und Ungereimtheiten stören sie nicht. Bei unseren Recherchen war ich erstaunt zu sehen, wie unproblematisch Schattierungen und Unterschwelliges für junge Leute sind. Das deutet darauf hin, dass ihnen die Zusammenhänge von komplizierten und unübersichtlichen Themen durchaus bewusst sind. Die Mehrzahl der Buster, darunter die meisten wiedergeborenen christlichen jungen Leute, glauben, dass die geistliche Welt zu komplex und geheimnisvoll ist, als dass Menschen sie verstehen könnten. Millionen von jungen Leuten räumen ein, dass das Leben selbst zu kompliziert ist, als dass man es wirklich begreifen könnte. Diese Gedanken sind bei MTV-Generation und Babybuster doppelt so häufig wie in der Generation ihrer Eltern.

Die Sicht der jungen Leute von der Welt ist nicht wohlgeordnet und sauber. Sie schieben diejenigen beiseite, die nicht bereit sind, die Komplexität und Ironie und, wie sie sagen würden, Idiotie des Lebens zu erforschen. Ein Glaube, der auf verworrene und dornige Themen nicht wirkungsvoll eingeht, scheint nicht zu einer Generation zu passen, die große Fragen stellt und freimütig ihre Zweifel äußert. Geistliches Leben, das sich nur auf »Du sollst« und »Du sollst nicht« konzentriert, kommt ihnen unglaubwürdig vor.

Die vielfältigen Lebensstile und Perspektiven von jungen Leuten bedeuten, dass ein Glaube »wie in einer Seifenblase« nicht ihrem Leben entspricht. MTV-Generation und Babybuster sagen, dass sie ebenso häufig über Moral diskutieren wie ältere Erwachsene. Der Unterschied ist, dass sie behaupten, ihre Perspektiven und Haltungen seien viel weniger starr. Das ist zum Teil ihrem Leben in einer relativistischen und sich stets verändernden Welt geschuldet. Vier von fünf bezeichnen sich selbst als »leicht anpassungsfähig an Veränderungen«. Ein sehr viel häufigeres Selbstbild als bei Babyboomern. Ein weiterer Faktor, der ihre Ansichten flexibler macht, ist ihre Sehnsucht nach Abwechslung. Es gefällt ihnen, sich mit Leuten zu umgeben, die nicht ihre eigene Herangehensweise ans Leben teilen, damit sie ihre Ansichten ausdehnen und erweitern können.

Junge Leute beschränken ihren Medienkonsum sehr viel weniger als ältere Erwachsene, denen die dargestellten Werte oder Ansichten Unbehagen bereiten. Bitte bedenken Sie einmal folgende Tatsache: Die Mehrheit der über 42-Jährigen erklärt, dass die Inhalte von Film und Fernsehen ein großes Problem für Amerika sind. Doch das verringert sich auf nur ein Drittel bei den 18- bis 41-Jährigen. Unsere anfänglichen Recherchen dazu legen eine Kombination aus zwei Gründen nahe: Es ist ihnen egal (sie fühlen sich von relativistischen Werten nicht bedroht) und sie bemerken es nicht (sie lehnen seltener Werte ab, die zu ihren eigenen Werten im Widerspruch stehen). In positiver und negativer Hinsicht haben nur wenige Angehörige der MTV-Generation und Babybuster-Generation inklusive deren Vertreter in der christlichen Gemeinschaft jene Vogel-Strauß-Mentalität, Medien zu meiden, die sie anstößig finden.

GEBROCHENE GENERATIONEN

Zuletzt scheint der abgeschottete Glaube keine Verbindung zu den großen Herausforderungen zu haben, mit denen junge Leute konfrontiert sind. Ihre Welt gerät aus den Fugen und das Christentum scheint dieser Herausforderung nicht gewachsen zu sein. Führen Sie sich einmal die Welt vor Augen, die die jungen Erwachsenen bewohnen:

- Babybuster sind in einem viel gewalttätigeren Umfeld aufgewachsen als ihre Babyboomer-Eltern. In den 1980er-Jahren gab es dreimal so viel Kriminalität wie in den 1960er-Jahren, und Gewaltverbrechen waren beinahe viermal so häufig.[33] Diese Gewalt beeinträchtigt die physische Sicherheit von Millionen junger Leute. In einer Studie unter Highschool-Schülern von 2005 gab ein Drittel an, dass sie im letzten Jahr an irgendeiner Art körperlicher Auseinandersetzung beteiligt waren.[34]

- Die Familienstrukturen haben seit der Kinderzeit der Babyboomer drastische Veränderungen erfahren. Heute werden
mehr als ein Drittel der in den USA geborenen Kinder von
unverheirateten Müttern geboren. In den 1960er-Jahren lag
das Verhältnis bei nur einer von zwanzig Geburten. In einigen amerikanischen Großstadtregionen werden bis zu zwei
Drittel aller Kinder von unverheirateten Frauen geboren.[35]

- Verglichen mit den Babyboomern schauen sich junge Erwachsene heute häufiger sexuell explizite Zeitschriften, Filme oder
Internetseiten an. Mindestens zwei von fünf Vertretern der
Babybuster- und MTV-Generation geben zu, in einem durchschnittlichen Monat irgendeine Art von Pornografie anzu-
schauen. Die Mehrheit der jungen Erwachsenen sagt, sie sei-
en in ihrem Leben schon einmal mit Internetpornografie in
Berührung gekommen.

- Am Ende der 1950er-Jahre billigten 30 Prozent der jungen
Leute Sex vor der Ehe, heute sind es 75 Prozent.[36] Diese Veränderung in der Einstellung spiegelt sich in ihrer Lebensweise
wider. Ein Fünftel der Buster und zwei Fünftel der erwachsenen MTV-Generation gaben an, in den letzten 30 Tagen
sexuellen Kontakt zu einer Person gehabt zu haben, mit der
sie nicht verheiratet sind.

- Von Ende der 1960er-Jahre bis Ende der 1990er-Jahre sank
das Alter, in dem eine junge Frau ihre Jungfräulichkeit verlor,
von 18 auf 15.[37] Und Babybuster hatten bis zum 18. Lebens-
jahr zweimal so häufig mehrere Geschlechtspartner wie die
Babyboomer. Wenn die Erwachsenen von heute Mitte vierzig
sind, hatten Frauen in der Regel bereits vier Sexualpartner
und Männer acht.[38]

- Unter jungen Erwachsenen ist Drogenmissbrauch häufiger als
bei älteren Erwachsenen. In einem durchschnittlichen Monat
konsumiert etwa ein Fünftel der 18- bis 25-Jährigen illegale
oder nicht verschriebene Drogen. Das Gleiche gilt für etwa
ein Zehntel der 26- bis 34-Jährigen.[39] Im gleichen 30-Tages-
Zeitraum konsumieren zwei Fünftel der MTV-Generation und
ein Viertel der Babybuster genügend Alkohol, um als betrun-

ken zu gelten. Zwei von fünf Teenagern konsumierten in den letzten 30 Tagen Alkohol und einer von fünf Marihuana.[40]

- Bei den jungen Erwachsenen ist das Fluchen zu einem normalen Teil ihrer Unterhaltungen und Selbstdarstellung geworden. Zwei Drittel der MTV-Generation und die Hälfte der Buster erklärten, sie hätten im letzten Monat Schimpfwörter benutzt, verglichen mit nur drei von zehn Babyboomern.

- MTV-Generation und Babybuster stehen auch vor anderen großen persönlichen Kämpfen und sind sich dieser Herausforderungen bewusst. Einer von sieben gibt zu, mit einer Sucht zu tun zu haben. Ein Drittel bezeichnet sich als übergewichtig. Ein Sechstel weiß, dass sie bereits erhebliche Schulden haben. Beinahe einer von vier Babybustern, die verheiratet waren, hat bereits eine Scheidung hinter sich.

- Obwohl für diese Generation Beziehungen so wichtig sind, erklärt beinahe die Hälfte der jungen Erwachsenen, dass sie versuchen, ein paar gute Freunde zu finden. Ein Achtel ist einsam. Ein Viertel fühlt sich vom Leben unausgefüllt. Beinahe die Hälfte gibt an, gestresst zu sein. Das ist doppelt so viel wie unter den Babyboomern.

- Um ihre zwischenmenschlichen Fähigkeiten ist es ebenfalls ungewöhnlich heikel bestellt. MTV-Generation und Babybuster rächen sich eher an jemandem, der sie beleidigt hat, oder sagen hinter dem Rücken von Leuten gemeine Dinge über sie, als das bei älteren Erwachsenen der Fall ist.

- Viele Vertreter der MTV-Generation und Babybuster leben mit einer inneren Verzweiflung, die oft zu persönlicher Vernichtung führt. Selbstmord ist die Haupttodesursache bei Personen zwischen 15 und 24 Jahren. In einer Studie von 2005 gab einer von sechs Highschoolschülern an, im vergangenen Jahr über Selbstmord nachgedacht zu haben, während einer von zwölf Highschoolschülern sagte, er habe im letzten Jahr einen Selbstmordversuch unternommen.[41]

Ich könnte fortfahren, aber die Aussage ist klar: Junge Erwachsene haben beträchtliche Bedürfnisse, und sie verschieben die Grenzen von konventionellen Lebensweisen.

Oft begegnet mir das Argument, dass dies nur die gleichen Kämpfe sind, die jede Generation durchmacht, und dass sie sich ganz sicher nicht von den Schwierigkeiten der Boomer in ihren jungen Jahren unterscheiden. Diese Argumentation kommt mir seltsam vor. Erstens ist sie meist nicht durch Fakten untermauert. In den Bereichen, wo vergleichbare Daten existieren, scheint die Babybuster-Generation gefährdeter zu sein als damals die gleichaltrigen Babyboomer. Zweitens, selbst *wenn* die Lebensstile gleich wären, scheint mir diese Haltung doch die sehr realen und präsenten Herausforderungen zu verharmlosen, mit denen die jungen Leute konfrontiert sind. So als ob sie einfach »das Beste daraus machen« sollten, nur weil es die Babyboomer so gemacht haben.

Diese Hürden sind nicht nur vorübergehende Trends. Die Aktivitäten, die für die Babyboomer *Randerscheinungen* waren, *definieren* heute den Lebensstil der Babybuster. Zum Beispiel mögen die 1960er-Jahre die sexuelle Revolution mit sich gebracht haben. Doch in vielerlei Hinsicht war es erst der Anfang dessen, was heute die Grundeinstellung von MTV-Generation und Babybustern ist. Dass Sexualität eine Freizeitbeschäftigung ist. Dass Oralsex und andere Formen sexueller Kontakte gesunde und vernünftige Verhaltensweisen sind. Dass es keinen Grund gibt, sich hinter einer förmlichen Ausdrucksweise oder Beschämung zu verstecken, wenn man über sexuelle Intimität spricht.

Auch wenn die 1960er-Jahre von grundlegenden gesellschaftlichen und sexuellen Umbrüchen bestimmt waren, muss man nicht darüber diskutieren, welche Generation mehr Probleme hat. Mit dem Wissen, das ich aus unserer umfassenden Forschung gewonnen habe, möchte ich Ihnen dringend raten, nicht die fundamentalen Veränderungen zu übersehen, die unsere jüngeren Erwachsenen heutzutage erheblich beeinflussen.

Babybuster und MTV-Generation brauchen Hilfe.

MENSCHEN EINBINDEN

Es wäre einfach, sich von diesen Fakten und dem Leben, für das sie stehen, entmutigen zu lassen. Wie sollten Christen angesichts solcher dringender Bedürfnisse reagieren? Sollten wir die »moralischen Kompromisse« der jungen Leute anprangern und sie dann aus unserem Leben ausschließen?

Vielleicht haben die eben aufgezählten Probleme Sie über Ihr eigenes Leben nachdenken lassen und Sie haben erkannt, wie ich auch, dass eine Liste wie die obige sich nicht nur auf »andere Leute« bezieht. Für uns Menschen ist das Leben eine Mischung aus überragenden Höhen und niederschmetternden Tiefen. Solche Statistiken haben eine sehr persönliche Seite, wie wir später in diesem Kapitel noch sehen werden.

Ich glaube, die Studie über die Lebensweise von Babybustern und MTV-Generation sollte uns Hoffnung geben. Es gibt bemerkenswerte Gelegenheiten, wie Gott seine Macht zeigen kann. Er wirkt am meisten, wenn das Leben der Menschen chaotisch und aus den Fugen ist. Ja, die MTV-Generation und Babybuster stehen vor beträchtlichen Problemen, die man nicht verharmlosen darf. Doch Gott hat keine Verwendung für Leute, die alles im Griff haben – oder das zumindest glauben. Mein Gebet für meine Generation (Babybuster) und für die MTV-Generation ist es, dass unser aussichtsloser Zustand uns auf eindeutige Wege zu Gott und zur Wiederherstellung durch Christus führen wird. Welch ein Vorrecht wäre es zu sehen, wie Gott im Leben der Babybuster- und MTV-Generation wirkt und sie inmitten abschreckender Umstände umgestaltet!

Werden wir als Christusnachfolger über das begeistert sein, was Gott tun kann? Oder werden wir auf die unchristliche Reaktion zurückgreifen und uns von der Generation abschotten, die uns Anstoß gibt?

Ein Umstand, der uns abhält, uns in die Welt einzubringen, ist, dass sich unsere Verbindung zu Andersdenkenden auflöst, sobald wir in die christliche Enklave eintreten. Bei unseren Interviews beschreibt ein 28-jähriger Christ diesen Lebensstil. »Sehr viele Christen sind in der christlichen Subkultur gefangen und völlig von der Welt abgeschirmt. Wir gehen mittwochs, sonntags und manchmal sonnabends in die Gemeinde. Wir gehen Dienstagabend in unsere Kleingruppe und arbeiten im Bibelstundenvorbereitungsteam, im Finanzausschuss und beim Begrüßungsdienst mit. Wir gehen mit unseren christlichen Freunden zu Grillpartys und planen Gruppenausflüge. Wir sind von der Welt abgeschnitten. Selbst wenn wir mit Nichtchristen in Kontakt kommen wollten, haben wir keine Zeit dafür und wissen auch nicht, wie wir es anfangen sollen. Der einzige Weg, den wir zum Kontakteknüpfen sehen, ist, die Leute in unseren christlichen Gesellschaftszirkel einzuladen.«

Christen schauen aus vielen Gründen nach innen, von denen einige völlig vernünftig und sogar biblisch sind. Für das Leben eines Gläubigen ist aber das Gleichgewicht bedeutend. Zum Beispiel ist es absolut notwendig, sich von den Ablenkungen des Lebens zurückzuziehen, um aufzutanken und den Blick neu auf Gott auszurichten. Einige der vertrautesten und reichsten Beziehungen von Christen entstehen im Rahmen der christlichen Gemeinschaft. Den Medienkonsum von Kindern in altersgerechter Form einzuschränken, um ihre jungen Herzen und Gedanken zu schützen, ist eine unverzichtbare Aufgabe jedes Elternteils. Bestimmte Fernsehsendungen oder Filme zu meiden, weil ihr Inhalt den Kampf mit der Sünde – sexuelle Fantasien, Fluchen, Materialismus, Wut etc. – verstärken könnte, ist eine gesunde und vernünftige Art von Abschottung. Gott will, dass wir heilig sind. Das bedeutet abgesondert (1. Petrus 1,15). Die Bibel sagt, dass wir über reine, liebenswerte und bewunderungswürdige Dinge nachdenken sollten (Philipper 4,8). Oft treffen Christen Entscheidungen, die Gott ehren, um diesen Zielen zu entsprechen.

Das Problem besteht allerdings darin, dass ein abgesondertes Leben uns oft unfähig oder unwillig macht, Menschen zu helfen, die Jesus brauchen. Doch die Bibel lehrt, dass reife, umsichtige Gläubige die Menschen und Orte in ihrer Umgebung beeinflussen. Und dabei ihre persönliche Integrität und Reinheit behalten sollen.

VERANTWORTUNG ÜBERNEHMEN

Wir sind verantwortlich dafür, uns in die Welt einzubringen. Jesus gebraucht viele Bilder dafür. Wir sind das Licht der Welt. Das heißt, wir sind für andere Menschen Wegweiser zur Wiederherstellung. Wir sind das Salz der Erde. Das heißt, wir helfen, Menschen zu bewahren. Wir sind eine Stadt auf dem Berg. Das heißt, wir bieten Schutz und Hoffnung für die Menschen an (siehe Matthäus 5,13-16). Doch dadurch, dass wir uns Christen nennen, wird das Leiten, Bewahren oder Schützen nicht leichter oder funktioniert automatisch. Es ist unsere Pflicht, dazu beizutragen, die zerbrochene Welt besser zu machen. Doch das erfordert Einsatz. In unserer Verantwortung liegt es, diese Aufgabe demütig und energisch anzugehen, ohne zu erwarten, dass die Welt bis vor unsere Tür kommt.

KEINE ANGST HABEN

Viele Christen schotten sich aus Angst ab und versuchen, sich gegen jederlei Bedrohung zu verbarrikadieren. Doch die Bibel sagt, dass wir uns nicht von Angst leiten lassen sollten, weil die vollkommene Liebe die Furcht austreibt (1. Johannes 4,18). Wir sollten von Liebe und Vertrauen motiviert sein (2. Timotheus 1,7). Außerdem erinnert uns die Bibel daran, dass uns nichts von Christus' Liebe trennen kann; also stellt nichts, das uns Unruhe bereiten könnte, eine wirkliche Gefahr für uns dar (Römer 8,38 f). Wir müssen daran denken und die Ängste wegschieben, die uns von der Welt abschotten.

KEINEN ANSTOSS NEHMEN

Anstoß zu nehmen ist ebenfalls die falsche Reaktion auf die Herausforderungen der neuen Generation. Fällt Ihnen ein einziges Mal ein, wo Jesus sich von Menschen angegriffen fühlte, besonders von Andersdenkenden? Davon steht nichts in der

Bibel, außer als er die selbstgerechten religiösen Führer anging und diejenigen, die den Tempel entheiligten. Tatsächlich sagte er seinen Jüngern, sie sollten Schwierigkeiten erwarten. Wenn wir also wegen unseres Glaubens verfolgt werden, sollten wir deswegen nicht überrascht oder beleidigt sein (Johannes 16,33). Wenn wir zulassen, dass die Taten und Einstellungen von Andersdenkenden uns schockieren, werden wir entweder zu Isolationisten oder Kreuzrittern. Keines der beiden Extreme wird besonders viel Einfluss auf Andersdenkende haben.

Wie können wir beleidigt sein, wenn Andersdenkende ihr wahres Wesen ausleben? Wären wir so anders, wenn Gottes Gnade nicht wäre? Als Paulus die gottlosen Bürger von Athen besuchte (eine Episode aus der Apostelgeschichte 17), regte er kreativ die Fantasie der Athener an und wies sie auf Jesus hin, statt schockiert zu sein und sie zurechtzuweisen. Auch wir können lernen, wie wir kreativ mit Andersdenkenden in Kontakt kommen. Statt zuzulassen, dass die Sünde, die wir in der Welt sehen, uns in den Rückzug drängt, können wir zulassen, dass sie unser Mitgefühl weckt und uns dazu inspiriert, etwas zu ändern.

DEN VERZWEIFELTEN HELFEN

Wir tragen eine Verantwortung, Menschen in verzweifelten Situationen zu helfen. Am Ende seines Lebens gab Jesus den ersten Christen die Anweisung, mit der Leben verändernden Botschaft überallhin zu gehen – an die Enden der Erde (Matthäus 28,19f; Markus 16,15; Apostelgeschichte 1,8). Diese Anweisung bezieht sich nicht nur auf geografische Orte, sondern treibt uns auch dazu, uns um Menschen zu bemühen, die wir andernfalls als unwürdig betrachten würden. Jesus sagte, dass er nicht für die Gesunden gekommen ist, sondern für die Kranken. Nicht, um den Gerechten zu helfen, sondern den Sündern (Matthäus 9,12f; Apostelgeschichte 10,30-48). Gott will uns an den holperigen und wunden Stellen im Leben von Menschen gebrauchen. Doch unsere Einsatzfähigkeit ist eingeschränkt, wenn wir mehr um unseren *Schutz* vor der Sünde besorgt sind als um die *Folgen* der Sünde im Leben von anderen.

VORBEREITET SEIN

Die Löwengrube machte Daniel berühmt. Doch nicht nur die Tatsache, dass er zur rechten Zeit am rechten Ort war, bestimmte seinen Platz in der Geschichte. Er war vorbereitet. Als junger Mann hatte Daniel bedeutende Eigenschaften und die entsprechende Bereitschaft, die seinen Aufstieg in eine herausragende Position ermöglichten. Er konnte »eine umfangreiche Bildung vorweisen« und war »von schneller Auffassungsgabe«. So war er »geeignet für den Dienst am Palast des Königs« (Daniel 1,4). Er wuchs in einem babylonischen Reich auf, das gegen Gott rebellierte und ausschweifend lebte (klingt das nach dem Amerika von heute?). Doch Daniel verkroch sich nicht in seiner Frömmigkeit. Er lernte von der unheiligen Gesellschaft alles, was er konnte. Durch seine Fähigkeiten und seine Treue zu Gott gewann er Einfluss und verwaltete am Ende einen großen Teil des babylonischen Reiches. Wenn Christen sich abschotten und »jemand anderen« auf die Zweifel der Welt antworten und ihre Probleme lösen lassen, entziehen sie sich ihrer biblischen Aufgabe, geistlichen Einfluss auszuüben. Es ist unsere Pflicht, Herz und Verstand zu entwickeln, sodass wir unserer Bestimmung als Vermittler von geistlicher, moralischer und kultureller Umgestaltung nachkommen können.

DAS GLEICHGEWICHT HALTEN

Christus beruft seine Nachfolger dazu, aktive Missionare in ihrer Kultur zu sein. Diese Kultur ist anstößig. Doch wir sollen keinen Anstoß nehmen. Sie steht Christen und dem, den zu vertreten wir behaupten, zunehmend feindlich gegenüber. Doch wir dürfen nicht wütend reagieren, wenn Menschen ihre Skepsis äußern, und wir sollen keine Isolationisten sein. Jesus beschrieb unsere Aufgabe kurz und bündig: Wir sollen *in*, aber nicht *von* der Welt sein (Johannes 17,14-18).

Es gibt noch ein wichtiges Gleichgewicht, das ich erwähnen muss. Wenn es möglich ist, zu abgeschottet zu sein, sich in der christlichen Seifenblase zu verstecken, ist es auch möglich, dass wir unsere Gelegenheiten zur Einflussnahme unterlaufen, indem wir das Gegenteil tun und versuchen, uns der Welt anzupassen. Mike Metzger, Autor und Gründer des *Clapham Institute*, schildert dieses empfindliche Gleichgewicht:

> »Salz und Licht zu sein erfordert zweierlei: dass wir Reinheit inmitten einer gefallenen Welt praktizieren und doch in der Nähe dieser gefallenen Welt leben. Wenn man nicht beide Wahrheiten mit einer gewissen Spannung aufrecht erhält, wird man so oder so nutzlos und abgeschieden von der Welt, die Gott liebt. Wenn man zum Beispiel nur Reinheit ohne Nähe zur Kultur praktiziert, wird man unweigerlich frömmelnd, sektiererisch und eingebildet. Wenn man in großer Nähe zur Welt lebt, ohne gleichzeitig ein heiliges Leben zu führen, ist man von der gefallenen Kultur nicht mehr zu unterscheiden und wird nutzlos für Gottes Reich.«[42]

Als Christen sollten wir beide Ziele verfolgen: Reinheit und Nähe. Wir sollten so leben, dass es Gott ehrt. Doch auf eine Art und Weise, die Andersdenkende beeinflussen kann. Was Sie tun und lernen, sollte die Linse bilden, durch die Sie die moralisch bankrotte Kultur sehen, interpretieren und auf sie eingehen. MTV-Generation und Babybuster brauchen Ihr Mitgefühl und Ihre Aufmerksamkeit. Wie wirkt sich das darauf aus, welche Bücher Sie lesen oder welche Filme Sie sich anschauen? Welche Freundschaften pflegen Sie als Folge dieser Mentalität? Wie kultivieren Sie Ihre intellektuellen und kommunikativen Fähigkeiten? Welchen Berufsweg schlagen Sie ein? Wo wollen Sie wohnen – in welcher Stadt, in welchem Land? Welchen Ausbildungsweg wählen Sie? Wie kultivieren und schützen Sie Ihren Charakter? Welche Risiken gehen Sie ein? Wie reagieren

Sie, wenn ein Andersdenkender etwas tut, das Ihren christlichen Empfindlichkeiten zuwiderläuft?

Ihre Antworten bestimmen, mit welchem Maß an Reinheit und Nähe Sie in dieser Welt leben – und letztlich, wie sehr Sie sie beeinflussen können. Als Elternteil oder Pastor sollten Sie diese entscheidenden Themen bei den Menschen ansprechen, für die Sie verantwortlich sind.

ENGAGEMENT IN DER WELT

Wenn Sie darüber nachdenken, wie Gott seine Leute gebrauchen will, beziehen Sie auch eines der faszinierendsten Phänomene unserer Gesellschaft mit ein: Amerika zerfällt in verschiedene Subkulturen. Die Erfahrung des »Mainstream«, wenn es je so etwas gegeben hat, hat inzwischen praktisch all seine Anziehungskraft verloren. Heutzutage beziehen die meisten Amerikaner ihre Anregungen aus einer speziellen Subkultur und leiten ihren Lebenssinn, ihre Werte, Helden, Selbstdarstellung, Identität und Standpunkte von einem einzigartigen Segment der Gesellschaft ab. Wenn Leute sagen, dass Amerika ein Missionsfeld ist, wäre es zutreffender zu sagen, dass es dort *viele* verschiedene Missionsfelder gibt. Und dieses Phänomen trifft besonders auf junge Leute zu. Die Welt der MTV-Generation und Babybuster splittert in immer mehr Subkulturen auf als je zuvor.

Mein Vater, der sein Leben lang Pastor war, fragte mich nach der sich verändernden Dynamik dieser Welt. »David, sind denn keine Beziehungen mehr mit den jungen Leuten möglich? Ich meine, können wir uns nicht mit den jungen Leuten anfreunden, die du erforschst? Wird sie das nicht geistlich beeinflussen?«

»Nun, ja, Beziehungen sind wichtig, um Einfluss auf die Babybuster und die MTV-Generation zu nehmen«, erklärte ich. »Aber es ist nicht so einfach, wie du glaubst. Du kannst dich mit den jungen Leuten nicht einfach ›anfreunden‹, und peng, sie vertrauen dir. Du müsstest dich verpflichten, Teil ihres Lebens zu werden, zu verstehen, was sie antreibt und wie sie denken«, fuhr ich fort.

»Es wäre wirklich ungefähr so, als müsstest du deine Stelle aufgeben und nach Übersee gehen, um als Missionar zu arbeiten. Du tauchst ganz in den Lebensstil, die Entscheidungen, Beziehungen und Wahlmöglichkeiten einer einzigartigen Menschengruppe ein. Nach dem Kulturschock musst du in ihren ›Stamm‹ aufgenommen werden. Das ist eine komplizierte, fremde Welt, wo selbst die besten Absichten womöglich nicht ausreichen.«[43]

Ich hoffe, Sie werden die Schlussfolgerung ziehen, dass solch eine zersplitterte Welt unterschiedliche Formen des Engagements braucht. Gott hat jedem von uns eine bestimmte Rolle zugeteilt, wie wir Jesus zu den Menschen und an die Orte in unserer Umgebung bringen. Das Christentum wird seinen Ruf des Abgeschottetseins verlieren, wenn Christusnachfolger engagiert, sachkundig und auf dem neuesten Stand sind und so eine durchdachte Antwort auf die Probleme anbieten, mit denen die Menschen konfrontiert sind.

Im letzten Teil dieses Kapitels möchte ich Menschen an zwei Enden dieses Spektrums beschreiben, die unser Engagement brauchen: die intellektuellen Eliten und die übersehenen Menschen in unserer Gesellschaft. Was ich schildern werde, sind *einige* Beispiele aus den verschiedenen Subkulturen und Möglichkeiten, wie einige junge Christen diese Gelegenheiten sich einzubringen nutzen.

INTELLEKTUELLE

Es mag Sie nicht überraschen, doch die Sichtweise, dass Christen abgeschottet sind, tritt besonders deutlich in der Subkultur der Intellektuellen und Einflussreichen hervor. Unsere Recherchen zeigen, dass bessergestellte Andersdenkende – diejenigen mit gehobener Bildung und finanziellem Hintergrund – sehr viel eher als der Durchschnitt ihren Widerstand und ihre Skepsis dem Christentum gegenüber äußern.[44] Das Image des Abgeschottetseins – dass Christen ignorant und ungebildet sind – findet man am häufigsten unter jungen Intellektuellen. Sie beschreiben öfter als der Durchschnitt das Christentum als verurteilend, altmodisch, realitätsfern und unsensibel anderen gegenüber. Zudem glauben sie seltener, dass das Christentum freundlich ist, anderen immer liebevoll begegnet, Hoffnung für die Zukunft bietet, maßgeblich für ihr Leben und vertrauenswürdig ist. In anderen Studien unserer Firma, die mehrere Generationen umfassten, sind wir zu der gleichen Schlussfolgerung gelangt: Bessergestellte Andersdenkende, unabhängig von ihrem Lebensalter, haben die negativsten Ansichten über das Christentum.

In unserer Gesellschaft sind es am ehesten die bessergestellten Erwachsenen, die auf den Gebieten der Wirtschaft, Politik, Bildung, Kunst, Unterhaltung, Naturwissenschaften und Medien Führungspositionen einnehmen. Christen, die in diesen Bereichen arbeiten oder arbeiten wollen, müssen oft gegen das Vorurteil ankämpfen, dass Christen ungebildet und abgeschottet sind. Wenn sich herausstellt, dass sie Christen sind, sehen sie sich auf ihrem Fachgebiet mit einer Glaubwürdigkeitskrise konfrontiert.

Wie ich bereits in anderen Teilen dieses Buches betont habe, sind es nicht nur die Andersdenkenden, die Christen so empfinden. Viele junge Insider versuchen ebenfalls, gegen die realitätsfernen Perspektiven im Christentum anzugehen. Eines unserer Interviews führten wir mit Ann, einer 30-jährigen Kalifornierin. Sie hatte ihre berufliche Laufbahn bei einer bekannten Organisation für Studentenmission begonnen. Allerdings ist sie jetzt, nach ihrer Scheidung, nachdem ihre christlichen Freunde den Kontakt abgebrochen haben und sie an eine neue Arbeitsstelle gewechselt ist, besonders frustriert über deren Mentalität sich abzuschotten.

»Bei meiner Berufswahl – ich arbeite in der Geologie und Umweltforschung – wurde ich wiederholt von Christen kritisiert, weil ich einen säkularen Beruf gewählt hatte, statt in einen christlichen Dienst zu gehen. Ich habe das Gefühl, dass ich Gott wirklich diene, indem ich dafür arbeite, seine Schöpfung zu bewahren und zu pflegen. Stattdessen kritisieren mich konservative Christen dafür, dass ich mich mit Geologie beschäftige, weil es auf diesem Gebiet verwerfliche Bezüge zum ›Langzeitkreationismus‹ und zu ›evolutionistischen‹ Ansichten gibt. Ich kann gar nicht mehr zählen, wie oft Christen mich heftig dafür kritisiert haben, dass ich diesen Beruf gewählt habe.«

Ann ist ein Beispiel für einen neuen Impuls innerhalb der christlichen Gemeinschaft von Amerika. Statt sich von den Einflusskanälen *fernzuhalten*, unternehmen viele Christen Schritte, sich gerade auf diesen Gebieten *einzubringen*. Ihnen ist bewusst, dass der abgeschottete Glaube den Intellektuellen und Kulturprägenden jedes Bezugssystem genommen hat, wie ein gottesfürchtiger, respektvoller und beruflich kompetenter Christ aussieht. Diese Christen möchten sich um skeptische Führungspersönlichkeiten innerhalb dieser Einflusskanäle bemühen. Wie der Prophet Daniel möchten sie vorbereitet sein. Bei *Barna* nehmen wir an, dass wir diese Führungspersönlichkeiten in der Zukunft noch eingehender studieren werden. Im Folgenden möchte ich aber einige erste Einblicke in ihr Leben und ihre Perspektiven präsentieren, die wir gewonnen haben:

- Diese jungen christlichen Führungspersönlichkeiten wissen, dass sie ihr Handwerk ausgezeichnet beherrschen müssen. Ihre Glaubwürdigkeit als Christen hängt von ihrer Fähigkeit ab, hervorragende Arbeit zu leisten.
- Häufig findet sich in dieser Mentalität auch das Streben nach einer erstklassigen Ausbildung (siehe auch Michael Lindsays Beitrag am Ende dieses Kapitels). Zudem bemühen sich viele junge christliche Führungspersönlichkeiten um tief gehende Beziehungen zu Mentoren und andere Formen der Persönlichkeitsentwicklung. Unsere Studie legt den Schluss nahe, dass ihr Erfolg weniger daher rührt, dass sie einer Formel aus Bildung und Karriereförderung folgen, sondern aus harter Arbeit, einer angemessenen Einstellung und dem Wunsch nach fortgesetztem Wachstum entspringt.
- Diese jungen Führungspersönlichkeiten bezeichnen ihren Glauben als treibende Kraft in ihrem Leben. Und oft heißt das, dass sie so fest in ihrem Glauben stehen, dass sie diesen nicht immer wieder mit mechanischen Floskeln darlegen müssen. Manchmal erkennen sie, dass sie ihre Taten zu ihren

Kollegen sprechen lassen müssen, nicht ihre Zugehörigkeit zu dem als unchristlich etikettierten Glauben, weil die Menschen an ihrem Arbeitsplatz tief sitzende Vorbehalte gegen das Christentum hegen. Und doch behalten diese jungen Gläubigen, die in die Reihen einiger der höchsten Ämter einfallen, ein klares Verständnis ihrer Überzeugungen. Sie sind nicht überempfindlich und sie sind kompromisslos.

- Die jungen Führungspersönlichkeiten, die wir studiert haben, haben einen gesunden Respekt vor ihren Altersgenossen und den Unterschieden in Meinung und Lebensstil, für die diese Leute stehen. Die jungen christlichen Führungspersönlichkeiten genießen die Gelegenheit, kreativ und sensibel die unchristlichen Vorurteile zu durchbrechen, die ihre Altersgenossen haben.

- Die Motivation dieser jungen Führungspersönlichkeiten ist es, in den Bereichen, in denen sie arbeiten, eher zu retten als zu verurteilen. Ihnen ist klar, dass kritisieren zwar einfach ist, dass es aber sehr viel produktiver ist, sinnvolle Verbesserungsvorschläge für ihre Firma oder Institution vorzuleben. In den Firmen und kulturprägenden Institutionen heutzutage wecken erfolgreiche Initiativen Aufmerksamkeit und schaffen weitere Chancen.

DIE ÜBERSEHENEN

Auf der anderen Seite des Spektrums, den Intellektuellen und Einflussreichen entgegengesetzt, befinden sich die Menschen, die die Gesellschaft übersieht. Wir sind auf bemerkenswerte Geschichten gestoßen, wie Christusnachfolger Menschen nachgehen, die Gott liebt, trotz ihres Status. Dies sind wichtige Beispiele dafür, wie Christen das Image des Abgeschottetseins abschütteln.

Einzelgänger

Menschen, die beziehungsmäßig oder emotional isoliert sind – manche nennen sie Ausgestoßene oder Einzelgänger – haben es schwer, sich anzupassen, selbst in der christlichen Gemeinschaft. Sie haben erhebliche geistliche und beziehungsmäßige Bedürfnisse und sind oft offen für Hilfe, aber sie sind nicht immer leicht zu lieben. Manchmal haben sie persönliche Bedürfnisse oder Angewohnheiten oder ein Erscheinungsbild, durch welche sie einen »Ruf« weg haben. Trotz der klaren Lehre der Bibel, die uns ermahnt, diese Art Menschen zu lieben, zeigen mehrere unserer Studien, dass es der Kirche schwerfällt, tief gehende Verbindungen zu Einzelgängern aufzubauen.

Stephen, ein 17-Jähriger aus New Hampshire, zeichnet in einer unserer Umfragen ein herzzerreißendes Bild von seinem Leben: »Was ist Gott? Einfach ausgedrückt ist Gott eine Erfindung unserer Fantasie, geboren aus der traurigen Tatsache, dass wir nichts anderes haben, an das wir glauben könnten. Ich lebe allein. Ich bin allein. Ich werde immer allein sein. Warum also sollte ich mir etwas von einem Gott vorlügen, der mich ein Leben führen lässt, in dem die einzigen Menschen, die mir wichtig sind, mich wie Sch--- behandeln? Jeden Tag will ich sterben, das ist mein einziger Wunsch. Ich bete deswegen zu Gott, klar, doch nur, weil ich etwas von ihm brauche. Jeden Tag muss ich wieder erkennen, dass mein Leben nichts ist. Ich gebe auf.«

Zerreißt Sie das innerlich? Finden Sie seine Gedanken über Gott anstößig? Oder sehen Sie sie als das, was sie wirklich sind: ein Ausdruck seines tiefen Schmerzes? Was wäre nötig, um ihm zu helfen, um ihn vom Selbstmord abzuhalten, um wirklich sein Potenzial, ein Nachfolger von Christus zu werden, zu sehen und zu entwickeln? Sicher mehr als nur ein paar nette Gespräche. Es wäre ein ernsthaftes, tief greifendes Engagement über viele Monate hinweg notwendig, um seine Depressionen und sein Leid zu bewältigen.

Selbstverletzer

Obwohl die Gründe kompliziert sind, kann eine der Ausdrucksformen von Einsamkeit Selbstverletzung sein. Als Selbstverletzung bezeichnet man, wenn ein Mensch seinem eigenen Körper absichtlich Schäden zufügt.

Jamie Tworowski ist ein Christ, der sich um die Nöte von Selbstverletzern kümmert. Auf seiner Internetseite beschreibt er, wie er Renee kennenlernte, eine 19 Jahre alte Frau, deren tiefe Not sein Herz für Andersdenkende öffnete. »Sie nimmt eine Rasierklinge vom Tisch und schließt sich im Badezimmer ein. Sie schneidet sich selbst mit der Rasierklinge, ritzt die Worte ›Alles Sch---‹ in ihren linken Unterarm ein. Die Schwester im Drogenzentrum findet die Wunde einige Stunden später. Das Zentrum hat keine Entzugsstation. Man sagt, dass sie ein zu großes Risiko darstellt, und nimmt sie nicht auf. Die nächsten fünf Tage lang dürfen wir sie lieben. Wir werden ihr Krankenhaus, und die Möglichkeit der Heilung erfüllt unser Wohnzimmer mit Leben. Es bleibt unausgesprochen, und wir sind nur wenige, doch wir werden ihre Gemeinde sein, der Leib Christi, der lebendig wird, um ihre Bedürfnisse zu stillen, um Liebe auf ihre Arme zu schreiben.«

Renee war Jamies Fenster zu den Nöten von »Ritzern« und Selbstverletzern. Heute heißt seine Arbeit TWLOHA (»to write love on her arms« – »um Liebe auf ihre Arme zu schreiben«). Diese Organisation schärft das Bewusstsein für das Problem und bringt Leidende in qualifizierte Behandlung.[45]

Jamie schreibt darüber, wie er Renee dabei unterstützte, endlich in ein Rehabilitationszentrum zu kommen, das ihr helfen kann: »Sie gibt mir ihre letzte Rasierklinge, sagt mir, das sei die, mit der sie sich immer in den Arm geschnitten und ihre letzten Kokain-Lines vorbereitet hat. Plötzlich frage ich mich, ob Jesus auch dieses Wahnsinnsgefühl hat, wenn wir ihm unsere zerbrochenen Herzen ausliefern. Wenn wir den Tod gegen das Leben eintauschen. Wir sollen nur lieben. Den vielen Hoffnungslosen Hoffnung anbieten. Wir können uns das Ende nicht immer aussuchen. Doch wir sollen Retter spielen. Wir werden nicht alle Geheimnisse lüften, und ganz sicher wird uns in solch einem verletzlichen Leben das Herz brechen. Doch es ist der beste Weg. Wir wurden geschaffen, um Liebende zu sein. Mutig an zerstörten Orten. Uns immer und immer wieder zu verschenken, bis wir nach Hause gerufen werden.«

Vaterlose

In Anbetracht der Statistiken, die ich weiter oben erwähnt habe, ist es keine Übertreibung zu sagen, dass die Babybuster und MTV-Generation vaterlose Generationen sind. Wenn Christen von einem himmlischen Vater sprechen, der uns liebt und für uns sorgt, ist das für viele – wenn nicht für die meisten – Vertreter der MTV-Generation und Babybuster eine fremde Vorstellung. Wenn man nicht ohne Vater aufgewachsen ist, kann man sich nur schwer die Erfahrungen dieser Menschen vorstellen. Unsere Studien untermauern nur immer wieder diese Realität: Bemühungen, Menschen mit Gott bekannt zu machen, werden häufig durch den negativen Einfluss von abwesenden, gewalttätigen oder gleichgültigen Eltern zunichtegemacht.

Meine Freunde Jennifer und Dano bieten den Bewohnern ihrer schwierigen Nachbarschaft in Seattle einen winzigen Blick auf die Rettung an. Nachdem sie sich den Respekt der Nachbarn und jungen Leute verdient hatten, begannen sie, jede Woche eine Grillparty für Jugendliche zu veranstalten. Sie öffneten ihr Haus und Leben für verbindungslose Menschen. Das war nicht immer leicht. Jennifer wurde die Brieftasche gestohlen und Dano musste die Polizei rufen, wenn Gangstreitigkeiten oder ethnische Spannungen auf ihrem Grundstück außer Kontrolle gerieten. Doch sie haben durch ihre Treue Bemerkenswertes entdeckt. Jenn schrieb mir einige ihrer Einsichten in einer E-Mail: »Ich habe gelernt, dass Kinder Beständigkeit wollen. Sie sind einsam und vertrauen dir nicht, besonders wenn du weiß bist und sie nicht. Dano und ich spüren eine riesige Verantwortung dafür, wie die Kinder uns miteinander und mit unserer Tochter umgehen sehen. Viele haben keine Eltern, die sich emotional oder mit angemessenem Körperkontakt auf sie einlassen, also ist es für viele etwas Neues zu sehen, wie wir einander unsere Liebe zeigen und unsere Tochter disziplinieren und respektieren.

Ich weiß auch, dass meine Tochter viel darüber lernt, alle Menschen mit Respekt zu behandeln, sei es ein Obdachloser oder ein Geschäftsführer. Die Angst, die unter uns Christen herrscht, lässt uns an vielen vorbeigehen, denen Jesus diente.

Ich hätte nie gedacht, dass wir fünf Jahre lang hier wohnen würden. Doch jetzt könnte ich mir vorstellen, dass wir noch viel länger bleiben. Wenn du an einem Ort bleibst, baust du Vertrauen bei anderen auf. Wenn du dich mit denen anfreundest, die anders sind als du selbst, nicht nur ethnisch, sondern auch sozial und wirtschaftlich, wirst du demütig und deine Vorurteile zerbrechen. Und in unserem Fall konnten wir beobachten, wie Gott sich denen offenbart hat, die nicht gut gebildet oder wohlhabend sind, und das hat unseren Glauben aufleben lassen.«

Es gibt noch andere Subkulturen und Herausforderungen, denen MTV-Generation und Babybuster gegenüberstehen. Wenn wir uns in diese Generation einbringen wollen, müssen wir unseren abgeschotteten Lebensstil und Blickwinkel beiseiteschieben und ihnen helfen, mit dem Leben klarzukommen, so wie es ist. Ohne in unserem Streben nach Reinheit und Integrität nachzulassen, müssen wir aus unserem Kokon herauskommen und auf die Nöte und Geständnisse einer Generation eingehen, die unsere Hilfe braucht.

Oder vielleicht können Sie einfach kochen, wie meine Freundin Lauren.

Sie wohnt in Colorado Springs und arbeitet für eine christliche Organisation. Letzte Woche am Telefon beschrieb die 24-Jährige, wie die christliche Seifenblase – ihre Freunde, ihre Arbeit, ihre Gemeinde – sie verschlingt. Also arbeitet sie an mehreren Abenden pro Woche für einen örtlichen Import-Einzelhändler und verkauft Einrichtungsgegenstände und Kerzen. »Zuerst, als ich meinen Kollegen von meinem Glauben erzählte, wussten sie nicht, was sie von mir halten sollten. Doch jetzt, glaube ich, vertrauen sie mir. Sie wissen, dass ich sie respektiere, aber wir führen oft lebhafte Diskussionen. Es ist toll, dass ich meinen Horizont erweitern kann, und ich erweitere hoffentlich auch ihren. Viele von ihnen kommen jede Woche zum Essen zu mir.«

»Was?«

»Tja, ich koche gern«, sagte Lauren, »und alle im Geschäft wissen, dass sie zu mir eingeladen sind. Und viele von ihnen tauchen auch auf.«

»Dein Essen muss ja fantastisch sein.«

»Es ist nicht schlecht. Aber weißt du, was das Beste daran ist? Meistens kommt mein buddhistischer Bekannter aus dem Geschäft, und er hängt mit meinem christlichen Bekannten rum. Ich finde das einfach cool.«

Das ist es auch, denn von uns Christusnachfolgern soll keiner – nicht Jamie, nicht Jenn und auch nicht Lauren – sich von den Generationen distanzieren, die Jesus brauchen. Vielleicht sind Sie kein Meisterkoch, aber was könnten Sie tun, um den abgeschotteten Glauben abzuschütteln?

DIE SICHTWEISE VERÄNDERN

REDEN SIE MIT DEN LEUTEN

An manchen Tagen fühle ich mich so angesagt und trendig wie eine gelbe Bananenhaarspange. Dass ich in Alaska wohne, ist nicht besonders hilfreich. Man kann das Gefühl der Entfernung leicht als Isolation deuten. Doch Jesus nachzufolgen erfordert nicht nur ein Bewusstsein für unsere Umgebung, sondern für unsere ganze Welt. Wie also bleibt man in Verbindung, wenn man buchstäblich über tausend Kilometer entfernt wohnt?

Beziehungen. Reden Sie mit den Leuten. Mit allen und jedem. Stellen Sie Fragen. Viele Fragen. Hören Sie genau auf die Antworten. Öffnen Sie Ihr Leben für Fremde, Besucher und Freunde von Freunden. Schalten Sie den Fernseher an, surfen Sie im Internet. Sie müssen nicht auf dem Sofa oder vor dem Computerbildschirm kleben bleiben, um Ihre Umgebung wahrzunehmen. Ach ja, und abonnieren Sie den *Spiegel*.

Dann machen Sie die Augen auf und erkennen Sie die eisige Wahrheit, dass Sie zum Plan gehören. Sie nehmen eine Rolle in dieser Generation ein: Sie sollen den Stafettenstab des Glaubens nicht nur in Empfang nehmen, sondern ihn auch an die nächste Generation weitergeben. Sie spielen eine Rolle bei der Bewahrung der Schöpfung, beim Schutz für die Armen, bei der Verteidigung der Unterdrückten. Wir brauchen Sie. Besonders nötig haben wir es, dass Sie aufmerksam sind, lernen, wachsen – geistlich, in ihren

Beziehungen, kulturell. Denn ohne Sie können wir es nicht schaffen.

Margaret Feinberg
Autorin und Referentin

TÄTIG WERDEN

Acht von zehn Studenten besuchen unsere Gemeinde in ihren Teenagerjahren. Doch die meisten von ihnen machen irgendwann bald nach dem Führerschein einen dauerhaften Abstecher aus dem aktiven Glauben. Sie haben richtig gehört: Nur zwei von zehn dieser gefeierten Teenagerbekehrten folgen auch zwischen der Teenagerzeit und ihrem 30. Geburtstag weiterhin dem christlichen Glauben und Leben.

Die überwältigende Mehrheit läuft zur anderen Seite über: Sie erklären das Christentum für langweilig, bedeutungslos und »weitab vom Schuss«.

Wir haben zu lange versucht, ihren Verstand auszubilden, statt ihr Leben einzubinden. Je mehr wir versuchen, die Art und Weise unserer Gemeindearbeit zu verändern, damit diese Generation zu uns kommt, desto mehr scheinen sie uns fernzubleiben.

Obwohl wir vieles versucht haben, um die Kirche nicht langweilig erscheinen zu lassen, tragen unsere besten Bemühungen nur wenig dazu bei, das Image der Kirche zu verbessern.

Manche von uns sind davon überzeugt, dass das System grundlegend mangelhaft ist, weil wir nicht wissen, was unser Ziel ist. Wir vermarkten unsere Programme kreativ, entwerfen innovative und verwertbare Produktionen und organisieren Veranstaltungen, die die Fantasie der Schüler ansprechen, sodass wir sie in die Kirche bekommen. Was, wenn es nicht unser Ziel sein sollte, sie *in* die Kirche zu bekommen? Was, wenn die gleiche Energie eingesetzt werden könnte, um sie dazu zu mobilisieren, die Kirche zu *sein*?

Wir haben ein schmales Zeitfenster in der Teenagerzeit entdeckt, in dem die Schüler etwas erleben müssen, das über die Gemeinde als Zuschauersport hinausgeht. Wenn ein junger Mensch nicht durch praktische, persönliche Gemeindemitarbeit herausgefordert wird, wird sein Glaube sehr wahrscheinlich abgelenkt und sogar zerstört. Für manche ist dieses praktische Erlebnis ein Missionsprojekt in Übersee. Für andere ist es ein Part in der Familienarbeit oder ein Platz an der Kelle in der Suppenküche.

Schüler in der Übergangszeit zwischen Teenagerleben und College und dem Leben nach dem College möchten ausprobieren, was sie erlernt haben. Sie möchten nicht erst üben, bessere Gemeindemitglieder zu sein, wenn sie erwachsen sind. Sie wollen jetzt damit anfangen. Wir alle wissen, dass unser Glaube wächst, wenn er herausgefordert ist, etwas zu *tun*.

Reggie Joiner
Gründer von *ReThink*

GLAUBEN UND HANDELN VERBINDEN

Ich schaue der Zukunft der christlichen Arbeit hoffnungsvoll entgegen, weil ich glaube, dass Christen mehr als je zuvor Glauben und Handeln miteinander verbinden. Ich habe ein Buch mit dem Titel *What Have You Done for Me Lately? (Was hast du in letzter Zeit für mich getan?)* gelesen, das die Geschichte des christlichen Beitrags zur Kultur dokumentiert. Jeder, der ernsthaft in der Geschichte forscht, wird sagen müssen, dass das Christentum und seine Fundamente in den meisten Fällen der Kraftstoff im Motor von gesellschaftlichen Umbrüchen war.

Doch obwohl historisch betrachtet Christen an vorderster Front solcher Bewegungen standen, glaube ich, dass man heutzutage mehr als je zuvor begreift, dass es um Glauben *und* Werke geht. Ich kann dir durch mein Handeln meinen Glauben zeigen. Es ist die Verbindung dieser beiden Dinge, die eine erstaunliche Kraft hervorbringt.

Unsere Organisation *Passion* veranstaltete kürzlich in Atlanta ein weltweites Treffen von mehr als 23 000 Collegestudenten, die sich als Christen betrachten. Statt eine typische christliche Konsumier-Konferenz mit großen Rednern und Musik abzuhalten, machten wir die Kampagne »Tu etwas – jetzt!« zum Herzstück dieser vier Tage. Wir legten acht weltweite Projekte vor und sagten zu den

Studenten: »Wir glauben, dass ihr das Geld in der Tasche habt, um die Welt zu verändern.«

Und tatsächlich, sie reagierten.

Die Spenden und Spendenzusagen dieser armen Collegestudenten beliefen sich auf über eine Million Dollar, um 52 Brunnen in Afrika zu bauen, Übersetzungen des Neuen Testaments für sechs Völkergruppen in Indonesien zu ermöglichen und gegen die Sextourismus-Industrie anzukämpfen.

Für mich hat sich in dieser Generation eindeutig etwas Bedeutendes völlig verschoben. Ich glaube, dass es Gottes große Güte ist, die unsere Herzen dazu bewegt, der Welt seine große Güte zu zeigen. Vor diesem Hintergrund sind es nicht die Studenten bei *Passion*, die gut aussehen. Auch nicht diese Generation sieht wie eine praktische, engagierte, tatkräftige Generation aus. Gott sieht gut aus. Und Gott sieht wie ein praktischer, engagierter, tatkräftiger Gott aus. Ich glaube, genau das will diese Generation – einen Gottesdienst, der auf Taten beruht. Es ist nichts falsch daran, zu einem Song von David Crowder herumzuspringen und Gott zu sagen, dass er groß ist – das ist Anbetung. Aber es ist auch Anbetung, das Richtige zu tun und anderen, die in Not sind, etwas abzugeben. Das sind die Dinge, die Gott glücklich machen. Dies ist eine Generation, die Gott glücklich machen will. Sie zeigen das, indem sie tätig werden, um auch noch den letzten Menschen auf dieser Welt zu erreichen.

Louie Giglio
Gründer von *Passion*

DAS REICH GOTTES WIEDERENTDECKEN

Es ärgert mich wirklich, dass Christen als langweilig wahrgenommen werden. Andere Sichtweisen vergehen vielleicht, aber nicht der Gedanke, dass das Christentum langweilig ist. Es sei denn, wir arbeiten intensiv daran, das wahre, robuste Wesen des Evangeliums zurückzubringen. Wir haben das Christentum erfolgreich abgekühlt. Wir sind lauwarm, und Gott sagt, dass er uns ausspucken wird. Die heutigen Formen von christlichem Engagement sind zu armseligen Ersatzmitteln für das Original geworden. Darum existiert diese Auffassung.

Das Aufregende am Christentum wird nicht durch »fröhliche Musik« zurückkehren. Es wird zurückkehren, wenn wir anfangen, die Leidenschaft und Energie der biblischen Geschichte zu verstehen, worum es beim Reich Gottes geht. Beim Reich Gottes geht es darum, den Leidenden und Armen zu helfen. Das ist die Botschaft von Jesus in Lukas 4,18, wo er in der Synagoge die Schriftrolle nimmt und davon vorliest, die Gefangenen zu befreien. Damals war das eine unglaubliche Botschaft, für die ihn die Menschen zu töten versuchten.

Das Christentum ist die aufregendste Geschichte, die je erzählt wurde. Sie muss erzählt werden. Nicht auf die Art und Weise, wie wir sie normalerweise auf Kindergartenniveau abspulen, sondern so, wie sie ist.

Unglücklicherweise denke ich, dass die jungen Leute einen gerechtfertigten Einwand vorbringen, wenn sie sagen, dass sie langweilig ist: die verwässerte Version des Christentums, die sie erlebt haben. Das ist etwas, das wir überwinden müssen.

Chuck Colson
Gründer von *Prison Fellowship Ministries*

KAFFEEHAUS STATT GEMEINDEHAUSES

Ich ging mit der herkömmlichen Denkweise an die Gemeindegründung: Versammelt euch in gemieteten Räumen, bis ihr ein Gemeindehaus kaufen oder bauen könnt. Dann positionierte Gott die *National Community Church* strategisch mitten auf dem Marktplatz. Die NCC hatte ihre Anfänge in einem Kino an der Union Station. Union Station ist nicht nur das meistbesuchte Ziel in der Hauptstadt unserer Nation. Ungefähr 25 Millionen Menschen passieren sie jährlich. Union Station hat auch 125 Geschäfte, einen Restaurantbereich, einen Bahnhof und ein Kino.

In der Anfangszeit fragten mich wohlmeinende Pastorenfreunde immer, wann die NCC endlich eine »Gemeinde« werden würde. Als ob eine Gemeinde ohne Gemeindehaus keine rechtmäßige Gemeinde ist. Ein Teil von mir wollte sagen: »Hast du unsere Gemeinde gesehen?« Schließlich haben nicht allzu viele Gemeinden ihr eigenes U-Bahn-System oder einen Restaurantbereich. Warum ein Gemeindehaus bauen, wenn man sich an der Union Station versammeln kann?

Als die NCC anfing, kirchenferne und entkirchlichte junge Erwachsene in Washington D.C. zu erreichen, gab es einen Augenblick, in dem mir klar wurde, dass wir, selbst wenn wir ein Gemeindehaus kaufen oder bauen könnten, unmöglich eine so strategisch günstig gelegene geistliche Ausgangsposition aufgeben konnten. Und die Gemeindearbeit mitten auf dem Markt wurde zu einem Teil unserer geistlichen DNA. Unsere Vision ist es, uns in allen Kinos an U-Bahn-Stationen im ganzen Gebiet von Washington zu versammeln. Die NCC ist auch Eigentümerin und Betreiberin des größten Kaffeehauses auf dem Capitol Hill. *Ebenezers* eröffnete am nationalen Kaffeetag – dem 15. März 2006. 2007 wurde es vom *AOL City Guide* zum zweitbesten Kaffeehaus im Stadtgebiet von Washington D.C. gekürt.

Warum also haben wir ein Kaffeehaus statt eines Gemeindehauses gebaut? Weil Jesus sich nicht lange in den Synagogen aufgehalten hat. Er hat sich an Brunnen aufgehalten. Brunnen waren nicht nur Orte zum Wasserschöpfen. Sie waren in der antiken Kultur natürliche Versammlungsplätze. Kaffeehäuser sind postmoderne Brunnen. Um einmal den soziologischen Begriff zu entlehnen, ist unser Kaffeehaus ein *dritter Ort*, wo sich die Wege von Kirche und Gesellschaft kreuzen können.

Abgesehen davon, dass wir tagein, tagaus Kaffee servieren, fungiert die Ladenfläche von *Ebenezers* auch als Gottesdienstraum für zwei Samstagabendgottesdienste. Die meisten Besucher sind Nachbarn und Kunden.

Zu viele Gemeinden erwarten, dass kirchenferne Menschen zu ihnen kommen. Aber die Gemeinde ist dazu berufen, zu kirchenfernen Menschen hinzugehen. Die Gemeinde ist dazu berufen, mitten auf dem Marktplatz für das Reich Gottes zu werben.

Mark Batterson
Pastor der *National Community Church*

EIN MITFÜHLENDES HERZ

Ich bin in einem hübschen Vorort von Sacramento, Kalifornien, aufgewachsen. Dieser war ausgesprochen abgeschottet vom Schmerz und der Brutalität der Welt. Die Christen, die in einer unrealistischen Seifenblase abgeschottet sind, tun mir sehr leid, weil ich auch dort gelebt habe, und gelegentlich flüchte ich wieder dorthin. Doch ich habe festgestellt, dass die wahre Kraft und Freude und Güte und Wahrheit Gottes in dieser Seifenblase nicht zu finden ist.

Wenn Andersdenkende Christen als »abgeschottet« empfinden, sagen sie damit im Grunde, dass Christen nicht in der wirklichen Welt leben. Die nächste Generation hat mit Christen zu kämpfen, die über die Probleme sprechen, mit denen die Welt konfrontiert ist, aber nichts gegen sie unternehmen. Wenn wir authentisch wären, würden wir lieber unseren Glauben an die schlimmen Orte dieser Welt tragen, als zu versuchen, einen sicheren Schutzraum weitab von ihnen aufzubauen.

Ein Herz und das nötige Mitgefühl, sich an den üblen Plätzen dieser Welt zu engagieren, ist weder selbstverständlich noch leicht. In meinem Leben waren es schrittweise Ereignisse, die mir geholfen haben, ein mitfühlendes Herz zu entwickeln. Freunde zeigten mir, wie das Leben von Obdachlosen aussieht, und luden mich nach Südafrika ein, um mir zu zeigen, wie die Apartheid Mitte der 1980er-Jahre war. Im Rückblick erkenne ich, dass diese Schritte zu einem größeren Augenblick führten. Im Jahr 1994 arbeitete ich für das Justizministerium der Vereinigten Staaten und wurde als Leiter der Ermittlungen zum Völkermord in Ruanda nach Afrika entsandt. Es war ein enormes Ereignis in meinem Leben, dem wahren Massaker des Völkermordes von Angesicht zu Angesicht zu begegnen. Dem endgültigen, aggressiven Bösen, das versucht, ein ganzes Volk auszulöschen. Ohne die schrittweise Vorbereitung für mein Herz hätte ich mich mit dieser Art Leid nie beschäftigen können. Es war ein Prozess.

Der Anfang besteht in der Absichtserklärung eines mitfühlenden Herzens, das bereit ist, leidenden Menschen zur Seite zu stehen. Mitgefühl oder besser Mitleid ist genau das: Mit-Leiden. In der Bibel heißt es, dass es, wenn wir Christus nachfolgen, Leid geben wird, weil wir in einer gefallenen Welt leben. Wenn wir losgehen, die Wahrheit sagen und Menschen in Not helfen, werden wir ein gewisses Maß an Leiden erleben … Und dort ist Gott zu finden.

Ich glaube, dass die Welt bei Christen genau danach sucht. Ich glaube, Andersdenkende finden es unerklärlich, wenn sie Christen sehen, die den Mut haben, an wirklich brutale und abscheuliche Orte zu gehen, weil die Angst so real ist. Denken Sie einmal über das Vorbild von Jesus nach. Er hatte keine Angst, auf eine Erde zu kommen, die voller Gewalt war. Er verließ einen himmlischen Ort und kam in den Dreck der Erde, um das Leben mit normalen, durchschnittlichen und leidenden Menschen zu teilen.

Für mich also war das Leben genau so. Es war diese schrittweise Reise hinaus aus der Abschottung, wo Gott nicht zu erleben war, weil er nicht gebraucht wurde. Dorthin, wo Menschen Not leiden und dazu, die greifbare Liebe Gottes zu vermitteln.

Gehen Sie den ersten Schritt: Wer leidet in Ihrer Familie, Nachbarschaft oder Schule? Stehen Sie ihnen bei und dehnen Sie dann den Kreis Ihres Mitgefühls auf Ihre Stadt, das Land und dann die ganze Welt aus. Ich glaube, dass Gott unglaubliche Freude und Leidenschaft über uns und diejenigen, denen wir beistehen, ausgießt, wenn wir den Umständen außerhalb unserer Abschottung näher kommen.

Gary Haugen
Gründer von *International Justice Mission*

CHRISTEN ALS KLASSENBESTE

Die meisten Amerikaner nehmen an, dass kluge Leute selten fromm sind und fromme Christen selten akademische Höhen erklimmen. Obwohl es sicherlich Gründe für diese Sichtweise gibt, müssen wir daran denken, dass in der ganzen Kirchengeschichte Gelehrsamkeit und Frömmigkeit eng miteinander verbunden waren. Praktisch jede Universität in der *Ivy League (Verband von acht renommierten Universitäten und Colleges im Nordosten der USA)* wurde gegründet, um der Kirche zu dienen. Für den größten Teil ihrer Geschichte waren diese Institutionen Orte, an denen Glaube und Wissen einander unterstützten. In Wahrheit war der christliche Anti-Intellektualismus eine Normabweichung des 20. Jahrhunderts. Er gehörte fast nie zur Vergangenheit der Kirche, und die heutigen Entwicklungen legen nahe, dass er nicht zur Zukunft der Kirche gehören wird.

Reverend Peter Gomes, der in den letzten 40 Jahren in Harvard unterrichtete, sagt: »Es gibt heute auf dem Campus von Harvard wahrscheinlich mehr Evangelikale als zu irgendeiner anderen Zeit seit dem 17. Jahrhundert.« Tatsächlich gedeihen christliche Gruppen an Colleges überall im Land, darunter an einigen der erstrangigen Universitäten unseres Landes. Allein in Princeton engagieren sich an die zehn Prozent der Studentenschaft regelmäßig in einer oder mehreren christlichen Gruppen auf dem Campus. Die Anzahl von Studenten, die *Campus für Christus* in Harvard angeschlossen sind, hat sich in den letzten zwei Jahrzehnten verfünffacht. Ähnliche Entwicklungen sind in Stanford, Duke und Yale zu beobachten.

Die Studentenzahlen an christlichen Colleges und Universitäten sind seit 1990 um 60 Prozent gestiegen. Während die generelle Zahl von Collegestudenten sich kaum geändert hat. Der Anteil von Evangelikalen, die mindestens einen Studienabschluss machen, ist um 133 Prozent gestiegen. Das ist viel mehr als in jeder anderen religiösen Tradition. Tatsächlich ist der Anstieg von Evangelikalen an den Eliteuniversitäten von Amerika eine der beachtlichsten Entwicklungen in der höheren Bildung in den letzten 30 Jahren. Da einige höchst wählerische Universitäten sich bemüht haben, ihre Studentenschaft in Bezug auf ethnische Herkunft und Geschlecht vielfältiger zu gestalten, haben sie unabsichtlich auch die religiöse Zusammensetzung ihrer Studentenschaft verändert. Wie Gomes sagte: »Viele weiße, protestantische evangelikale Christen aus dem Mittleren Westen, die für Harvard in der Vergangenheit niemals infrage gekommen wären, wurden plötzlich Universitätsmitglieder.«

Es sind nicht nur die Studenten, die ihren Glauben im Geistesleben zum Tragen bringen. Eine wachsende Anzahl von gläubigen Professoren erhielten Anerkennungen für ihre besonderen akademischen Leistungen. Bekennende Christen sind Lehrstuhlinhaber an Universitäten wie Berkeley, Virginia, Emory und Dartmouth. Die theologische Fakultät von Harvard hat heute einen Stiftungslehrstuhl für evangelikale Theologie. Er wird von der Familie von Alonzo McDonald finanziert, der unter Präsident Carter im Stab des Weißen Hauses und früher weltweiter geschäftsführender Gesellschafter von McKinsey & Company war. In vielerlei Hinsicht verkörpert McDonald diesen Aufschwung des intellektuellen Christentums. McDonald, der selbst Harvard-Absolvent ist, hat mehrere Initiativen für das Geistesleben gesponsort, darunter einige Programme in Emory.

Immer mehr Studenten bringen ebenfalls ihren Glauben auf vielfältige Art und Weise ein. Das *Harvey-Fellows*-Programm, das von Dennis und Eileen Bakke finanziert wird, gewährt Studenten in hochrangigen Studiengängen wie an der juristischen Fakultät von Yale, der *Harvard Business School* und Doktorandenprogrammen überall im Land eine beachtliche finanzielle Unterstützung. Teilweise nach dem *White-House-Fellows*-Programm gestaltet, hat es bereits etwa 250 Stipendiaten weltweit in allen Bereichen, angefangen bei Kunst, Geisteswissenschaften und Sozialwissenschaften, bis hin zu Jura, Medizin, Wirtschaft, Naturwissenschaften und Ingenieurwesen, unterstützt. Jeden Sommer nehmen neue Stipendiaten an einem einwöchigen Seminar teil. Den *Harvey Fellows* werden akademische Erfahrungen geboten, die denen von Rhodes-, Marshall- und Gates-Akademikern in nichts nachstehen. Das Angebot reicht von Seminaren am Obersten Gerichtshof, geleitet von einem dort tätigen Richter, bis hin zu Einblicken in die Arbeit des Leiters der Nationalbibliothek. Die Bewerber müssen ein geistliches Leitbild unterzeichnen und erläutern, welche Bedeutung ihr geistliches Leben für ihren gewählten Beruf hat. Zudem müssen sie ihre herausragenden akademischen Leistungen nachweisen. So wird sichergestellt, dass nur sehr begabte Studenten ausgewählt werden. Initiativen wie diese haben zu dem beigetragen, was andere eine »immer größer werdende Nische« für gläubige Menschen an den wählerischsten Universitäten Amerikas genannt haben.

In der ganzen Geschichte hat sowohl die römisch-katholische als auch die protestantische Kirche ein ganzes Spektrum an intellektuellen Aktivitäten unterstützt, von der wissenschaftlichen Forschung von Newton bis hin zum literarischen Verdienst von Chesterton. Die Entwicklungen in den letzten Jahren haben ermöglicht, dass eine wachsende Anzahl von treuen Christusnachfolgern die kulturelle Isolation der jüngeren Vergangenheit des Christentums überwinden konnte. Wenn sich die Vorgänge der letzten Jahre fortsetzen, werden bekennende Christen immer wichtigere Rollen im intellektuellen Mainstream einnehmen. Tatsächlich sind sie bereits auf dem Weg dorthin.

D. Michael Lindsay
Professor für Soziologie, Rice-Universität

EIN RUF ZU RADIKALER JÜNGERSCHAFT

Wenn wir zu Jesus Christus gehören, haben wir mit Blick auf die Welt eine doppelte Berufung. Einerseits sollen wir in der Welt leben, dienen und Zeugnis geben, und nicht versuchen, vor ihr zu fliehen. Andererseits sollen wir es vermeiden, von der Welt angesteckt zu werden.

Also haben wir weder die Freiheit, unsere Heiligkeit zu wahren, indem wir vor der Welt fliehen, noch die Freiheit, unsere Heiligkeit zu opfern, um uns der Welt anzupassen.

Flucht und Anpassung sind uns beide verboten. Das ist eines der Hauptthemen der ganzen Bibel, nämlich dass Gott sich ein Volk beruft und uns dazu aufruft, anders als alle anderen zu sein. »Seid heilig«, sagt er uns, »denn ich bin heilig.«

Dieses grundlegende Thema taucht in allen vier Hauptteilen der Heiligen Schrift immer wieder auf – im Gesetz, in den Propheten, in der Lehre von Jesus und in der Lehre der Apostel. Ich möchte Ihnen jeweils ein Beispiel nennen. Denken Sie zum Beispiel an das Gesetz. Gott sagte dem Volk durch Mose: »Verhaltet euch nicht wie die Leute in Ägypten, wo ihr einst gelebt habt, oder wie die Leute in Kanaan, wo ich euch hinführen werde! Lebt nicht nach ihren Bräuchen! Ihr sollt vielmehr meine Vorschriften befolgen und meine Gesetze einhalten und dementsprechend leben; denn ich bin der Herr, euer Gott« (3. Mose 18,3f). Ebenso klagte Gott durch

Hesekiel: »Ihr habt nicht nach meinen Gesetzen gelebt und meine Gebote nicht befolgt, sondern ihr habt euch nach den Rechtsbestimmungen gerichtet, die bei den Völkern um euch herum gelten« (Hesekiel 11,12).

Im Neuen Testament ist es ähnlich. In der Bergpredigt sprach Jesus von den Heuchlern und den Heiden und fügte hinzu: »Seid nicht wie sie, denn euer Vater weiß genau, was ihr braucht, noch bevor ihr ihn darum bittet!« (Matthäus 6,8). Schließlich konnte der Apostel Paulus den Römern schreiben: »Deshalb orientiert euch nicht am Verhalten und an den Gewohnheiten dieser Welt, sondern lasst euch von Gott durch Veränderung eurer Denkweise in neue Menschen verwandeln« (Römer 12,2).

Hier also ist Gottes Ruf zu einer radikalen Nachfolge, zu einem radikalen Nichtangepasstsein an die umgebende Kultur. Es ist ein Ruf, eine christliche Gegenkultur zu entwickeln.

Jesu Nachfolger sollen zum Beispiel nicht dem Pluralismus nachgeben, der die Einzigartigkeit und Herrschaft von Jesus leugnet, noch sich in den Materialismus hineinziehen und sich zu ethischem Relativismus verführen lassen, der besagt, dass es nichts moralisch Absolutes gibt.

Das ist Gottes Berufung für seine Leute, anders zu sein. Wir sollen nicht wie Rohrhalme sein, die im Wind schwanken, wie Jesus sagte, sondern wie Steine in einem Bergbach. Wir sollen nicht wie die Fische sein, die mit dem Strom schwimmen, sondern gegen den Strom schwimmen – selbst gegen den kulturellen Hauptstrom.

Wir sind genau genommen mit zwei Kulturen konfrontiert, zwei Wertesystemen, zwei Maßstäben und zwei Lebensstilen. Welchen sollen wir wählen? Wenn wir nicht wie Chamäleons sein sollen, die ihre Farbe ändern, um sich ihrer Umgebung anzupassen, wie sollen wir dann sein?

Die Antwort ist, dass wir wie Christus sein sollen. Die ewige und letztgültige Absicht Gottes durch seinen Geist ist, uns wie Christus zu machen.

John Stott
Rektor emeritus, *All Souls Church,* London

7

ZU POLITISCH

Vor 20 Jahren, als ich mir das evangelikale Christentum von innen anschaute, kam es mir wie eine Bewegung vor, die vor Tatkraft platzte, die Gute Nachricht unter die Leute zu bringen. Wenn ich es heute von außen betrachte, scheint diese Botschaft im Austausch gegen eine aggressive politische Strategie, die Teile der Gesellschaft verteufelt, verloren gegangen zu sein.

Brandon, 32

Bisherige Sichtweise: Christen sind hauptsächlich von einer politischen Agenda motiviert und unterstützen rechtslastige Politik.
Neue Sichtweise: Christen zeichnen sich dadurch aus, dass sie andere Menschen respektieren, biblisch denken und Lösungen für komplexe Probleme finden.

Haben Sie schon einmal das Wortassoziationsspiel gespielt?

Nur um Ihr Gedächtnis aufzufrischen, es geht so: Jemand sagt ein Wort oder einen Satz, und Sie müssen die erste Sache oder Person sagen, die ihnen dazu einfällt. Zum Beispiel, wenn Sie *Bayern München* hören, an wen oder was denken Sie dabei? Was ist mit *Scientology*? *Islam*?

Und jetzt denken Sie einmal an das Christentum. In unserer Umfrage baten wir junge Leute, die bekanntesten Christen zu nennen, und ermunterten sie dabei, jeden zu nennen, der ihnen einfiel. Unter den 16- bis 29-Jährigen, die nichts mit dem Christentum zu tun hatten, waren unter den fünf häufigsten Assoziationen der Papst (ihn erwähnten 16 Prozent der jungen Andersdenkenden), George W. Bush (13 Prozent), Jesus (9 Prozent), Billy Graham (7 Prozent) und Martin Luther King Jr. (6 Prozent).

Unter den jungen Kirchgängern waren die drei Meistgenannten Billy Graham (29 Prozent), gefolgt vom Papst (17 Prozent) und George W. Bush (17 Prozent). Junge Christen erwähnten auch Martin Luther King Jr. (8 Prozent), Jesus (7 Prozent), Mutter Teresa (7 Prozent), Mel Gibson (7 Prozent) und James Dobson (5 Prozent). Andere christliche Leiter waren weniger bekannt.

Welchen Eindruck haben Sie von diesen Ergebnissen? Natürlich ist es eine Ironie, dass Jesus nicht an der Spitze dieser Listen von »berühmten Christen« steht. In Anbetracht der Tatsache, dass die Umfrage sich hauptsächlich auf das »heutige Christentum« bezog, dachten die jungen Leute vielleicht nicht daran, das Original zu nennen.

Aber ist Ihnen aufgefallen, dass George W. Bush eher als christlicher Leiter betrachtet wird als Geistliche oder andere einflussreiche Christen? In einem anderen Teil unserer Studie fanden wir heraus, dass die Hälfte der jungen Andersdenkenden angab, ihnen fielen spezielle christliche politische Führer ein. Das bedeutet, dass Andersdenkende Christen in der Politik leichter erkennen als in irgendeinem anderen Bereich, darunter Musik, Film, Sport oder Wirtschaft. Selbst junge Kirchgänger erkennen berühmte Christen, die in der Politik engagiert sind, eher als auf anderen Gebieten, mit Ausnahme der Musik.

In mancherlei Hinsicht überrascht es nicht, dass Politiker so oft mit Glaubensüberzeugungen und Glauben verbunden werden. Christen haben in den letzten Jahrzehnten gemeinsame und koordinierte Anstrengungen unternommen, sich in der Politik zu engagieren. Also kann ihre Aktivität im politischen Bereich kaum übersehen werden. Dieses Bild verstärkt sich teilweise noch, weil der Glaube von Kandidaten bei Wahlkampagnen immer eine Schlagzeile wert ist. Da politische Entscheidungen sich auf das Leben jedes Bürgers auswirken, ist die Verbindung zwischen Politik und Glaube unvermeidlich – ebenso wie die Verbindung zwischen dem, wie die Leute das politische Umfeld wahrnehmen, und ihren Ansichten über Christen.

So werden Christen aus diesem Grund und anderen Gründen, die ich in diesem Kapitel erörtern werde, heutzutage von MTV-Generation und Babybustern als zu stark politisch engagiert betrachtet. Genauer gesagt denken sie über uns, dass wir hauptsächlich von politischen Zielen motiviert sind und konservative politische Programme unterstützen.

Der Umstand, dass unter den jungen Leuten Bestürzung über die Rolle der Religion in der Politik herrscht, überrascht Sie wahrscheinlich nicht. Die wichtigen Fragen sind, warum junge Andersdenkende denken, dass Christen von einer politischen Agenda motiviert sind, ob diese Bedenken berechtigt sind und was man, wenn überhaupt, gegen diese Sichtweise tun sollte.

EIN VOLLSTÄNDIGES BILD

Lassen Sie mich Ihnen etwas umfassender schildern, wie Andersdenkende über Christen denken. Doch zuerst sollten Sie sich klarmachen, dass es nicht mein Ziel ist zu empfehlen, dass Christen die Politik vernachlässigen oder ignorieren sollten. Die politische Arena ist ein entscheidender Platz, um Einfluss auf die Kultur zu nehmen, und ein wichtiger Bereich, um die christliche Weltanschauung zu vermitteln. Andererseits dürfen wir bei diesem Thema weder empfindlich noch abschätzig sein. Ja, manchmal rührt die Verstimmung bei Nichtchristen von der Tatsache her, dass Christen ein anderes System von politischen Ansichten vertreten, die unpopulär sind. Andersdenkende können natürlich auch über die Wahlsiege von Christen verärgert sein oder über ihre Erfolge in der Gesetzgebung. In den letzten Jahrzehnten haben christliche Wähler einen recht einschneidenden Einfluss auf die Wahlen gehabt. Viele Bürger haben oft christliche Kandidaten gewählt.

Doch es steckt noch mehr dahinter. Obwohl Christen Wahlen gewonnen und die Gesetzgebung geprägt haben, definiert sich daran letztlich nicht der Erfolg eines Nachfolgers von Christus. Wir sind Repräsentanten für Jesus für jeden Menschen in unserer Kultur, egal, ob wir mit ihm politisch einer Meinung sind. Unser Leben sollte Jesus widerspiegeln. Darunter fällt nicht nur, *wie* wir wählen, sondern jedes Element unseres politischen Engagements: unsere Gespräche über Politik ebenso wie unsere Haltung zu ideologischen Gegnern. Das mag einleuchtend sein. Doch unseren Recherchen zu diesem Thema zufolge müssen wir uns klarmachen, dass unser politischer Aktivismus, wenn wir ihn auf unchristliche Weise leben, die junge Generation daran hindert, Christus zu sehen.

Zumindest müssen wir mit dem reinen Umfang dieses Problems zurechtkommen. Die Anzahl von jungen Leuten in unserer Kultur, die heutzutage unschmeichelhafte Ansichten über Christen und Politik haben, ist verblüffend. Drei Viertel der jungen Andersdenkenden und die Hälfte der jungen Kirchgänger bezeichnen das moderne Christentum als »zu sehr in die Politik verstrickt«. Beinahe zwei Drittel der Andersdenkenden der MTV- und Babybuster-Generation und fast die Hälfte der jungen wiedergeborenen Christen sagen, dass sie »die politischen Bemühungen von konservativen Christen« als Problem für Amerika betrachten. Die Schlussfolgerung ist, dass Millionen von jungen Leuten zwischen 20 und 40 Jahren, darunter viele Christen, immer unzufriedener mit dem politischen Aktivismus vieler Kirchenleute werden und sich davon ausgeschlossen fühlen. Wir haben keine Möglichkeit zu ermitteln, wie diese Sichtweise sich von der von vor beispielsweise zehn oder 20 Jahren unterscheidet. Doch sie ist ein unverkennbarer und unvermeidbarer Teil unserer heutigen Umwelt.

Bei unserer Untersuchung dieses Themas stellten wir ebenfalls fest, dass solche Bedenken nicht nur Sache der jungen MTV-Generation und Babybuster sind. Ein Fünftel aller amerikanischen Erwachsenen (21 Prozent) ist der Ansicht, »die politischen Bemühungen von konservativen Christen« heutzutage seien ein großes Problem für das Land. Die Hälfte der erwachsenen Bevölkerung (48 Prozent) bezeichnet das politische Engagement von Christen als besorgniserregend. Die Anzahl von Personen, die dieser Auffassung sind, ist erheblich. Mehr als 100 Millionen erwachsener Amerikaner räumt ein, Bedenken über die Rolle von »konservativen Christen« in der Politik zu haben.

Junge Erwachsene sind besorgt über konservative Christen in der Politik

Prozentsatz derer, die der Ansicht sind, dass konservative Christen ein »größeres« oder »kleineres« Problem für Amerika heute darstellen

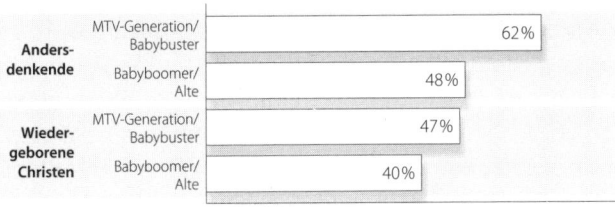

Anders-denkende	MTV-Generation/ Babybuster	62%
	Babyboomer/ Alte	48%
Wieder-geborene Christen	MTV-Generation/ Babybuster	47%
	Babyboomer/ Alte	40%

The Barna Group, Ltd./Omni Poll 2007

Wir sollten außerdem bereit sein, unsere Rolle in der Politik unter die Lupe zu nehmen, weil auch viele Christen so denken. Viele Gläubige, darunter Angehörige von Glaubensrichtungen, die wir als evangelikal oder wiedergeborene Christen definieren, geben zu, dass sie die Politik der konservativen Christen als Herausforderung für das Land betrachten. Die Studie zeigt, dass ein Sechstel der wiedergeborenen Christen (17 Prozent) diese Ansicht überzeugt vertritt, während beinahe die Hälfte ein gewisses Maß an Besorgnis hegt.[46] Christen müssen sich ihres Rufes auf diesem Gebiet bewusst sein, nicht nur, weil es ihre politische Arbeit beeinflusst. Sondern auch, weil es ihre Fähigkeit beeinträchtigt, mit neuen Generationen in Kontakt zu kommen, die eine angeborene Skepsis gegenüber Menschen besitzen, die scheinbar ihre politische Macht einsetzen, um ihre Interessen und Ansichten zu schützen. Diese Sichtweise mag nicht immer zutreffen. Doch sie trägt zum Misstrauen gegenüber Christen von Andersdenkenden bei.

Es steht viel auf dem Spiel. Zukünftige Wahlen werden wahrscheinlich von diesen Einstellungen geprägt sein, wie auch der

Ausgang der geistlichen Suche von Millionen junger Erwachsener.

Der Sichtweise von Christen in der Politik ist deswegen so schwer zu begegnen, weil es den Christen selbst so schwerfällt, sich einig zu werden. Sie sind nicht nur über die Probleme geteilter Meinung, sondern auch über das Wesen der Politik an sich und die Rolle, die Christen darin spielen sollten. Dieses Buch versucht nicht, sich mit diesen Debatten zu befassen. Wenn es so scheint, als schaltete es sich in solche Auseinandersetzungen ein, dann nur mit der Absicht herauszufinden, was MTV-Generation und Babybuster hinsichtlich Christentum und Politik tatsächlich denken und erleben.

Stattdessen ist es mein Ziel, den Christen größere Klarheit über das Engagement in der politischen Sphäre zu verschaffen. Und Einblicke, wie unsere Bemühungen einen (größtenteils negativen) Ruf für das Christentum verursachen und wie sich das auf Freunde und Nachbarn auswirkt. Ich versuche, unser Denken und Engagement angemessen voranzutreiben, und möchte uns Christen nicht davon abhalten, sich an der Politik zu beteiligen.

Dennoch müssen wir noch viel darüber lernen, uns auf die richtige Art und Weise und aus den richtigen Gründen einzubringen. Den Daten zufolge, die wir in den letzten drei Jahren gesammelt haben, glaube ich, dass wir unsere Strategien und Herangehensweisen an die Politik überdenken müssen. Andernfalls riskieren wir, passende Formen der politischen Einflussnahme zu verlieren und unsere Glaubwürdigkeit bei dem Versuch zu beschädigen, Andersdenkenden Jesus nahezubringen.

Gabe und ich sind zu der Schlussfolgerung gelangt, dass politisches Engagement wichtiger als je zuvor ist, um auf die tief greifenden Probleme einzugehen, mit denen Menschen in unserer Nation und überall auf der Welt konfrontiert sind. Wie wir bereits in Kapitel 6 erörtert haben, sollten Christen engagiert, sachkundig und auf dem neuesten Stand sein und auf Probleme eine durchdachte Antwort anbieten. Sich politisch zu engagieren, ist eine Möglichkeit, genau das zu tun.

Natürlich ist die Politik nicht das einzige Gebiet zur Einflussnahme – vielleicht ist es nicht einmal das wichtigste. Doch die Politik hat durchaus bedeutende Auswirkungen auf unser Leben. Die Studien von *Barna* zeigen immer wieder, dass Gesetze und Gesetzgebung eine wichtige Rolle beim Schaffen von gesellschaftlichen und moralischen Grenzen spielen. Auch wenn die Amerikaner sich nicht immer an die Regeln halten und vielleicht über die Einschränkungen klagen. Man kann die Moral eines Menschen nicht durch Gesetzgebung ändern. Doch Fakt ist, dass Gesetze unsere Kultur zutiefst bestimmen und gesellschaftliche Erwartungen an die in ihr lebenden Menschen stellen. Politisches Engagement, so chaotisch und verwirrend es auch sein kann, ist ein wichtiger Weg zur Einflussnahme innerhalb unserer Gesellschaft, Nation und Welt. Christen sollten durch den Glauben in jedem Bereich des Lebens motiviert sein. Die Politik ist keine Ausnahme.

Wenn es doch nur so einfach wäre.

VIELSCHICHTIGKEIT

Die Politikarena ist schwierig und kontrovers. Aufgrund der Verschiedenartigkeit und Vielschichtigkeit der Kultur und der Probleme, die uns vereinnahmen. Bedauerlicherweise ist es nicht ungewöhnlich, dass Menschen die komplizierten Sachverhalte der politischen Landschaft in vereinfachte Klischees verwandeln.

Nach den letzten haarscharfen Präsidentenwahlen haben wir viel über »rote« und »blaue« Bundesstaaten gehört. Die »roten« und »blauen« Bundesstaaten zeigen uns vielleicht eine sinnvolle Momentaufnahme davon, wie unsere Nation ihren Präsidenten wählt. Allerdings verdeckt die Rot-Blau-Geschichte oft die riesigen Unterschiede in dem, was Menschen zu ihrer Wahl motiviert, ganz zu schweigen davon, wo Republikaner und Demokraten tatsächlich leben. Oft stellen in einem noch so blauen Bundesstaat die roten Wähler einen erheblichen Bevölkerungsanteil dar und umgekehrt. Kalifornien zum Beispiel, der größte Bundesstaat, wird als blauer Staat betrachtet und unterstützt gewöhnlich demokratische Kandidaten. Aufgrund seiner Größe jedoch leben hier mehr rote Wähler als in jedem anderen Staat der Nation.

Christliche Wähler werden häufig das Opfer von zu starken Vereinfachungen. Manchmal entwickeln Journalisten, Experten, Politiker oder andere Fachleute, die nur wenig Hintergrundwissen über oder Verständnis von der christlichen Szene haben, zu einfache Erklärungen. Allerdings treffen Christen, die die Vielschichtigkeit der Bevölkerung unseres Landes falsch einschätzen, oft ebenso pauschale Verallgemeinerungen. Normalerweise über diejenigen, die außerhalb des Christentums stehen, aber manchmal auch über die christliche Szene selbst. Mit anderen Worten, jeder stellt seine Vermutungen über die Größe und Motivationen der christlichen Szene an.

In Wirklichkeit ist die christliche Wählerschaft unglaublich vielfältig. Eine Möglichkeit, die Wählerschaft zu analysieren, ist zum Beispiel, sie in vier Glaubensrichtungen zu unterteilen: evangelikale Christen, nichtevangelikale wiedergeborene Christen, andere Gruppen, die sich selbst als Christen bezeichnen und Andersdenkende. Im folgenden Diagramm stellen die Kreise diese vier Gruppen dar, abgebildet in ihrem Größenverhältnis zueinander.

Vier Glaubensrichtungen in der wählenden Bevölkerung

Prozent der registrierten[47] Wähler (N=5,067):

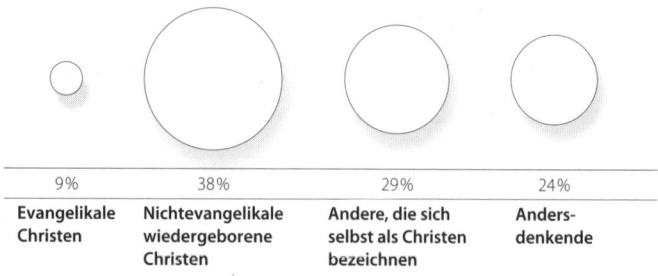

9%	38%	29%	24%
Evangelikale Christen	Nichtevangelikale wiedergeborene Christen	Andere, die sich selbst als Christen bezeichnen	Anders-denkende

The Barna Group, Ltd./Omni Poll, 2006/7

Was Ihnen vielleicht zuerst auffällt, ist, dass die Evangelikalen den kleinsten Anteil der wählenden Bevölkerung darstellen – etwa ein Zehntel der registrierten Wähler. Viele andere Forscher nutzen die Selbstbezeichnung der Befragten, um das evangelikale Klientel zu bestimmen. Das heißt, bei Menschen, die sich selbst mit dem Begriff *evangelikal* bezeichnen, werden die Glaubensgrundsätze und Überzeugungen der Evangelikalen vorausgesetzt.[48] Das wäre eigentlich kein Problem, Leute zu fragen, ob sie sich evangelikal nennen würden. Allerdings bezeichneten sich, als wir unsere Recherchen mit diesem Ansatz durchführten, manche Personen als evangelikal, obwohl sie einige der grundlegendsten Überzeugungen nicht vertraten, die solch einen Gläubigen auszeichnen sollten.

Bei *Barna* ordnen wir Leute aufgrund ihrer Ansichten zu einigen wesentlichen theologischen Aussagen als evangelikal ein. Zunächst muss der Befragte ein wiedergeborener Christ sein. Das heißt, er muss ein Sündenbekenntnis und ein Bekenntnis des Glaubens an Christus abgelegt haben. Zweitens definieren wir diejenigen als Evangelikale, die außerdem glauben, dass die Bibel mit den Prinzipien, die sie lehrt, recht hat. Die Gott als allmächtig und vollkommen und heute am Lauf der Welt beteiligt betrachten. Die bejahen, dass Satan ein reales geistliches Wesen ist. Die nicht glauben, dass man sich den Himmel durch gute Werke verdienen kann. Die glauben, dass Christen eine Verantwortung tragen, ihren Glauben an andere weiterzugeben. Und die sagen, dass ihr religiöser Glaube ihnen im Leben sehr wichtig ist.[49] Es ist mir klar, dass dies eine sehr detaillierte Methode zur Definition einer Personengruppe ist. Das Anliegen unserer Umfragen ist es nicht, das geistliche Schicksal eines Menschen zu ermitteln, sondern zu versuchen, die differenzierte Rolle des Glaubens in unserer Kultur zu analysieren und zu verstehen.

Dennoch sind die Glaubensüberzeugungen, an denen *Barna* teilweise seine Definition für »evangelikal« misst, keine theologischen Nebensachen. Was Menschen glauben, spielt durchaus eine Rolle. Es wirkt sich darauf aus, wie sie die Welt sehen, wie sie ihren Platz darin betrachten und wie sie auf Situationen und Gelegenheiten eingehen. In Kürze werden wir untersuchen, weshalb diese Perspektiven für die Politik so wichtig sind.

Zurück zu den Sparten der wählenden Bevölkerung: Neben den Evangelikalen sind die beiden größten Wählergruppen ebenfalls zum Christentum tendierende Segmente: nichtevangelikale wiedergeborene Christen und andere, die nach ihrer eigenen Angabe Christen sind. Nichtevangelikale sind diejenigen, die eine Entscheidung für Jesus getroffen haben, die sie als wiedergeboren qualifiziert, die aber andere Glaubensansichten nicht teilen. Zum Beispiel lehnen sie die Realität Satans ab oder glauben nicht, dass die Bibel vollkommen recht hat. Zusammengenommen machen diese zwei Gruppen zwei Drittel der wählenden Bevölkerung aus.

Die letzte Gruppe sind die Andersdenkenden, die etwa ein Viertel der Wähler darstellen. Wie ich bereits in Kapitel 1 erwähnte, machen Andersdenkende beinahe den doppelten Anteil von jungen Erwachsenen aus. Daher sollten die zunehmende Anzahl und der wachsende Einfluss von Andersdenkenden unter den jungen Wählern nicht übersehen werden. Ihre sich vergrößernde Anzahl wird die amerikanische Politik in den kommenden Jahrzehnten verändern.

Das Studium von Politik und Glauben wird dadurch noch komplizierter, dass jede Glaubensrichtung unterschiedlich und auch unberechenbar wählt. Zum Beispiel sind vom evangelikalen Segment nur eine leichte Mehrheit (59 Prozent) registrierte Republikaner. Das ist ein hoher Anteil, aber weit entfernt von dem überdimensionalen Niveau, das man aufgrund der Verlautbarungen der Medien oder der Erwartungen christlicher Leiter vermuten würde. Wir vermuten zum Beispiel, dass in der Wahl 2008 ebenso viele wiedergeborene Christen (darunter sowohl Evangelikale als auch Nichtevangelikale) als registrierte Demokraten wie als Republikaner wählen werden.[50] Die Parteizugehörigkeit überträgt sich nicht immer direkt auf die Wahl des Kandidaten. Doch sie ist eine Erinnerung daran, dass die christliche Szene unterschiedlicher, weniger geschlossen und weniger einheitlich ist als gewöhnlich angenommen.

Ebenso wie das christliche Publikum sehr bunt gemischt ist, müssen wir verstehen, dass auf der anderen Seite des Zauns eine ähnliche Situation zu finden ist. Andersdenkende weisen viel weniger politische Einigkeit, Beständigkeit und Gemeinsamkeiten auf, als Christen vermuten würden. Sie stehen den Christen nicht durchweg feindselig gegenüber. Ihre politischen Ansichten sind nicht fein säuberlich geordnet. Das hat große Bedeutung für die Christen: Politischer Aktivismus seitens der Andersdenkenden ist nicht absolut *gegen* das Christentum gerichtet.

Man könnte leicht vermuten, dass die Gesellschaft in Wir-gegen-sie-Lager gespalten ist. Die Realität sieht sehr viel weniger eindeutig aus.

WELTANSCHAUUNGSPOLITIK

Die Weltanschauung eines Menschen hat bedeutende Auswirkungen auf die politische Sphäre. Zunächst sollte Ihnen klar sein, dass die meisten christlichen Wähler keine grundlegend evangelikalen Ansichten vertreten. Gabe und ich sind der Meinung, dass diese wesentlichen Glaubensüberzeugungen eine Rolle spielen, weil sie beeinflussen, wie ein Mensch die Gesellschaft wahrnimmt und wie er mit der politischen Umgebung umgeht. Zum Beispiel ist es schwierig, bei der Abgabe der Wählerstimme biblische Ideale zu kennen und sich von ihnen leiten zu lassen, wenn man nicht davon überzeugt ist, dass die Bibel zutreffende Prinzipien lehrt. Ohne die Überzeugung, dass Satan ein realer geistlicher Feind ist, kann man leicht die existierenden weiter reichenden geistlichen Realitäten und Konfrontationen aus den Augen verlieren. Wie Paulus sagt, Gläubige kämpfen nicht gegen Fleisch und Blut, sondern gegen übernatürliche Mächte (siehe Epheser 6,12).

Die Liste setzt sich fort: Wenn als Christ Ihr Glaube nicht Ihre Motivationen leitet, wenn Sie nicht glauben, dass Gott heute noch immer in der Welt wirkt, wenn Sie keinen Antrieb verspüren, andere geistlich für Christus zu beeinflussen, wird

Ihr politisches Engagement hohl wirken. Millionen von christlichen Wählern – die eine *Mehrheit* der Wählerschaft darstellen – vertreten solche Ansichten aufs Geratewohl. Doch ohne konsequente und durchdachte biblische Weltanschauung fehlt den Bemühungen von Christen die entsprechende Basis, sich politisch einzubringen.

Was heißt das für uns Christen bei unserem Versuch, die Skepsis der neuen Generation zu verstehen? Eine der wichtigsten Konsequenzen ist Folgendes: Christen kommunizieren mit vielen Zuschauern gleichzeitig. Als Evangelikaler sprechen Sie nicht nur mit Evangelikalen, sondern auch mit anderen wiedergeborenen Christen, anderen, die sich selbst als Christen bezeichnen, und Andersdenkenden. Wenn zum Beispiel ein christlicher Leiter im Fernsehen auftritt, spricht er alle vier Zuhörerschaften an, von denen einige mit seinen Ansichten übereinstimmen und anderen der Zusammenhang fehlt, um seinen Standpunkt zu verstehen.

Ich möchte ein passendes Beispiel aufzeigen, das wir bei unseren Recherchen zutage befördert haben. Wenn ein Christ davon spricht, in einem Kampf zu stehen, stammt diese Art Bild aus dem Abschnitt der Bibel, der die geistliche Welt als monumentales Kampfgebiet beschreibt (siehe Epheser 6,10-17). Doch Andersdenkende hören diese Ausdrucksweise und sind alarmiert über das militaristische Vokabular. Und denken Sie einmal darüber nach, was passiert, wenn *Christen* diesen Militärbegriffen begegnen, ohne dass sie Paulus' Ausführungen im Epheserbrief verstehen. Ohne den Zusammenhang zu kennen, könnte es sein, dass solche Menschen sich Andersdenkenden gegenüber unchristlich verhalten. Selbst diejenigen mit einer biblischen Weltanschauung könnten diese harten Worte über geistliche Kampfführung verinnerlichen und aus dem Blick verlieren, was es heißt, voller Barmherzigkeit für Skeptiker und Kritiker zu sein. Wie Jakobus sagt: »Bedenkt deshalb in allem, was ihr sagt oder tut, dass ihr nach dem Gesetz Gottes gerichtet werdet, das euch frei macht. Denn es wird keine Barmherzigkeit für den geben, der anderen gegenüber nicht barmherzig war« (Jakobus 2,12f).

Das hat aus mehreren Gründen besondere Bedeutung. Zuerst ist es wichtig daran zu denken, dass im Zeitalter von Massenmedien, Blogs und Videoclips, die per E-Mail verbreitet werden, Ihre Worte und Taten in der Blogosphäre, auf YouTube oder an einem anderen digitalen Ort weiterleben. Das ist besonders wichtig für die Christen, die in den Medien in Erscheinung treten, weil sehr viel auf dem Spiel steht. Was Sie sagen und was Sie tun, sind folgenschwere Fragen der Haushalterschaft. Sie verkörpern für Andersdenkende Christus sogar dann, wenn Sie nur eine christliche Ansicht äußern. Im Rahmen eines Kommentars oder Interviews für die Medien ist das eine harte Herausforderung. Unser Ziel soll nicht die Popularität sein. Doch wir können auch nicht die Zuhörer ignorieren, die vielleicht geistliche Schlussfolgerungen darüber ziehen, ob das Christentum glaubhaft ist oder nicht. Selbst wenn wir vor dem Hintergrund einer biblischen Weltanschauung sprechen, werden viele unsere Aussagen nicht aus der gleichen Perspektive heraus interpretieren. Daher liegt es an uns, die Dinge klar, kreativ und klischeefrei darzustellen. Besonders bei uns Christen müssen unsere Aufrufe zum Handeln uns gegenseitig zur Selbstprüfung, Demut und angemessenem Engagement anregen. Bei Mitgläubigen, die kein umfassendes biblisches Weltbild vertreten, müssen wir besonders vorsichtig sein. Wir dürfen bei ihnen keine Haltung oder Abwehrhaltung hervorrufen, die ihnen eine Entschuldigung gibt, sich unchristlich zu verhalten.

Das ist nicht nur Sache der Personen in öffentlichen Positionen. Jeder Pastor spielt eine Rolle, wenn es darum geht, den Einsatz von Christen in der Politik zu prägen. In Ihrer Gemeinde besteht an jedem beliebigen Sonntag die Möglichkeit, dass Sie alle vier Glaubensrichtungen in der Zuhörerschaft vertreten haben. Wie kommunizieren Sie mit ihnen, sodass jeder in der Gemeinde gesellschaftliche, politische und geistliche Fragen angemessen verstehen, überdenken und darauf reagieren kann? Tragen Sie mit Ihren Predigten, ebenso wie mit dem Umfeld und den Gesprächen in Ihrer Gemeinde, dazu bei, die Fähigkeit der Menschen zu entwickeln, einer biblischen Weltanschauung gemäß zu denken, zu handeln und zu beten?

Und selbst wenn Sie nicht in der Gemeindearbeit engagiert sind: Als Christ beobachten Ihre Kollegen und Nachbarn Sie und hören Ihnen zu. Wie stellen Sie dar, was es heißt, ein Nachfolger von Christus zu sein, wenn es um Ihre politischen Entscheidungen und Vorlieben geht? Wenn Andersdenkende das Christentum dafür kritisieren, zu politisch zu sein, sind Sie dann Teil des Problems oder Teil der Lösung? Achten Sie wachsam darauf, dass Ihre Worte und Taten nicht die Sichtweise des unchristlichen Glaubens nähren.

KLIMAVERÄNDERUNGEN

Es ist wichtiger als je zuvor, im Licht einer biblischen Weltanschauung über politische Themen nachzudenken und auf sie einzugehen. MTV-Generation und Babybuster drücken der politischen Arbeit einen neuen Stempel auf, der ein durchdachtes, Christus entsprechendes Engagement erfordert. Sie kritisieren uns dafür, hinsichtlich der Politik unchristlich zu sein. Wenn wir ihnen nicht die tiefen und differenzierten Wahrheiten der christlichen Perspektive anbieten, haben wir keine Chance, mit ihren Herzen und Köpfen in Verbindung zu kommen – in politischer oder anderer Hinsicht.

Um die Mentalität der MTV-Generation und Babybuster zu verstehen, sollten wir einige wichtige Verschiebungen untersuchen, die im politischen Umfeld vor sich gehen.

- *MTV-Generation und Babybuster äußern viel weniger traditionelle politische und gesellschaftliche Ansichten zu vielen Themen als ihre Eltern im gleichen Alter.* Ihre Ansichten zu Fragen wie Homosexualität, Maßstäbe für Medienmoral, Sexualität und Familie driften immer weiter von den traditionellen Perspektiven ab.
- *Junge Leute, besonders die MTV-Generation, lassen sich von Pragmatismus leiten, von einer Tu-was-funktioniert-Mentalität.* Junge Erwachsene bevorzugen viel eher als frühere Generationen Führungspersönlichkeiten, die bereit sind,

Kompromisse zu schließen, um die Arbeit zu erledigen. Diese Vorliebe rührt von ihrer relativistischen Weltanschauung her. Komme was wolle, junge Leute treffen Entscheidungen, die für sie die größere Bequemlichkeit oder das geringste Maß an Konflikt bedeuten. Die negative Seite daran ist, dass sie einräumen, weniger Prinzipien bei der Entscheidungsfindung zu haben.

- *Die MTV-Generation steht der Rolle der Bibel im öffentlichen Leben skeptischer gegenüber als jede vorangegangene Generation. In einer Studie vom Pew Research Center* waren junge Amerikaner die Altersgruppe, die am seltensten sagte, dass die Bibel den meisten Einfluss auf die Gesetze des Landes ausüben sollte. Stattdessen bevorzugten sie den »Willen des Volkes« als beste Basis zur Festlegung gesetzlicher Grenzen.[51] Diese Vorliebe für Mehrheitsentscheidungen rührt daher, dass sie den Inhalt der Bibel nicht kennen, ihre Wahrheit infrage stellen und Gefühle und Zweckmäßigkeit dem Absoluten vorziehen. Nur weil dies die allgemeine Sichtweise ist, soll das natürlich nicht bedeuten, dass wir den Gedanken verwerfen, dass die Bibel uns helfen sollte, die Gesetze des Landes festzulegen. Doch wir müssen uns klarmachen, dass dies ein immer selteneres Grundgefühl unter der jüngeren Bevölkerung unseres Landes ist.

Was sollte die Gesetze des Landes bestimmen?

Prozentsatz in jeder Altersgruppe, der glaubt, dass die Bibel, nicht der Wille des Volkes, die Gesetze des Landes bestimmen sollte

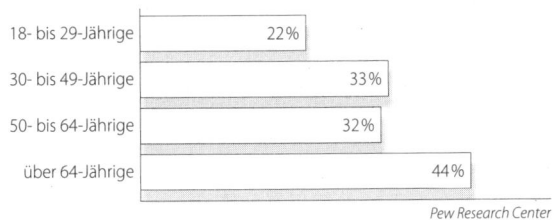

18- bis 29-Jährige	22%
30- bis 49-Jährige	33%
50- bis 64-Jährige	32%
über 64-Jährige	44%

Pew Research Center

- *Junge Erwachsene befürworten seltener ein »christianisiertes« Land.* Die zunehmend säkulare Mentalität junger Erwachsener greift auch auf andere Bereiche über. MTV-Generation und Babybuster unterstützen seltener das Verbleiben des Mottos »In God We Trust« (»Wir vertrauen auf Gott«) auf der amerikanischen Währung, des Satzes »eine Nation unter Gott« im Fahneneid oder der Zehn Gebote als Aushang in Regierungsgebäuden. Sie unterstützen auch seltener als Babyboomer und Alte, dass in öffentlichen Schulen die Schöpfungslehre unterrichtet wird. Sie befürworten auch seltener einen bundesweiten Gesetzeszusatz zum Eherecht, der die Ehe nur als zwischen einem Mann und einer Frau möglich definiert.

Unterstützung für ein »christianisiertes« Land

	MTV-Generation/ Babybuster	Babyboomer/ Alte (in %)
sind strikt gegen das Weglassen von »In God We Trust«	61	80
sind strikt gegen das Weglassen von »eine Nation unter Gott«	59	79
sind strikt gegen das Weglassen der Zehn Gebote in Regierungsgebäuden	48	68
sind entschieden für nationalen Gesetzeszusatz zum Eherecht	29	39
sind entschieden für Unterricht mit Schöpfungslehre in öffentlichen Schulen	24	32

The Barna Group, Ltd./Omni Poll 2007

- *Junge Erwachsene vertreten eine Weltanschauung, die nicht der Bibel entspricht.* Überall in unserer Umgebung finden unterschwellige und doch starke Veränderungen in der Weltanschauung statt. Zum Beispiel glaubt aktuell nur ein Drittel der 20- bis 30-Jährigen, dass der Mensch höher gestellt ist als alles andere, das von Gott erschaffen wurde. Demgegenüber vertritt die Hälfte aller 30- bis 40-Jährigen und beinahe drei Fünftel der über 40-Jährigen diese Ansicht. Wenn wir als Christen versuchen, eine biblische Perspektive zur Bewahrung der Schöpfung und zu Umweltbelangen zu formulieren, müssen wir uns bewusst machen, dass die Weltanschauung der MTV-Generation und Babybuster sich verschoben hat.

Das bedeutet, die tief sitzenden Philosophien, die die politischen Fragen untermauern, verändern sich.

▪ *Junge Erwachsene beginnen ihre politische Erkundungsreise seltener als Republikaner als vorangegangene Generationen.* Je älter die Menschen werden, desto politisch konservativer werden sie in der Regel. Doch die Nachwuchsgeneration sammelt sich seltener im republikanischen und politisch konservativen Lager als Menschen des gleichen Alters noch vor 20 Jahren. Unter den unter 26-jährigen Erwachsenen hat die Verbindung zur Republikanischen Partei ihren tiefsten Stand seit 20 Jahren erreicht.[52]

Vielleicht wissen Sie nicht von all diesen Trends. Vielleicht begrüßen Sie sie auch nicht. Allerdings stehen sie für nicht gerade unterschwellige Verschiebungen im Denken von MTV-Generation und Babybuster. Durch sie werden gesellschaftlich Konservative immer mehr unter Druck geraten, in den kommenden zehn Jahren bei Wahlen politische Zugkraft zu entwickeln.

Ob wir diese Veränderungen nun gutheißen oder nicht, wir müssen uns über sie im Klaren sein und darüber, was die junge Generation tatsächlich über uns Christen und unsere Politik denkt. Wenn wir erwarten, dass wir einfach nur durch unseren zahlenmäßigen Vorteil Einfluss ausüben können, steht uns ein böses Erwachen bevor. Denn das Gewicht unserer Ansichten nimmt rapide ab und die Position derer außerhalb des christlichen Glaubens wird stärker.

METHODE UND EINSTELLUNG

Da jede Gruppe offenbar eine eigene politische Präsenz und Agenda hat, warum sollten Christen das Ziel besonderer Kritik sein? Verlangen die Andersdenkenden von uns, dass wir uns aus der Politik heraushalten? Laut unserer Studie nicht ganz. Viele Andersdenkende stellen klar, dass sie glauben, dass Christen das Recht (sogar die Pflicht) haben, sich um politischen Einsatz zu bemühen. Doch sie sind nicht mit unseren Methoden und unserer Einstellung einverstanden. Sie sagen, dass wir anscheinend einer Agenda folgen, die nur uns selbst nützt. Sie meinen, dass wir zu viel von der Politik erwarten. Sie fragen, ob wir eher von unserem wirtschaftlichen Status als von Glaubensperspektiven motiviert sind, wenn wir die konservative Politik unterstützen. Sie behaupten, dass wir uns unchristlich äußern und verhalten. Sie fragen sich, ob Jesus politische Macht so gebrauchen würde wie wir. Und sie sind besorgt, dass wir die Stimmen von anderen Gruppen übertönen könnten.

Ich möchte Ihnen Brandon vorstellen, einen der jungen Leute, die wir für dieses Projekt interviewt haben. Als er uns seine Geschichte erzählte, berichtete er auch davon, dass er als Teenager stark in der Kirche engagiert war.

»Manchmal fällt es mir schwer, die ›christliche Bewegung‹ mit den Menschen in Einklang zu bringen, die ich aus meiner eigenen Zeit in der Kirche kenne. Heute, wenn ich die Aktivitäten von amerikanischen Christen als organisierte Gruppe erlebe – und oft, wenn ich mit ihnen im politischen Bereich zu tun habe – ist es fast immer so, als würden sie versuchen, politischen Zwang einzusetzen, um Menschen dazu zu bringen, sich in einer bestimmten Art und Weise zu verhalten. Glaube ich, dass ein Christ alles Recht der Welt hat, so zu wählen, wie es seinem Glauben entspricht? Unbedingt!

Doch vor 20 Jahren«, fuhr Brandon fort, »als ich mir das evangelikale Christentum von innen anschaute, kam es mir wie eine Bewegung vor, die vor Tatkraft platzte, die Gute Nachricht unter die Leute zu bringen. Wenn ich es heute von außen betrachte, scheint diese Botschaft im Austausch gegen eine aggressive politische Strategie, die Teile der Gesellschaft verteufelt, verloren gegangen zu sein. Ich glaube, dass die amerikanischen Christen zu Werkzeugen der republikanischen Wahlmaschinerie geworden sind – auf Kosten ihres Rufes und ihrer Botschaft.«

Heute ist Brandon erklärter Agnostiker und lebt in Arizona. Er ist außerdem aktives Mitglied der Republikanischen Partei.

Eine wichtige Erkenntnis hinsichtlich Politik und unchristlichem Glauben ist, dass beide das Leben von Menschen beeinflussen, wie das von Brandon. *Viele Fragen halten junge Anders-*

denkende davon ab, eine Entscheidung für Jesus zu treffen, aber ein Haupthindernis ist ihre Erfahrung mit Christen in der Politik.

Ein Andersdenkender, den wir interviewten, sagte, dass er von seiner Gemeinde und am Ende auch von seinem Glauben enttäuscht wurde, weil er anfing, das unbarmherzige politische Engagement infrage zu stellen, das eine Pflichtübung zu sein schien. Sein Kommentar: »Die Gemeinde hat oft einen republikanischen Standpunkt eingenommen. Jeder, der nicht in dieses Schema passte, wurde als weniger guter Christ als alle anderen verurteilt.«

Die Umfragedaten untermauerten seine Geschichte. Ideologische Loyalität spielt eine herausragende Rolle dabei, wer sich von den Christen akzeptiert fühlt und wer nicht. Wir stellten fest, dass junge Andersdenkende, die politisch konservativ sind, nicht so viel Spannungen zum Christentum empfinden wie andere Andersdenkende. Mit anderen Worten, wenn ein 20- bis 30-Jähriger die gleichen soziopolitischen Ansichten hat wie ein konservativer Christ, hat er wahrscheinlich seltener ein negatives Bild vom Christentum. In gewisser Hinsicht ist an sich nichts Falsches daran, wenn Christen Übereinstimmungen mit anderen jungen gesellschaftlich Konservativen finden. Unsere Studie weist allerdings auch darauf hin, dass Christen mehr Geduld mit jungen Leuten an den Tag legen, die die gleichen politischen Ansichten wie sie selbst haben – und eine weniger nachsichtige Einstellung Andersdenkenden gegenüber, die abweichende Auffassungen vertreten. Ist es nur ein Zufall, dass junge Andersdenkende, die liberal und gemäßigt sind, sich am häufigsten an ein negatives Erlebnis mit einem Christen erinnern, das ihnen ein negatives Bild von Jesus vermittelte?

Ein junger Christ, Doug, berichtete, wie seine Bemühungen, seinen Nachbarn die Botschaft von Jesus nahezubringen, von einer unglücklichen unchristlichen Begegnung unterlaufen wurden: »Mein Nachbar kam am Tag nach der Wahl zu mir. Er sagte: ›Weißt du, was deine christlichen Freunde zu meiner zehnjährigen Tochter gesagt haben? Sie erzählten ihr, dass sie mir sagen sollte, ich solle John Kerry nicht unterstützen, weil er für die Abtreibung ist. Kerry sei ein Babymörder. Ich möchte nicht einmal, dass meine Tochter über Abtreibung nachdenkt, ganz zu schweigen davon, dass sie mit ihr darüber sprechen, für wen man stimmen sollte. Was für Christen *sind das denn*?«

Doug schilderte seine Frustration: »Ich hatte behutsam eine vertrauensvolle Beziehung zu meinem Nachbarn aufgebaut, und ein großer Teil davon wurde durch unbedachte und anstößige Worte zu seiner kleinen Tochter über eine Wahl zerstört.«

Die ernüchternde Schlussfolgerung ist, dass politische Einstellungen und Ansichten, wenn sie unchristlich geäußert werden, unbeabsichtigte geistliche Hindernisse zwischen den Menschen und Christus aufbauen.

POLITIK À LA JESUS

Wie überwinden wir die Sichtweise, Christen seien zu politisch? Wir ändern nicht einfach unsere Prinzipien, um es den Leuten recht zu machen, die anderer Meinung sind als wir. Doch wir sollten bereit sein, uns selbst im Licht von Jesus zu betrachten. Wir müssen fragen, ob unser politisches Engagement Christus entspricht. Wenn wir als *Jesus unähnlich* angesehen werden, wie könnte dann unsere Politik sein Leben und seine Prioritäten deutlicher widerspiegeln?

Im Folgenden nenne ich fünf Erkenntnisse über die Sichtweise der Andersdenkenden und wie sie das glaubwürdige Bild von Jesus verdecken. Denken Sie bitte daran, dass einige der Klagen von Andersdenkenden von Menschen aufgeworfen werden, die eine ganz andere Herangehensweise an die Realität haben. Oder die noch ein politisches Hühnchen zu rupfen haben. Das ist allerdings nicht immer der Fall. Der Umstand, dass so viele Andersdenkende diese Ansichten äußerten und der Umstand, dass sie uns sagen, sie wären aufgrund dieser Probleme vom Christentum abgestoßen, sind starke Zeichen, die wir beachten sollten. Außerdem, mit oder ohne Kritik, sollten wir uns immer ehrlich darum bemühen, in jedem Bereich unseres Lebens Christus entsprechend zu denken und zu handeln. Hier folgen einige Möglichkeiten, unser politisches Engagement ins Gleichgewicht zu bringen.

Unchristlich: *Christen verlassen sich zu sehr auf politische Einflussmöglichkeiten.*

Christus entsprechend: *Wir achten darauf, die Politik nicht überzubetonen.*

Christen fallen anscheinend auf beiden Seiten vom Pferd: zu politisch oder zu unpolitisch. Es ist wichtig, ein gesundes Gleichgewicht zu finden – weder ignorant und stumm noch zu abhängig von politischen Lösungen für gesellschaftliche Probleme. Wir sollten uns darum bemühen, uns zusätzlich zur Politik noch in andere kulturprägende Tätigkeiten einzubringen. Wie ich am Anfang dieses Kapitels erwähnte, sollten Christen sich nicht von Einflussmöglichkeiten auf Regierung, Gesetze oder Gesetzgebung isolieren. Diese Gebiete sollten allerdings nur einen Teil unserer Aufmerksamkeit erhalten. In vielerlei Hinsicht folgt die Politik der Kultur. Wie der alte griechische Musiker Damon von Athen sagte: »Zeige mir die Dichtungen einer Nation, und es ist egal, wer die Gesetze schreibt.« Filme, Fernsehen, Bücher, Zeitschriften, Internet und Musik sind unglaublich bedeutsam für die Prägung der Weltanschauungen und Lebensstile des heutigen Amerika. Und Christen zeigen ein wachsendes Bewusstsein für diese Einflusskanäle und gehen darauf ein. Wo beruft Gott Sie, ihm zu dienen: in Medien, Kunst und Unterhaltung, Politik, Bildung, Kirche, Wirtschaft, Naturwissenschaft?

Unchristlich: *Christen verlieben sich in die Politik.*

Christus entsprechend: *Es ist nichts gewonnen, wenn wir Wahlen gewinnen und dabei unsere Seele verlieren.*

Politischer Einsatz ist verführerisch. Viele Aspekte der Politik lösen ein Hochgefühl wie bei einem Goldrausch aus. Wenn man erst einmal damit anfängt, Einfluss auf die Wahlen zu nehmen, ist es verlockend zu glauben, die Kirche sei hauptsächlich dazu berufen, den Wahlprozess zu beeinflussen. Erinnern Sie sich an Jesu Prinzip, als er mit der Frage in die Ecke gedrängt wurde, ob man Steuern zahlen sollte? Er sagte: »Gebt dem Kaiser, was ihm gehört. Und gebt Gott, was Gott gehört« (Matthäus 22,21). In einer anderen Begebenheit stellte Jesus folgende durchdringende Frage: »Was nützt es, die ganze Welt zu gewinnen und dabei seine Seele zu verlieren?« (Matthäus 16,26). Es ist wichtig, dass wir bei dem Versuch, politische Ziele zu erreichen, nicht unsere Integrität opfern, indem wir unchristliche Mittel gebrauchen.

Unchristlich: *Christen ersticken und verteufeln die Stimmen von anderen.*

Christus entsprechend: *Respektieren wir unsere Feinde und machen wir uns bewusst, dass wir anfällig für Kurzsichtigkeit sind.*

Achten Sie auf Ihre Einstellung und auf das, was sie über Andersdenkende sagen. Unser politisches Engagement sollte nicht die einzige Messlatte sein, an der Andersdenkende unseren Glauben ablesen. Unsere Worte und Tagen prägen die Erfahrungen und Eindrücke, die Menschen von Jesus haben. Wir haben festgestellt, dass nur 9 Prozent der jungen Andersdenkenden Christen als Menschen bezeichneten, »zu denen sie großes Vertrauen haben«. Als wir nach den Gründen hierfür forschten, bezog sich die häufigste Antwort auf unser politisches Engagement. Der politische Prozess fördert und gedeiht sogar durch Vermutungen über die Opposition. Die Motivation der anderen falsch zu verstehen (und oft falsch darzustellen), ist Teil des »Geschäfts«. Was tun Sie, um Gespräche mit Leuten zu ermöglichen, mit denen Sie nicht einer Meinung sind? Stellen Sie einfach die Frage nach ihrer Meinung über bestimmte Themen. »Planen« Sie dabei nicht, ihre Meinung zu ändern; dann könnte es sein, dass sich ihre Ansichten über Sie ändern. Seien Sie bereit, mit Christen anderer ethnischer Herkunft über ihre

politischen Überzeugungen zu sprechen. Aller Wahrschein-
lichkeit nach werden deren Auffassungen Sie herausfordern.
Bringen Sie in Erfahrung, wie ihre Auffassung von Politik und
Kultur ihr Engagement in der Welt prägen.

Unchristlich: *Christen respektieren keine politischen Führungs-*
persönlichkeiten, deren politischer Standpunkt sich von ihrem
eigenen unterscheidet.

Christus entsprechend: *Respektieren wir unsere politischen*
Führer, hören wir auf sie und beten wir für sie.

In unserer Studie wiesen viele Andersdenkende auf unsere
Inkonsequenz hin. Sie sagten, dass Christen politischen Gegnern gegenüber gemein und grob wirken. Doch die Bibel sagt
deutlich, dass es unsere Verantwortung als Bürger ist, für unsere Machthaber zu beten, ungeachtet ihrer Parteizugehörigkeit
oder Ansichten (siehe 1. Timotheus 2,1-3). Wem vertrauen Sie
mehr – einem wiedergeborenen Christen, dessen soziopoli-
tische Ansichten sich von Ihren unterscheiden, oder jemandem, der einen anderen Glauben hat, aber zufällig Ihre politischen Auffassungen teilt? Wer hat mehr »recht«? Es kommt
mir unchristlich vor, dass wir oft eine freundlichere Haltung
gegenüber ideologischen Verbündeten haben, als Brüdern und
Schwestern in Christus gegenüber, die in politischer Hinsicht
anderer Meinung sind als wir.

Unchristlich: *Christen sind Heuchler, wenn es um Politik geht.*

Christus entsprechend: *Bei dem Versuch, Probleme in der*
Gesellschaft zu lösen, sollten wir wachsam für unsere Anfällig-
keit für Heuchelei sein.

Unehrlichkeit und Doppelzüngigkeit im politischen Bereich sind
für Andersdenkende besonders offensichtlich. Ein Umfrageteilnehmer traf folgende verblüffende Feststellung: »Das kommt
mir immer paradox vor. Man hört einen christlichen Vortrag

darüber, dass die Mehrheit der Amerikaner etwas unterstützt, wie das Schulgebet, oder dass die meisten Amerikaner nicht für die homosexuelle Ehe sind. Aber dann, im gleichen Gespräch, sagen sie, dass Politik keine Frage der Mehrheitsentscheidungen sein sollte, weil die Mehrheit der Amerikaner moralisch relativistisch ist. Beides geht nicht, Leute.« Das unterstreicht, wie sehr viele Andersdenkende auf unsere Worte und Argumente achten. Es hebt die Tatsache hervor, dass Heuchelei in Verbindung mit politischen Fragen eine sehr große unchristliche Barriere ist. Viele Andersdenkende erklären, dass ihr Problem mit Christen in der Politik darin besteht, dass ihr Leben nicht ihren Worten entspricht. Hier einige Beispiele von den Kommentaren von Andersdenkenden:

- »Christen folgen nicht einmal selbst dem, was die Bibel sagt. Warum versuchen sie allen anderen vorzuschreiben, wie sie moralisch leben sollen?«
- »Sie scheinen den Armen und Bedürftigen keinen Platz in ihrer Agenda einzuräumen, wie Jesus es gebietet.«
- »Christen beschweren sich oft über die Gesellschaft und wie schlimm die Dinge in der Politik stehen. Doch sie tun nicht viel mehr, als sich zu beschweren. Der Punkt ist, dass man mehr als nur eine Beschwerde bieten muss.«
- »Christen reden davon, sich von Familienwerten leiten zu lassen, wenn sie wählen, doch viele ihrer Familien sind auch in einem schlechten Zustand.«
- »Sie riskieren es, Leute von der Sache abzustoßen, für die sie versuchen zu werben, wenn sie den Blick für die echten Menschen verlieren. Christen sind anderen Menschen gegenüber nicht gnädig. Sie verurteilen ihre Handlungen, ohne in ihrer Lage zu sein.«

Nicht immer mögen die Andersdenkenden zu den richtigen Schlussfolgerungen über Christen kommen. Doch viele beschreiben uns perfekt. Zudem – selbst wenn sie nicht alles richtig sehen – ist es eine traurige Tatsache, dass wir ihnen nicht genügend gegenteilige Beweise liefern.

POLITISCHES ENGAGEMENT

Was sind die Fragen und Probleme, die in Angriff zu nehmen Gott Sie führt? Vielleicht ist es der Zugriff auf Pornografie. Fragen der Gerechtigkeit in den Vereinigten Staaten oder in Entwicklungsländern. Bildungspolitik oder Lehrpläne in unseren Schulen. Die moralischen Perspektiven, die in den Medien von heute dargestellt werden. Schutz und Pflege der Umwelt. Die Notwendigkeit, dass mehr Christen Kinder in Not adoptieren oder in Pflege nehmen. Mehr Christen in Berührung mit der weltweiten Gemeinde zu bringen. Aufklärung über den Menschenhandel überall auf der Welt zu betreiben. Das Engagement könnte von der Mitarbeit an einer Kampagne bis hin zum Dienst in der Schulkommission reichen.

Statt für unsere Kritik bekannt zu sein, lernen wir doch, zuzupacken und auf die Lösung für das Problem, das wir sehen, hinzuarbeiten. Wie Michelangelo sagte: »Kritisiere durch Kreativität.«

Mein Freund Kimble engagiert sich in der Politik. Er ist Kandidat für ein öffentliches Amt in unserer Stadt. Trotz allem, was es ihn an Zeit, Geld und Energie kostet. Sein Glaube hat sein politisches Engagement in Gang gesetzt. Kimble erklärte: »Ich glaube, viele Christen wären wirklich motiviert von den Dingen, für die mein Herz brennt, und ich möchte etwas Positives bewirken.«

Nachdem ich die Perspektiven von Andersdenkenden studiert hatte, warnte ich ihn: »Denk daran, dass die Politik dich nur bis zu einem bestimmten Punkt bringt. Am meisten veränderst du das Leben von Menschen, indem du ihre Herzen veränderst, indem du ihnen hilfst, eine leidenschaftliche, überlegte, persönliche Verbindung zu Jesus aufzubauen.«

Kimble und ich sind nicht bei jedem Thema einer Meinung. Doch wir diskutieren oft darüber, wie seine biblische Weltanschauung seine hoffnungsvolle politische Karriere beeinflusst.

DIE SICHTWEISE VERÄNDERN

DIE WELT GEWINNEN, DIE SEELE VERLIEREN

Von einem weiter in der Zukunft liegenden Ausgangspunkt aus glaube ich, dass eine ehrliche Diagnose die Wahrheit über die Schlüsselrolle ans Licht bringen wird, die die religiöse Rechte für diese deprimierenden Statistiken gespielt hat. Nach dem Aufstieg der religiösen Rechten ist es kein Zufall, dass »antihomosexuell« heutzutage das Image Nr. 1 von Christen in Amerika ist, dicht gefolgt von »verurteilend« und »heuchlerisch« und »unsensibel«. Hätten wir in den letzten Jahrzehnten einen weiseren Weg einge-schlagen, könnten die jungen Leute heute »gegen Armut«, »für die Umwelt«, »für die Treue« oder »gegen Gewalt« denken, wenn sie »Christ« oder »evangelikal« hören. Doch aufgrund des Weges, den einflussreiche Leute in den letzten etwa 30 Jahren gewählt haben, ist das, was junge Leute über die religiöse Rechte denken, auch das, was sie über Evangelikale oder sogar Christen im Allge-meinen denken.

Deshalb meinen manche von uns, dass die Führer der Religi-ösen Rechten in einem klassischen Fall von »die Welt gewinnen, die Seele verlieren« erfolgreich politischen Einfluss gewonnen, dabei aber dazu beigetragen haben, unsere nächste Generation zu verlieren.

Doch trotz alledem muss die Diagnose über das Verschwinden des christlichen Engagements in der westlichen Welt und das Rezept, wie darauf zu reagieren ist, tiefer greifen, als nur über die Fehler der Religiösen Rechten zu klagen. Es gibt viele Faktoren, und sie liegen tief. Was das Rezept betrifft, ja, wir brauchen mehr Bibel. Aber wir brauchen auch ein besseres, umfassenderes und fundier-teres Verständnis der Bibel und dessen, was sie über Gerechtigkeit, Barmherzigkeit, Zukunft, Macht, Armut, Geld, Krieg, Sexualität und das Reich Gottes sagt. Ja, wir brauchen mehr Reife. Aber wir brau-chen auch eine bessere und umfassendere Reife. Eine Reife, die bereit ist, sich den historischen und gesellschaftlichen Realitäten unserer sogenannten christlichen Vergangenheit zu stellen: einer Vergangenheit, in der es Antisemitismus, Rassismus, Chauvinismus, den Holocaust, Kolonialismus, die Apartheid, Sklaverei und versuchten Völkermord an Ureinwohnern gab. Und vieles andere, das hässlich ist und nicht nach Ausreden und Verharmlosung, sondern nach deutlicher Buße verlangt. Ja, wir brauchen mehr Urteilsvermögen und missionarischen Einsatz. Aber wir brauchen auch ein besseres Urteilsvermögen, das über Beschimpfungen und Verlautbarungen zu zwei oder drei Themen hinausgeht.

Die Daten, die hier dargestellt werden, können uns in dieser Hinsicht enorm helfen und dazu bringen zu erkennen, wie tief und ernst die Probleme sind, sodass unser missionarischer Einsatz in den kommenden Jahren nicht mehr wie bisher weitergeht.

Brian McLaren
Gründungsmitglied von *emergentvillage.com*

CHRISTEN UND IDEOLOGIE

Über die Rolle von Christen in der Politik habe ich selbst einige unwissenschaftliche Umfragen unter jungen Leuten durchgeführt. Es ist leicht zu erkennen, dass konservative Politik sie abstößt – was sehr bedauerlich ist.

Unglücklicherweise steht beinahe jedes politische Thema, mit dem Christen heutzutage in Verbindung gebracht werden, in der Defensivposition. Das Abtreibungsthema entwickelte sich so zum Beispiel, als das Oberste Bundesgericht entschied, dass die Bundesstaaten nicht mehr selbst entscheiden durften, wann das Leben beginnt. Daraus folgte die Legalisierung der Abtreibung. Seitdem wurden mehr als zwanzig etablierte moralische Konventionen von der Bundesstaats-Legislative gekippt. Und Christen haben darauf reagiert – zu Recht. Das Problem war, dass wir bei der Verteidigung dieser moralischen Werte keine besonders gute Arbeit geleistet haben, und gelegentlich geben wir ein hässliches Bild ab. Wir wirken noch schlimmer als die Leute, die uns angreifen.

Die Medien haben dieser Sichtweise ebenfalls Vorschub geleistet. In letzter Zeit wurden zwölf Bücher über den Gottesstaat geschrieben. Die Autoren traten in verschiedenen Medien auf – obwohl ich noch nie einen Christen getroffen habe, der an den

Gottesstaat glaubt. Wir glauben nicht daran. Wir sind vom Pluralismus überzeugt. Doch die Presse hat uns wirklich in eine bestimmte Ecke getrieben.

In meinem Buch *Kingdoms in Conflict* plädiere ich dafür, dass Christen nie eine politische Partei gründen sollten. Es ist ein großer Fehler, mit einer Ideologie verheiratet zu sein, weil die Ideologie der größte Feind des Evangeliums ist. Die Ideologie ist ein von Menschen gemachter Plan, wie die Welt funktionieren sollte, und Christen glauben stattdessen an die offenbarte Wahrheit der Bibel.

Chuck Colson
Gründer von *Prison Fellowship Ministries*

EINE UNPOLITISCHE KIRCHE

Ich habe das Vorrecht, in einer Gemeinde im Herzen der Demokratie zu arbeiten. Unser Vorzeigestandort, *Union Station*, liegt vier Blocks vom Capitol entfernt. Mehr als 70 Prozent unserer Gemeinde bestehen aus Leuten zwischen 20 und 30 Jahren. Und viele von ihnen sind Kongressmitarbeiter, die auf dem *Capitol Hill* arbeiten. Sie leben, essen und atmen Politik, den ganzen Tag, die ganze Woche lang.

Von Anfang an hat die *National Community Church* versucht, absolut unpolitisch zu bleiben. Das heißt nicht, dass wir nicht über Probleme sprechen. Fragen wie die Unantastbarkeit des Lebens oder die Unverletzlichkeit der Ehe sind keine politischen Fragen. Es sind moralische Fragen. Also sprechen wir darüber. Aber wir nehmen uns außerordentlich in acht, uns nicht nach einem bestimmten Politiker oder einer politischen Partei auszurichten. Dieser unpolitische Ansatz hat zu einer erstaunlichen politischen Vielfalt geführt. Die NCC ist beinahe zu gleichen Teilen den großen politischen Parteien zuzuordnen.

Ich glaube nur nicht, dass Pastoren ihre Kanzel in öffentliche politische Plattformen verwandeln sollten. Das wertet das Evangelium ab. Unsere Gemeinde braucht nicht noch eine politische Meinung. Sie braucht geistliche Offenbarung. Sie muss am Wochenende nicht über Politik nachdenken. Sie muss daran erinnert werden, *zuerst nach dem Reich Gottes zu trachten.*

Politische Vielfalt ist in der NCC Teil unserer DNA. Und sie zeigt sich am deutlichsten in unseren Kleingruppen. Wir haben eine freie Marktwirtschaft der Kleingruppen, die die Leiter dazu ermächtigt, eine Vision von Gott zu bekommen und ihr zu folgen. Obwohl wir nie eine Gruppe billigen würden, die sich außerhalb der biblischen Leitplanken bewegt, schaffen wir Raum für Leiter, die ihren unterschiedlichen theologischen Überzeugungen entsprechend verschiedene Schwerpunkte verfolgen. Mit anderen Worten, wir sind nicht schwarz-weiß, wo die Bibel grau ist. In den meisten Semestern haben wir mehrere Gruppen im Bereich soziale Gerechtigkeit, die sich mit einer Reihe von Themen beschäftigen. Und nicht alle diese Gruppen sind sich einig. Doch unsere Hauptaufgabe als geistliche Leiter ist es nicht, die Leute zur Übereinstimmung zu führen. Sie besteht darin sicherzustellen, dass unsere Augen auf Jesus gerichtet sind.

Mark Batterson
Pastor der *National Community Church*

WERBEN SIE FÜR JESUS, NICHT FÜR DIE POLITIK

Die religiösen Leiter seiner Zeit versuchten, Jesus in eine Falle zu locken, indem sie ihn auf seine politische Einstellung testeten. Sie fragten ihn: »Ist es richtig, dass wir Steuern an den Kaiser zahlen, oder nicht?« Die Bibel berichtet, dass Jesus ihre *Doppelzüngigkeit* durchschaute, ihnen sagte, dass sie dem Kaiser geben sollten, was dem Kaiser gehört und Gott, was Gott gehört. In der Geschichte hat die Kirche immer wieder mit dem Paradigma der zwei Reiche gerungen: dem Reich Gottes und dem Reich der Welt. Der Versuch, die beiden miteinander zu verbinden, ist wie der Versuch, Öl und Wasser zu mischen. Die Kirchengeschichte ist in dieser Frage konsequent. Jedes Mal, wenn das Christentum in die Falle getappt ist, die Politik zu benutzen, um seine Ziele zu erreichen, hat es seine Kraft und Wirkung eingebüßt. Bedeutungsvolles Christentum verliert nie die Realität aus dem Blick, dass im Reich Gottes im Gegensatz zum Streben der Welt alles auf dem Kopf steht. In Gottes Reich ist der Größte der Kleinste, der Erste ist der Letzte. Wir sollen unsere Feinde lieben. Für die größte Wirksamkeit sind wir zum Dienersein berufen statt in Positionen politischer Macht und Korrektheit.

John Wimber, der Gründer der *Vineyard-Church*-Bewegung, sagte einmal, dass die Menschen, wenn sie eine aufrichtige Beziehung zu Jesus haben, immer für das Richtige stimmen werden (»richtig« im Sinne von ethisch und moralisch korrekt). Er sagte, unsere Aufgabe als Nachfolger von Christus ist es, Werbung für Jesus zu machen, nicht für politische Tendenzen. Politisches Engagement hat das Potenzial, unsere Effektivität zu stören und dazu zu führen, dass wir den Blick für unsere wahre Vision verlieren und so unsere Sache schwächen.

Als engagierter Teilnehmer an der christlichen Umweltbewegung habe ich mich bemüht, unpolitisch zu bleiben. Für mich ist die Fürsorge für Gottes Schöpfung ausschließlich eine Frage gehorsamer Haushalterschaft. Die Welt hat sich politisch über eine Frage aufgespalten, die jedem Menschen dringend am Herzen liegen sollte. Der globale Umweltzustand ist ein Thema, das zu einer Hauptursache für menschliches Leid in Entwicklungsländern geworden ist. Weil wir wissen, dass Christus sein Volk zu einem Dienst der Barmherzigkeit, Gnade und sozialen Gerechtigkeit berufen hat, können wir uns nicht erlauben, uns in einer so kritischen Zeit in der Zwiespältigkeit von Religion und Politik fangen zu lassen. Wirksam werden wir nur durch authentische biblische Überzeugung und den Glauben, danach zu handeln.

Tri Robinson
Pastor von *Vineyard Boise*, Boise, Idaho

NEUE POLITISCHE FAHRWASSER

Nach 16 Jahren auf dem *Capitol Hill* als leitender und sichtbarer Evangelikaler sind die Zeichen nicht schwer zu verstehen. Junge Evangelikale, die nach 1963 geboren sind, verlassen die Herde. Und sie rennen, so schnell sie können.

Wovor laufen sie davon? Vor der Sichtweise einer intoleranten, unpopulären, gefühllosen und engstirnigen religiösen Rechten? Und wenn sie davonlaufen, wohin laufen sie?

Die Verschiebung fand unterschwellig und allmählich statt. Aber ich habe das Gefühl, dass sie sich in den letzten Jahren beschleunigt hat. Im Jahr 2004 habe ich mit führenden jungen Evangelikalen Stunden am Telefon verbracht, um sie zu überzeugen, dass Präsident Bush besser für das Land ist und für diejenigen, die um das Thema Abtreibungen besorgt sind, als Senator John Kerry. Liberale Demokraten, obwohl sie gegen einen bundesweiten Gesetzeszusatz über das Eherecht sind und das Recht auf legale Abtreibung unterstützen, scheinen in vielen jungen und wachsenden evangelikalen Gemeinschaften Aufmerksamkeit und Zugkraft zu gewinnen.

Meine ersten Erfahrungen in der Politik sammelte ich 1984 in Texas bei einer erfolgreichen Kandidatur für den US-Kongress. Es gründeten sich Gruppen wie die *Christian Voice, Freedom Council* und die *Morgan Majority* als Reaktion auf die Entscheidung des Obersten Gerichtshofs zur Abtreibung auf Verlangen. Eine politische Aktion erforderte eine politische Reaktion. Wenn wir dem Horror der Abtreibungen entgegentreten wollten, gab es keinen andern Weg, keine wichtigere Priorität als politisches Engagement.

Politik war keine Wahl, sagte man, sondern eine Verpflichtung.

Sechzehn Jahre später, von denen ich sechs als dritthöchster republikanischer Stabsmitarbeiter im Senat verbracht habe, hat sich der Wind gedreht, ebenso wie mein Denken. Es sieht so aus, als würde die konservative evangelikale Beteiligung an der Politik von der unter 40-jährigen evangelikalen Szene abgelehnt. Diese scheint alternative Formen des Engagements zu verfolgen, wie auch Themen, die traditionell nicht der religiösen Rechten zugeordnet werden. Ich glaube, dass der Hauptgrund, weshalb sie die religiöse Rechte ablehnen, nicht darin besteht, dass sie bei Themen wie Abtreibung und Ehe grundlegend anderer Meinung sind (noch nicht). Vielmehr wird eine Ursache darin liegen, dass ihnen die scheinbar engstirnige und beschränkte Agenda und die Unbeliebtheit bei der gesellschaftlichen Elite unangenehm sind. Die jungen Evangelikalen betrachten diese Situation ebenso sehr als

Unterlassungssünde der religiösen Rechten (Themen wurden nicht angegangen) wie als Tatsünde (falsche Strategien oder Positionen), und sie weichen davon ab.

Als die *Christian Coalition* sich weigerte, einen bestimmten Geschäftsführer einzustellen, weil er wollte, dass das globale AIDS-Problem auf die Agenda kam, und ein anderer Geschäftsführer aus ähnlichen Gründen zurücktrat, war das Schicksal der religiösen Rechten besiegelt.

Das ist nicht nur schlecht. Der Senator, für den ich arbeitete, unterlag einem demokratischen Lebensrechtler. So sehr ich glaube, das Land wäre mit seiner Wiederwahl besser dran, bete ich, dass die Haltung des Wahlsiegers die Demokratische Partei durchsetzt. Das Reich Gottes lässt sich von keiner der beiden Parteien vereinnahmen. Es ist ein gefährlicher Augenblick für die Kirche und das Evangelium, wenn ein vorübergehender Machthaber mit der höheren Macht verwechselt wird.

Zudem ist Politik nicht alles. Wir werden die sexuelle Revolution nicht auf dem Parkett des Senats rückgängig machen. Wir brauchen neue und »salzigere« Formen des kulturellen Engagements.

Allerdings bin ich besorgt, dass wir in der Gefahr stehen, bei den »wichtigen« Prinzipien die nächste Generation von Evangelikalen zu verlieren. Zum Beispiel bei dem Grundsatz, dass das Leben bei der Empfängnis beginnt und dass die Ehe zwischen einem Mann und einer Frau besteht. Während die nächste Generation nach einem Ort sucht, wo sie ihre Sorge über Themen wie Armut, AIDS und die Umwelt äußern kann.

Kann die evangelikale Bewegung durch diese neuen Fahrwasser steuern? Oder wird es zum Bruch kommen – zu einem Bürgerkrieg innerhalb einer Tradition, die größtenteils von einem tief verwurzelten Verständnis der moralischen Ordnung geeint wurde? Wir müssen innere Kämpfe vermeiden, die uns von der gemeinsamen Sache ablenken und wertvolle Ressourcen abziehen, die wir anderweitig dafür einsetzen sollten: gegen Ungerechtigkeit, Armut und kulturellen Verfall anzukämpfen.

Dies sind größtenteils Fragen, die die unter 40-Jährigen beantworten müssen, da die aktuelle Führungsschicht anfängt, sich aus dem öffentlichen Leben zurückzuziehen. Jetzt sind die Jungen am Zug. Sie werden Gespräche, Gebet, Demut, Gemeinschaft und Gnade brauchen. Doch mit dem Heiligen Geist am Steuer können wir die andere Seite der Stromschnellen stärker und großzügiger erreichen.

Mark Rodgers
ehemaliger Stabsdirektor der *Senate Republican Conference*
Vorsitzender von *The Clapham Group*

NICHT RECHTS ODER LINKS – TIEFER

Christen sollten sich in der Politik engagieren. Die Frage ist nicht: »Sollten wir uns einbringen?«, sondern »Wie?«.

Die konservative religiöse Bewegung in Amerika heutzutage ist politisch verdorben. Die evangelikale Bewegung wurde von parteiischen politischen Kräften als Geisel genommen und vereinnahmt. Die konservative Religion wird heute von säkularen, rechtsgerichteten politischen Kräften angetrieben und diktiert. Die konservative religiöse Bewegung – oder zumindest der politisierte Teil davon – hat also im Grunde ihre Seele an die Parteipolitik verkauft.

Viele junge Evangelikale sehen, dass es bloß republikanische Politik ist, die sich als konservative Religion verkleidet. Wenn sie das bemerken, gefällt es ihnen nicht. Sie sind besorgt, dass im linken Flügel auch genau das passieren könnte, was im rechten Flügel passiert ist: die Politisierung und Korruption der Religion um politischer Macht willen. Das wollen sie nicht.

Die jungen Leute, die ich kennenlerne, wollen weder nach links noch nach rechts gehen. Sie lehnen diese engstirnige politische Rechtgläubigkeit ab. Sie sind nicht zufrieden damit, dass es beim Christentum entweder nur um eine Liste von »Du sollst« und »Du sollst nicht« oder nur ums Nettsein gehen soll. Sie möchten tiefer gehen.

Stattdessen wollen junge Evangelikale wirklich, dass ihr Glaube und ihr Leben etwas zählen. Sie wollen, dass ihr Glaube sich irgendwie mit der sich verändernden Welt verbindet. Sie wollen, dass ihre Liebe zu Jesus sich in der Welt äußert, in Beziehungen zu anderen Menschen und in den drängenden Bedürfnissen und

Problemen der Welt. Ich stelle fest, dass das auf immer jüngere Menschen zutrifft.

Die Art Privatglaube, bei dem es nur um »mich und den Herrn« geht, reicht den jungen Evangelikalen nicht. Die Erfahrung lehrt uns, dass man nicht etwas eine Erweckung nennen kann, bis es nicht irgendwie die Gesellschaft verändert hat. Persönliche Erneuerung ist nicht genug. Es gibt einen neuen Hunger nach Erweckung, einen Hunger, an einem weltverändernden Glauben, an einer weltverändernden Bewegung teilzuhaben, den ich schon lange nicht mehr gesehen habe.

Am Ende sind es gesellschaftliche Bewegungen, die die Politik verändern – und die besten Bewegungen haben immer ein geistliches Fundament. Mit der Bibel in der einen und der amerikanischen Verfassung in der anderen Hand sorgte Martin Luther King Jr. dafür, dass sich der Wind in unserer Gesellschaft drehte. Er inspirierte eine ganze Generation dazu, sich im Kampf für Zivilrechte einzusetzen. Die Politiker lenkten zuletzt ein, wie so oft.

Jim Wallis
Gründer und Geschäftsführer von *Sojourners/Call to Renewal*

DIE PRINZIPIEN DES REICHES GOTTES LEHREN

In der Kirche von heute ist einer der Gründe, warum junge Leute von der Rolle von Christen in der Politik desillusioniert sind, dass wir ihnen oft nur einen Teil von Gottes Geboten beibringen und nicht alle. Und dass wir sie nur selten die Prinzipien von Gottes Reich lehren. Wir sind schnell dabei, über Gericht, Selbstgerechtigkeit und unsere Vorstellung von Heiligkeit zu reden, doch oft lassen wir bei unseren politischen Angelegenheiten die Prinzipien des Gottesreiches wie Liebe, Barmherzigkeit, Gerechtigkeit und die Souveränität von Christus aus.

Wir lehren unsere eigenen politischen Überlieferungen – statt Jesu Methoden – und werden zu Polizisten, Richtern und Geschworenen über das sündhafte Leben der anderen. Wir scheinen zu vergessen, dass wir alle durch Gnade gerettete Sünder sind. Eine liebevolle, mitfühlende, barmherzige Gnade, die nicht versuchte, uns die Hölle durch Gesetze auszutreiben, noch uns das zu geben, was wir verdienen. Stattdessen gab uns die Gnade den Sohn als Stellvertreter, als Erlöser für unsere Sünden.

Täuschen Sie sich nicht. Es gibt Mächte, Gewalten, Herrscher dieses dunklen Zeitalters, gegen die die Kirche sich zur Wehr setzen muss. Doch wir kämpfen nicht gegen das Fleisch und Blut unserer Mitmenschen, die sündigen.

Für jede Generation hat Gott einen souveränen Plan für ihre Rolle im politischen Prozess. Wir erweisen den kommenden Generationen keinen guten Dienst, wenn wir versuchen, den Problemen, mit denen sie konfrontiert sind, unsere politische Methode und Mentalität aufzuzwingen. Wenn wir unsere Kinder alle Gebote Gottes und die Dinge, die zu seinem Reich gehören, lehren, können wir darauf vertrauen, dass Gottes Absichten für die kommende Generation erfüllt werden. Auch wenn das bedeutet, dass wir unsere eigene Art und Weise, die Dinge zu handhaben, zurückstellen.

Reverend Jannah Scott
Momentan als politische Beraterin freigestellt
Faith & Community Initiatives, Gouverneursbüro Arizona

8

VERURTEILEND

Christen sagen immer, dass sie die Sünde hassen und den Sünder lieben. Aber so, wie sie sich verhalten, können sie auch die Wahrheit sagen. Sie hassen die Sünde und den Sünder.

Jeff, 25

Bisherige Sichtweise: Christen sind stolz und urteilen schnell über andere.
Neue Sichtweise: Christen zeigen Barmherzigkeit, indem sie das Gute im anderen sehen und jeden als potenziellen Nachfolger von Jesus betrachten.

»Wissen Sie, was mich am meisten gestört hat?«, fragte die junge Frau, Lisa, während eines Interviews, das wir vor Kurzem führten.

Ich war dankbar, dass die 29-jährige Mutter zweier Kleinkinder ihre Gedanken so offen aussprach.

»Tja, Sie fragen mich, wie ich Christen wahrnehme. Ich sage es Ihnen. Vor einigen Wochen bin ich in einer Gemeinde zu einem christlichen Bibellesekreis gegangen. Ab und zu gehe ich dorthin, weil ich ein paar von den Frauen kenne. Wissen Sie, ich versuche immer noch, die Sache mit Jesus zu kapieren.

Als der Referent eine Weile gesprochen hatte, entwickelte sich an unserem Tisch ein Gespräch. Wir waren acht oder neun Frauen und redeten über dies und das. Ich war wahrscheinlich die Jüngste, aber einige waren ungefähr in meinem Alter. Wir haben uns ganz gut verstanden.«

»Und was ist passiert, das Sie gestört hat?«

»Wir redeten über Sex, Intimität, Schwangerschaft, solche Dinge. Ich erzählte ihnen von einer Freundin, die gerade über eine Abtreibung nachdachte. Ich habe den Frauen die ganze Situation geschildert: Sie ist 20, ihr Freund hat sie sitzen gelassen. Sie fühlt sich völlig allein. Ich sagte, dass ich mit meiner Freundin mitfühle, dass ich verstehen kann, wenn für sie in ihrer Situation eine Abtreibung in Betracht kommt. Das hat die Frauen wohl geschockt. Ich weiß, dass diese Frauen alle gegen Abtreibung sind und all das. Ich weiß nicht, wofür ich bin, gegen Abtreibung oder für Selbstbestimmung. Das Gespräch nahm an diesem Punkt jedenfalls eine ganz seltsame Wendung. Plötzlich war es kein Dialog mehr, sondern ich wurde in die Defensive gedrängt. Sie blieben zwar freundlich, aber auf einmal redeten alle Frauen auf mich ein und versuchten, meine Einstellung zu Abtreibung zu ändern.«

Lisa machte eine Pause und ihre Stimme wurde weicher. »Und jetzt kommt mein Problem. Ich habe es ihnen nicht gesagt. Diese Frauen hatten keine Ahnung, dass auch *ich* eine Abtreibung hatte. Es ist schon lange her. Es war eine Erfahrung, die ich niemandem wünsche. Aber ich kann das Dilemma meiner Freundin verstehen, weil ich genau das Gleiche erlebt habe. Ich weiß nicht, ob die Christen, mit denen ich an diesem Vormittag gesprochen habe, das verstanden haben. Wahrscheinlich wollte ich im Grunde, dass sie mit *mir* mitfühlen können.«

Das, was Lisa beschreibt, ist eine der größten Schwierigkeiten, die Andersdenkende mit dem Christentum von heute haben: Christen verurteilen andere. In unseren Umfragen wurde deutlich, dass die Befragten Christen als Menschen erleben, die – bewusst oder unbewusst – versuchen, moralische und geistliche Überlegenheit zu demonstrieren. Ein Andersdenkender beschrieb es so: »Christen hören sich gern reden. Sie bilden sich etwas auf ihren Glauben ein, *aber es ist ihnen egal, wie andere Menschen denken.* Sie zeigen nicht viel Verständnis, besonders, wenn es um etwas geht, das ihnen sehr wichtig ist.«

Wie Sie später in diesem Kapitel noch lesen werden, kann es im Leben eines Christen sehr schnell passieren, dass er auf falsche Weise über andere urteilt. Dabei ist es hilfreich, zuerst einmal zu definieren, worum es eigentlich geht. Andere zu verurteilen heißt, in einer Form auf etwas hinzuweisen, das im Leben des anderen nicht in Ordnung ist, durch die sich der andere herabgesetzt, ausgeschlossen und an den Rand gedrängt fühlt. Die Chance, dass er ein Nachfolger von Jesus wird, wird dadurch leicht ausgelöscht. Angetrieben wird der Drang, über andere zu richten. durch Selbstgerechtigkeit, das fehlgeleitete innere Bedürfnis, unser eigenes Leben besser aussehen zu lassen, indem wir es mit dem der anderen vergleichen.

Leider werden Christen von unserer Kultur als Menschen mit genau diesen Eigenschaften angesehen. Fast neun von zehn jungen Nichtchristen (87 Prozent) sind der Meinung, dass der Begriff *verurteilend* das Christentum von heute zutreffend beschreibt. Dies war eine der drei am weitesten verbreiteten negativen Ansichten über Christen (neben der antihomosexuellen Haltung und Heuchelei). Wenn Sie sich also zum Beispiel Ihrem jungen Nachbarn vorstellen, der in den Zwanzigern ist, und dabei Ihren Glauben erwähnen, dann ist die Wahrscheinlichkeit groß, dass er Sie für jemanden hält, der andere schnell verurteilt.

Wir stellten außerdem fest, dass unsere selbstgefällige Haltung den jüngeren Kirchgängern auffällt. Viele junge Christen geben im Interview an, dass unser Glaube zu sehr auf die Fehler anderer ausgerichtet zu sein scheint. Mehr als die Hälfte (53 Prozent) der jungen Christen zwischen 16 und 29 ist der Meinung, dass das Etikett *verurteilend* genau zum Christentum von heute passt.

Für die MTV-Generation und Babybuster ist es aus zwei Gründen besonders schwer, dies zu akzeptieren. Erstens hinterfragen sie die Motive anderer Leute. Sie werden ständig von endlosen Ansprachen, Predigten, Marketing- und Werbekampagnen bombardiert. Gibt man ihnen ungefragt Ratschläge, reagieren sie misstrauisch und fragen sich, was Sie wohl damit erreichen wollen, wenn Sie Ihre Meinung sagen.

Zweitens wehrt sich die junge Generation mehr und mehr gegen eine zu stark vereinfachende, schwarz-weiße Weltsicht. Dieser Teil ihres Generationencodes muss uns zwar nicht gefallen, aber uns sollte klar sein, dass sie das Leben auf diese Weise verarbeiten: Nichts ist einfach. Sie schätzen Zusammenhänge, Vieldeutigkeit und Spannung. Menschen, die vorschnell über andere urteilen, sind für sie oft altmodisch, machen es sich zu einfach und verstehen nicht die Vielfalt in der Welt. Im Gespräch mit jungen Leuten ist es genauso wichtig zu beachten, *wie* man etwas sagt, wie *was* man sagt.

Gott hat genügend Weisheit, mit einer so komplexen Generation umzugehen, und seine Leute brauchen diese Weisheit ebenfalls.

EIN ENTSCHEIDENDER UNTERSCHIED

Ob es uns nun gefällt oder nicht, wir Christen werden als Menschen wahrgenommen, die andere verurteilen. Vielleicht verspüren Sie nun einen Funken Befriedigung, weil Sie denken, dass dies ja nur bedeutet, dass Gläubige der Sünde widerstehen. Natürlich sollen wir als Nachfolger von Jesus uns dazu verpflichtet fühlen, sündhafte Handlungen und Haltungen abzulehnen. Auch Jesus hat das getan. Angesichts der Tatsache, dass der ausufernde Individualismus uns zu einer Nation von moralischen Eigenbrötlern gemacht hat, ist es sehr schwer zu schweigen. Wahrscheinlich haben Sie auch schon gehört, wie Menschen ihr Handeln mit Äußerungen wie »Sie können Ihre Ansichten nicht auf mich übertragen«, »Vielleicht stimmt das so für Sie, aber ich sehe es anders«, »Jeder muss seinen eigenen Weg finden« rechtfertigen. Unsere Untersuchungen haben gezeigt, dass die selbstgemachte Moral immer weiter an Boden gewinnt, und MTV-Generation und Babybuster gehen auch genauso an moralische Entscheidungen heran.

In diesem Umfeld fangen Christen schon an sich zu verteidigen, wenn es nur darum geht, dass sie als Menschen angesehen werden, die über andere urteilen. Nur weil andere denken, dass wir über sie richten wollen, ist das noch lange kein Grund, unseren Glauben zu ändern. Wenn nicht wir Christen auf Gottes Maßstäbe verweisen, wer soll es dann tun? In diesem Buch betonen wir immer wieder die zentrale biblische Aussage: Menschen auf Jesus hinzuweisen erreicht man nicht durch Beliebtheit. Wenn Andersdenkende empört reagieren, ändert das nichts an Gottes Erwartungen. Es schwächt sie auch nicht ab. Die Menschen werden trotzdem einmal vor einem heiligen Richter stehen.

Dennoch stellt eine gesamte Generation von Menschen innerhalb und außerhalb der Kirche unsere Motive als Christen infrage. Sie glauben, dass uns mehr daran liegt zu beweisen, dass wir recht haben, als zu beweisen, dass Gott recht hat. Sie sagen, dass Christen sich mehr darauf konzentrieren, andere zu verdammen, als darauf, den Menschen zu helfen, Jesus ähnlicher zu werden. Sollte uns das vielleicht zeigen, dass wir etwas vergessen haben in der Art und Weise, wie wir Gottes Erwartungen ausdrücken und darstellen? Stört uns die *Un*gerechtigkeit der anderen mehr als unsere eigene *Selbst*gerechtigkeit?

Für Christen ist es wichtig zu unterscheiden, ob man Menschen verdammt. Das heißt, indem man über sie urteilt. Oder ob man ihnen hilft, ein weicheres Herz zu bekommen und ein Bewusstsein für Gottes Maßstäbe zu entwickeln. Indem man mit einem »Gott hasst Schwule«-Schild gegen eine Homosexuellen-Kundgebung protestiert, verurteilt man andere. Es macht keinen empfänglicher für Gott. Ein ernsthaftes Gespräch mit einem Arbeitskollegen über Homosexualität hingegen vielleicht schon. Wenn Sie denken, Sie sind besser als die geschiedene Mutter in Ihrer Gemeinde, dann verurteilen Sie. Wenn Sie sich dagegen um ihren Sohn kümmern, dient das viel eher dazu, Gottes Pläne mit dieser Familie zu verwirklichen.

Sollten Christen darüber reden, ob Dinge wie Homosexualität und Scheidung moralisch richtig sind? Auf jeden Fall. Aber bei all unseren Bemühungen, auf Sünde hinzuweisen, vergessen wir oft, den Menschen zu helfen, die von der Sünde betroffen sind. Denken Sie einmal darüber nach. Christen sind im Allgemeinen dafür bekannt, mehr über diese Dinge zu *reden* als irgendetwas dagegen zu *tun*. In unserer Umfrage ist die Mehrheit der Nichtchristen (57 Prozent) der Meinung, dass Christen schnell Fehler bei anderen suchen.

Wenn wir so weit gehen und über andere richten, damit wir uns besser fühlen, sündigen wir genauso wie die, deren Taten und Haltungen wir verdammen. Indem wir andere Menschen verurteilen, treiben wir sie von Gott weg. Sie fühlen sich abgestoßen, weil sie ein Bild von Jesus bekommen, das gar nicht der Wahrheit entspricht. Wenn wir Christen uns als Richter aufspielen, arrogant sind und anderen Menschen ständig ihre Fehler vorhalten, sind wir unchristlich.

EINE LIEBEVOLLE KIRCHE?

Das bringt uns zu einer anderen wichtigen Frage: Werden wir als liebevolle Menschen wahrgenommen? In einer Studie fragten wir vor Kurzem Andersdenkende, Kirchgänger und Pastoren, ob christliche Gemeinden für sie Orte der Liebe sind, wo Menschen bedingungslos geliebt und akzeptiert werden, unabhängig davon, wie sie aussehen oder was sie tun. Nur für einen von fünf Andersdenkenden ist die Kirche ein solcher Ort. Überraschenderweise sind weniger als die Hälfte der Kirchgänger, darunter auch wiedergeborene Christen, ganz klar der Meinung, dass in ihren Gemeinden bedingungslose Liebe gelebt wird.

Natürlich kann es sein, dass jemand die Kirche anders *wahrnimmt*, als sie tatsächlich *ist*. Pastoren haben auf jeden Fall eine völlig andere Sichtweise. Mehr als drei Viertel der Gemeindeleiter sind ganz klar der Meinung, dass in ihrer Gemeinde bedingungslose Liebe herrscht. Selbst wenn die Andersdenkenden unrecht haben, muss uns dennoch bewusst sein, dass ihre Realität von dieser Sichtweise geprägt ist. Für sie ist es schwer, sich die Kirche als Ort der Liebe vorzustellen.

Was auch immer wir über uns selbst sagen, die jungen Leute zweifeln daran. In unseren Untersuchungen wurde deutlich, dass für die MTV-Generation und Babybuster in der Kirche viel weniger Liebe und Akzeptanz erkennbar sind als für die älteren Generationen, und das sowohl bei Andersdenkenden als auch bei Kirchgängern. Zudem sind nur 16 Prozent der jungen Andersdenkenden der Meinung, dass der Satz »begegnen anderen Menschen immer in Liebe« uns Christen »in hohem Maße« beschreibt. Für Andersdenkende sind wir vielleicht freundlich oder haben gute Prinzipien, aber man erkennt uns nicht an unserer Liebe.

Eine liebevolle Kirche?

Aussage: In der christlichen Kirche werden Menschen bedingungslos angenommen und geliebt, unabhängig davon, wie sie aussehen oder was sie tun.
(Pastoren N= 613; Erwachsene, N=1 007)

	klare Zustimmung (in %)
Pastoren	76
wiedergeborene Christen	47
christliche Kirchgänger	41
Andersdenkende (alle Altersgruppen)	20

MTV-Generation und Babybuster sehen die Kirche am wenigsten als Ort der Liebe

keine Zustimmung zu der Aussage »Kirchen sind Orte der Liebe«

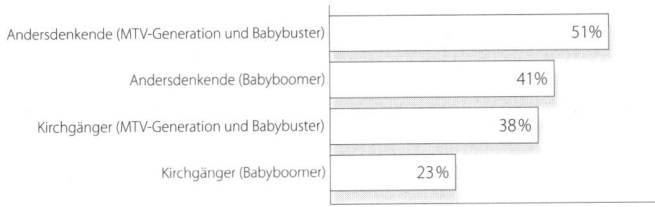

Andersdenkende (MTV-Generation und Babybuster)	51%
Andersdenkende (Babyboomer)	41%
Kirchgänger (MTV-Generation und Babybuster)	38%
Kirchgänger (Babyboomer)	23%

Und das führt zu einer neuen Frage. Werden wir Christen vielleicht als Menschen wahrgenommen, die über andere richten, weil wir *dem falschen Publikum* gefallen wollen? Die Bibel sagt ganz deutlich, dass wir allein dazu da sind, Gott zu gefallen. Verurteilen wir vielleicht andere, weil wir vor anderen Gläubigen gut dastehen wollen? Versuchen wir Gott zu gefallen, oder wollen wir nur unseren Heiligenschein vor den Mitchristen glänzen lassen? Kann es sein, dass Christen für Andersdenkende unter anderem deshalb nicht mehr anziehend sind, weil sie ihre Leidenschaft für die Menschen außerhalb der Kirche verloren haben? Statt andere Menschen als mögliche Nachfolger von Jesus zu sehen, spielen wir uns als ihre geistlichen Richter auf.

Unsere Umfragen unter Christen zeigen, dass wir oft das Ziel verfehlen, Andersdenkenden Jesus vorzuleben, weil wir zu sehr damit beschäftigt sind, die Erwartungen der anderen Gläubigen zu erfüllen. Ein Gemeindeleiter erzählte, wie ihn einige aktive Mitglieder seiner Gemeinde davon abhielten, mit einer anderen Gemeinde zusammenzuarbeiten, weil diese »zu offen für Suchende« sei. Eine andere Christin berichtete, wie ihre Bemühungen, HIV-Infizierte und Aidskranke in die Gemeinde zu integrieren, regelmäßig von anderen Christen herabgewürdigt wurden und man ihr nachsagte, sie stehe unter dem Einfluss von Aktivisten der Homosexuellen-Bewegung. Ein junger christlicher Leiter, der in der Innenstadt eine christliche Arbeit aufgebaut hatte, erzählte mir, wie seine Vorstandsmitglieder sich kritisch darüber äußerten, dass »zu viele Schwarze« kommen würden. Ein anderer einflussreicher christlicher Leiter wurde rundheraus dafür kritisiert, dass er sich auf ein respektvolles Gespräch mit Vertretern eines anderen Glaubens eingelassen hatte.

All diese Geschichten haben eine gemeinsame Aussage: Christen machen oft den Fehler, vorschnell ein Urteil über andere, auch über Mitchristen, zu fällen und so zu tun, als ob sie alles wüssten und als ob sie wissen könnten, was Gott denkt. Diese Haltung zu ändern ist eine große Herausforderung. Aber es ist möglich. In unseren Untersuchungen haben wir auch Beispiele von Christen gefunden, die in der Lage waren, biblische Wahrheiten deutlich zu machen, ohne dabei über andere zu richten. Darauf werde ich später zurückkommen. Zunächst müssen wir uns allerdings erst einmal darüber klar werden, wie es kommt, dass wir Menschen auf unangemessene Weise beurteilen.

FEHLBEURTEILUNGEN

In unserer Studie unter jungen Erwachsenen haben sich vier Haltungen herauskristallisiert, die dazu führen, dass man über andere richtet: das falsche Urteil, der falsche Zeitpunkt, die falsche Motivation und Voreingenommenheit.

DAS FALSCHE URTEIL

Der erste Fehler, den Christen oft machen, ist, falsche Schlussfolgerungen zu ziehen. Gottes Urteil über jeden Menschen ist gerecht, aber unseres nicht. Wenn Christen falsch urteilen, geschieht das üblicherweise durch Voreingenommenheit, Vermutungen oder Vorurteile, die wir über andere haben. Wir lassen uns von unserer Oberflächlichkeit bestimmen. Ein Christ, mit dem ich vor Kurzem sprach, sagte: »Ja, ich weiß, was Sie mit Vorurteilen meinen. Wenn ich jemanden mit Tätowierungen oder Piercings sehe, versuche ich, ihn nicht aufgrund seines Äußeren zu beurteilen. Mir ist schon klar, dass sein Äußeres wahrscheinlich nur ein Symptom ist.«

Ich war geschockt. Ist Ihnen klar, was er da gesagt hat? Er hätte ebenso gut sagen können: »Ich will niemanden nach seinem Äußeren beurteilen, aber mit diesen Leuten muss tief in ihrem Inneren etwas nicht in Ordnung sein.« Merken Sie, wie man unterschwellig doch über andere richten kann? Unsere Urteile stecken in uns und kommen in Gesprächen und durch unser Verhalten zum Vorschein.

Und bedenken Sie, wie junge Leute von heute leben und sich darstellen. 54 Prozent der amerikanischen Jugendlichen zwischen 18 und 25 Jahren haben irgendwann in ihrem Leben ihr Aussehen auffallend verändert, sei es durch eine Tätowierung, eine außergewöhnliche Haarfarbe oder ein Piercing. Ein Drittel aller jungen Erwachsenen hat eine Tätowierung.[53] Da stellt sich eine aufschlussreiche Frage: Ist das also ein Zeichen dafür, dass alle diese jungen Leute eine tiefe, ungelöste geistliche Furcht haben? Sicher, bei einigen mag das der Fall sein. Aber urteilt mein wohlmeinender Freund, der ein Spiegelbild von Jesus Christus sein will, nicht in vielen Fällen falsch über die Vertreter einer Generation, die sich selbst einfach nur anders darstellt? Auf jeden Fall.

Wir haben festgestellt, dass sich Menschen missverstanden und ungerecht behandelt fühlen, wenn Christen sich ein falsches Urteil über sie bilden. *Du kennst mich gar nicht. Du hast keine Ahnung von meinem Leben, was ich alles durchgemacht habe. Du interessierst dich überhaupt nicht für mich.* Wenn Andersdenkende das Gefühl haben, der andere richte über sie, sind sie meist der Meinung, dass das Urteil an sich falsch ist, weil der andere die Geschichte und den Hintergrund seines Gegenübers gar nicht gut genug kennt. Sie haben das Gefühl, man will sie in ein Klischee pressen. Später werden wir noch sehen, wie Vorurteile unsere Fähigkeit beeinträchtigen, Menschen mit Jesus bekannt zu machen.

DER FALSCHE ZEITPUNKT

Der zweite Fehler, den wir machen, ist die Wahl des falschen Zeitpunktes, obwohl das Urteil selbst richtig ist. Manchmal wissen wir genau, was Gott zu einer Sache sagt, aber wir sprechen es am falschen Ort oder zur falschen Zeit aus. Der schwule Bruder eines Freundes von mir ist an AIDS gestorben. Können Sie sich die Reaktion seiner Mutter vorstellen, wenn er sie daran erinnern würde, dass sein verstorbener Bruder in Sünde gelebt hat?

Die Entscheidung darüber, wann man reden und wann schweigen sollte, ist für viele Christen eine große Herausforderung. Einige Christen allerdings unterscheiden gar nicht und sind der Meinung, dass sie immer und überall sagen sollten, was sie denken. Bevor wir das tun, sollte uns aber zuerst klar sein, was für einem Menschen wir damit helfen wollen. Handelt es sich um einen Nachfolger von Jesus? Ich war überrascht, als ich im 1. Korintherbrief las, wie Paulus die Gemeinde darauf hinweist, dass sie nicht dafür verantwortlich ist, über Andersdenkende zu urteilen. Allerdings sagte er: »Es liegt ganz gewiss in eurer Verantwortung, diejenigen Gemeindemitglieder unter euch zu richten, die derartige Sünden begehen« (1. Korinther 5,12).

DIE FALSCHE MOTIVATION

Vielleicht urteilen wir zwar richtig, aber mit der falschen Motivation. Die Bibel sagt ganz deutlich, dass unser Handeln von Liebe bestimmt sein sollte. Als man eine Frau zu Jesus brachte, die des Ehebruchs beschuldigt wurde (Johannes 8), handelten die Ankläger aus der falschen Motivation heraus. Es hatte sich eine Menge religiöser Insider zusammengefunden, um diese Frau wegen ihres dunklen Geheimnisses anzuklagen und buchstäblich zu steinigen. Die Schuld der Frau lag auf der Hand, aber die Ankläger handelten aus Rachsucht und Selbstgerechtigkeit.

Jesus drehte den Spieß um: »Wer von euch ohne Sünde ist, der soll den ersten Stein auf sie werfen« (Johannes 8,7). Können Sie sich diesen Augenblick vorstellen, in dem Jesus in vollkommener Übereinstimmung mit Gottes Plänen sich den jahrhundertealten religiösen Lehren des jüdischen Gesetzes und der jüdischen Sitte entgegenstellte? Er forderte die Ankläger heraus, Barmherzigkeit zu üben, statt Vergeltung zu fordern und sich der Unreinheit des eigenen Lebens bewusst zu werden, bevor sie über andere richteten. Denken Sie auch an das Ende der Geschichte. Jesus, der vollkommene Richter, fordert die Frau auf, ihr selbstzerstörerisches Verhalten aufzugeben. Er sagt zu ihr: »Geh und sündige nicht mehr« (Johannes 8,11).

Dieser Fehler – Menschen aus der falschen Motivation heraus zu verurteilen – hat einen großen Einfluss darauf, wie Andersdenkende uns sehen. Haben Sie schon einmal das christliche Motto »Die Sünde hassen, aber den Sünder lieben« gehört? Es ist kein direktes Zitat aus der Bibel, aber es spiegelt das Ideal wider, das die meisten Christen vor Augen haben. Sie wollen Liebe und Gnade an andere (die Sünder) weitergeben, aber den Verhaltensweisen und Anschauungen widerstehen, die nicht Gottes Maßstäben entsprechen (der Sünde). Das Problem dabei ist, dass Andersdenkende nicht glauben, dass wir ehrlich mit uns selbst sind. Einer unserer Interviewpartner, Jeff, ein 25-jähriger Agnostiker aus Oklahoma, formulierte es so: »Christen sagen immer, dass sie die Sünde hassen und den Sünder lieben, aber so wie sie sich verhalten, können sie auch die Wahrheit sagen. Sie hassen die Sünde *und* den Sünder.« Wenn wir uns vor allem auf die Sünde fixieren, ist es praktisch unmöglich, dem Einzelnen Liebe zu zeigen. Denken Sie daran: Für viele Andersdenkende, zerbrochene Menschen, die Jesus am meisten brauchen, sind Christen vor allem Leute, die *hassen*.

VOREINGENOMMENHEIT

Der vierte und letzte Fehler in der Beurteilung anderer Menschen ist genau das Gegenteil: Bevorzugung. Es liegt in der Natur des Menschen, parteiisch zu sein. Aber durch Bevorzugung werden die Beziehungen von Christen negativ beeinträchtigt. Ein junger Interviewpartner erzählte uns, dass er einmal hörte, wie sein Jugendpastor darüber sprach, ein besonderes Augenmerk auf die Teenager mit dem meisten Potenzial zu legen. Der junge Mann sagte: »In der Schule war ich nicht gerade das, was man beliebt nennen würde. Als der Jugendpastor also sagte, dass er seine Zeit in die beliebten Leute investieren wollte, habe ich seine Motive infrage gestellt. Ich sah, wie die Leiter der Gemeinde ihre Zeit und ihre Aufmerksamkeit immer denjenigen schenkten, die auch in der Schule am beliebtesten waren. Damit wollte ich nichts zu tun haben.«

Wenn wir auf diese Art voreingenommen sind, hat das den gleichen Effekt, wie wenn wir andere verurteilen. Wir stecken Menschen in Schubladen, legen fest, wer geistlich am wertvollsten ist und das größte Potenzial in der Nachfolge von Jesus hat, und konzentrieren alle unsere Bemühungen auf diese Menschen. In der Bibel warnt Jakobus die Gläubigen ausdrücklich vor Bevorzugung: »Liebe Brüder, wie könnt ihr behaupten, an Jesus Christus, den Herrn der Herrlichkeit, zu glauben, wenn ihr bestimmte Menschen bevorzugt?« (Jakobus 2,1).

VORURTEILE ZERSTÖREN BEZIEHUNGEN

Wie bereits gesagt, hängen einige Fehler in der Beurteilung von Menschen mit Vorurteilen zusammen. Christen bringen ihre Vorurteile über Andersdenkende in verschiedenen Formen zum Ausdruck. Manchmal tun sie es ganz offen, manchmal nur unterschwellig. Manchmal beziehen sich diese Vorurteile auf die Moral oder geistliche Haltung einer Person, und das nur aufgrund ihrer Zugehörigkeit zu einer bestimmten Gemeinde. In anderen Fällen basiert das Vorurteil darauf, wie jemand aussieht oder welche Kleider er trägt. Durch die sündhafte Natur, die wir alle gemeinsam haben, haben bedauerlicherweise auch wir Christen weiter Vorurteile gegenüber anderen Menschen aufgrund von Hautfarbe, Alter, Geschlecht oder Intelligenz.

Einer unserer Gesprächspartner beschrieb sehr krass, wie er erlebte, dass man ihn verurteilte, und welche Auswirkungen das auf seinen Glauben hatte: »Die Christen von heute machen mich krank. Als Kind schikanierten sie mich nur und sagten, ich sei arm, weil ich Gott verärgert hatte. Ich freue mich darauf, wenn sich diese Religion endlich auflöst und verschwindet.«

Wie auch immer Ihre Fehlwahrnehmung aussieht, die Folgen sind die gleichen: Vorurteile zerstören Beziehungen. Sie untergraben das Vertrauen der Menschen zu Ihnen und zu Gott. Mit dieser bitteren Wahrheit sehen wir uns konfrontiert, wenn wir als Menschen wahrgenommen werden, die andere verurteilen. Wenn Christen falsche Urteile fällen, wenn wir anderen ständig ihre Fehler vorhalten. Wenn wir aus der falschen Motivation heraus handeln oder voreingenommen sind. Das untergräbt unsere Bemühungen, Andersdenkende zu Jesus zu bringen.

In einem Restaurant in San Jose erzählte ich einem Freund, Steve, von diesem Aspekt der Untersuchung. Steve ist Evangelist und Musiker und hat viele Jahre mit Jugendlichen gearbeitet. Plötzlich unterbrach er mich. »David, das wirst du mir nicht glauben«, sagte er.

»Was denn?«, fragte ich, froh über die Gelegenheit, einmal weiteressen zu können.

»Vor einigen Jahren lud mich eine Gemeinde hier in Kalifornien ein, auf einem Jugendevent zu spielen. Es sollte ein kostenloses Konzert sein. Danach sollte ich das Evangelium verkündigen. Aber bevor es losging, bemerkte ich, dass man einige Jugendliche nicht hereinließ. Ich dachte, dass sie vielleicht Eintritt verlangen würden – manche Gemeinden machen das, um einen Teil der Kosten zu decken. Also ging ich zum Pastor und sagte, dass ich gern meine Gage zur Verfügung stellen würde, damit jeder, der wollte, dabei sein könnte.« Steve rutschte ein bisschen auf seinem Stuhl herum. »David, weißt du, was er sagte?«

»Was denn?«, fragte ich und hob mein Glas mit Eistee an.

Steve beugte sich mit seiner imposanten Statur vor und zeigte mit der Gabel in meine Richtung. »Er sagte: ›Nein, Steve, wir verlangen keinen Eintritt. Wir wollen nur nicht, dass eine bestimmte Art von Jugendlichen unsere Jugendgruppe verseucht.‹«

»Verseucht?«

»Genau. Ich war so schockiert, dass ich es nie vergessen werde. Er sagte genau dieses Wort – *verseucht*!« Steve stach zur Betonung mit der Gabel in die Luft.

Wir saßen einfach nur da. Ich war bestürzt darüber, dass ein christlicher Leiter in der Lage war, die offenen Herzen von Jugendlichen abzuweisen und seine Abneigung gegen diese jungen Menschen so offen auszudrücken. Und das bei einer Veranstaltung, die darauf zielte, Andersdenkende zu erreichen! Wenn man den Jugendlichen in einer Zeit, in der ein ausgefallenes Aussehen als »normal« gilt, nicht einmal in der Kirche mit Respekt und Akzeptanz begegnet, wo dann? Stellen Sie sich die Reaktionen der Teenager vor, die an diesem Abend von der Gemeinde weggingen. Selbst wenn sie nach außen hin Ecken und Kanten hatten. Selbst wenn sie Schwierigkeiten gemacht hätten. Ich kenne Steve, es hätte ihm nichts ausgemacht. Stattdessen gingen sie mit weniger Hoffnung und geringerem Interesse an Jesus weg.

Vielleicht würden Sie nicht das Wort *verseuchen* benutzen. Aber sicher haben uns alle unsere Vorurteile schon daran gehindert, bestimmte Leute mit Jesus in Kontakt zu bringen.

Unchristlich, nicht wahr?

STOLZ VERBLENDET

Seien wir ehrlich. Andersdenkende beschweren sich zu Recht. Wir sind, mehr als uns bewusst ist, viel zu sehr damit beschäftigt, andere zu verurteilen. Wir verdienen das Etikett *verurteilend*.

Aber warum ist das so? Jesus gibt uns ein eindeutiges Vorbild, wie wir Menschen begegnen und sie so annehmen sollen, wie sie sind. Oft hat er bei anderen Anstoß erregt, weil er mit denjenigen am meisten Zeit verbrachte, die in der damaligen Kultur am wenigsten angesehen waren. Seine Lehre ist unmissverständlich: Richte nicht über andere, oder du wirst ebenso gerichtet werden. Entferne den Balken aus deinem Auge, bevor du den Splitter aus dem Auge deines Freundes ziehst. Du hast nicht das Recht, andere zu verdammen, solange du selbst nicht sündlos bist (Matthäus 7,1-5). Wie haben sich Christen so weit davon entfernt?

Manche erklären es ganz einfach: Auch Christen machen Fehler. Gläubige sind nicht immer vollkommene Abbilder von Jesus, weil sie unvollkommene Menschen sind. Das stimmt zwar, aber darum geht es hier nicht.

Der Stolz schürt die verurteilende Haltung. Wahrscheinlich ist Arroganz die heutzutage in der Kirche allgemein akzeptabelste Form der Sünde. In unserer Kultur des Überflusses ist eine der wenigen Möglichkeiten, die Satan nutzen kann, um uns

Christen zu neutralisieren, uns in unserem Stolz einzuwickeln. Wie kalte Winterluft in einen Raum weht, so dringt der Dünkel ein. Wir sehen es nicht, aber Andersdenkende spüren es. Ein Andersdenkender stellte Folgendes fest: »Christen reden über Liebe, aber man spürt keine Liebe. Ich habe das Gefühl, dass sie sich für bessere Menschen halten, obwohl ihr Leben ungefähr so aussieht wie meins.«

Ein Begriff wie Stolz ist schwer zu definieren. Niemand gibt seine Arroganz freiwillig zu. Also müssen wir bei unseren Untersuchungen indirekt danach fragen. Natürlich kennt nur Gott die wahren Gedanken eines Menschen. Aber durch unsere Fragen haben wir einen hilfreichen Einblick bekommen, wie sich die Menschen selbst wahrnehmen. So stellten wir zum Beispiel fest, dass die Mehrheit der wiedergeborenen Christen »fest überzeugt ist, mit ihrer Meinung zu Dingen im Leben recht zu haben«. Außerdem geben Gläubige eher als Nichtgläubige an, dass sie oft versuchen, andere Menschen davon zu überzeugen, ihre Ansichten zu ändern. Im Vergleich zu Andersdenkenden geben wiedergeborene Christen auch zu, viel weniger offen für die Lebenseinstellungen anderer Menschen zu sein.

Einige dieser Aussagen sind nicht an sich schlecht oder zeugen von Stolz. Sie können sogar Hinweise auf einen aktiven Glauben sein. Aber wenn man das alles zusammen nimmt, würden Sie sich gern mit solchen Menschen abgeben? Hören Sie gern auf jemanden, der überzeugt ist, immer oder fast immer recht zu haben, der Ihnen ständig ungefragt Ratschläge erteilt und der sich nicht einmal sonderlich für Ihre Ansichten zu interessieren scheint? Kirchennahe wie auch kirchenferne junge Amerikaner zwischen 13 und 29 Jahren sagten uns, dass sie sich Besseres vorstellen können, als ihre Zeit mit solchen Menschen zu verbringen.

WAS SAGT DIE BIBEL ÜBER DAS RICHTEN?

Nach Gesprächen und Umfragen unter Tausenden von Andersdenkenden las ich viel in der Bibel, um Klarheit darüber zu bekommen, wie Gott Andersdenkende sieht. Das Gericht ist einer der zentralen Punkte in der Bibel. Aber ich war erstaunt, wie die Schrift unablässig davor warnt, *nicht über andere zu richten.*[54] Nicht nur in den warnenden Worten von Jesus macht die Bibel klar, dass das Richten allein Gott zusteht und nicht den Menschen. Es ist seine Aufgabe, und er führt sie unparteiisch aus, indem er die wahren Beweggründe eines jeden Herzens aufdeckt. Dies wird auch in dem Brief deutlich, den Paulus an die Christen in Rom schreibt. Vielleicht haben Sie schon einmal erlebt, dass Gläubige ihr Urteil über andere mit dem ersten Kapitel des Römerbriefs gerechtfertigt haben. In diesem Kapitel der Bibel wird Gottes Zorn »über alle Gottlosigkeit und Ungerechtigkeit der Menschen, die die Wahrheit ablehnen« (Römer 1,18) beschrieben. Es macht unmissverständlich klar, dass Gottes Gebote unverletzlich sind und alles durchdringen. Und trotzdem geht Paulus von seiner scharfen Analyse der Sünde direkt zu einem Weckruf an die Christen über:

> »Aber du bist ja genauso wie sie und hast dafür keine Entschuldigung! Wenn du sagst, dass sie bestraft werden sollen, dann verurteilst du dich damit selbst, weil du genau dasselbe tust, wenn du über sie richtest. Ist es dir gleichgültig, wie freundlich, geduldig und nachsichtig Gott mit dir ist? Siehst du nicht, wie Gottes Freundlichkeit dich zur Umkehr bewegen will?« (Römer 2, 1.4).

Haben wir Christen ein solches Herz, um andere zur Umkehr zu bewegen?

Während meiner Umfragen unter Andersdenkenden hat Gott nach und nach meine eigene Voreingenommenheit aufgedeckt. Seine Güte dabei hat mich überwältigt. Ich möchte Sie ermutigen, ebenso auf die Ergebnisse unserer Studie zu reagieren. Welche falschen Vorstellungen hegen Sie bestimmten Menschen gegenüber? Wenn Sie bei sich ein wachsendes Gefühl der Selbstrechtfertigung feststellen – *Ich habe das Recht, über Sünde zu urteilen; dazu ruft Gott mich* – dann haben Sie vielleicht schon die Gelegenheit verpasst, sich von Gott Ihren blinden Fleck zeigen zu lassen. Wenn man Sie, Ihre Gemeinde oder Ihre Arbeit für Gott als *arrogant* bezeichnet – wie reagieren Sie? Vielleicht haben Ihre Kritiker recht. Ist Ihr Herz empfindsam genug, um Ihre eigene Motivation klar und deutlich zu sehen? Wenn Sie denken, dass Sie das Richtige tun, heißt das noch lange nicht, dass Sie Andersdenkenden gegenüber auch die richtige Einstellung und die richtige Motivation haben.

Stattdessen wird in der christlichen Szene Arroganz viel zu häufig akzeptiert oder wenigstens entschuldigt. Unsere Untersuchungen haben gezeigt, dass wir unseren eigenen Stolz tolerieren und nicht spüren, dass Gott über Arroganz zornig ist. Gott sagt, er »stellt sich den Stolzen entgegen, den Demütigen aber schenkt er Gnade« (Jakobus 4,6). Wir müssen uns und die Menschen in unserer Umgebung endlich so sehen, wie wir sind: als Menschen, die Hilfe brauchen und die einander wehtun, aber mit einem großen Potenzial als Gottes Söhne und Töchter. Vielleicht lehnen wir den Stolz dann endlich genauso unnachgiebig ab wie alle anderen Sünden. Denn besonders Arroganz zerstört den Glauben von uns Christusnachfolgern.

RESPEKT = ZUGÄNGLICHKEIT

Inmitten dieser harten Realität, dass wir stolz und verurteilend sind, möchte ich eine der ermutigendsten Erkenntnisse aus unserer Studie schildern. Bei aller Ernüchterung, die so oft von Andersdenkenden geäußert wurde, waren wir froh, Ausnahmen von der Auffassung zu finden, wir Christen richten über andere. Wir fanden Beispiele, wie Christen Ansichten über Gott äußern konnten, ohne verurteilend zu wirken. Andersdenkende sind oft offen für die Anregungen, die Nachfolger von Christus geben können. Sie nehmen vielleicht nicht immer an, was gesagt wurde, aber wenigstens verwerfen sie es nicht als unchristlich.

Für uns Christen ist das wichtig. Es unterstreicht, dass eine Freundschaft mit Andersdenkenden keine Entscheidung zwischen zwei unmöglichen Extremen ist: entweder brutal ehrlich zu ihnen zu sein oder ihren Lebensstil blind zu akzeptieren.

Andersdenkende begreifen die Abstufungen zwischen verschiedenen Situationen, und wir haben herausgefunden, dass sie in der Regel dankbar waren, wenn ihre christlichen Freunde ihnen im Rahmen ihrer Beziehung und respektvoll eine Anregung gaben. Von Akzeptanz und ehrlichem Respekt fühlen Menschen sich angezogen. Ablehnung und demonstrative Überlegenheit stoßen sie ab.

Wie also sieht diese Art von Respekt aus? Andersdenkende schlagen folgende Richtlinien vor, wie sich gegenseitige Wertschätzung aufbauen lässt:

1. *Hör mir zu.* Reden Sie weniger. Lernen Sie, besser zuzuhören. So können Sie die Nöte und die Geschichte anderer Menschen besser verstehen.

2. *Stempel mich nicht ab.* Wenn wir Begriffe verwenden, die andere Menschen in Schubladen stecken, ist das im Allgemeinen anstößig. Worte wie »Verlorene«, »Heiden« und »Nichtgläubige« sind nicht besonders gewinnend. Junge Leute sagen oft: »Wir sind alle nur Menschen. Hören wir auf, nette kleine Kategorien füreinander zu schaffen.«

3. *Sei nicht so neunmalklug.* Geben Sie nicht vor, alle Antworten zu kennen. Wenn Sie es nicht genau wissen, sagen Sie es. Außerdem erklären die Andersdenkenden, dass sie bei einem Christen nicht immer eine Antwort suchen. Normalerweise tun sie das nicht.

4. *Versetz' dich in meine Lage.* Christen scheint nur zu kümmern, was Leute tun oder nicht tun. Zum Beispiel, ob sie zur Kirche gehen und sich akzeptabel verhalten. Doch Andersdenkende wünschen sich, dass Sie einige der Dinge verstehen, die sie erlitten und durchgemacht haben. Sie glauben, dass Christen lernen sollten, sie wertzuschätzen und ihre Entscheidungen besser zu verstehen.

5. *Sei echt.* Es untergräbt das Vertrauen von Andersdenkenden, wenn Christen versuchen, bei jeder Gelegenheit etwas Geistliches hineinzuzwängen. Sie empfinden das als Beleidigung ihrer Intelligenz. *Glaubst du nicht, dass ich klug genug bin zu bemerken, was du versuchst? Ich kann deinen »christlichen«*

Plan sehen. Viele von ihnen haben kein Problem damit, dass unser Glaube uns so wichtig ist. Es macht ihnen nichts aus, gelegentlich etwas davon zu hören. Doch sie erkennen in aller Regel den Unterschied zwischen Themen, die sich im Gespräch ganz natürlich ergeben, und Gelegenheiten, bei denen wir versuchen, einen geistlichen Blickwinkel oder Gedanken einzuwerfen, der nicht hineinpasst.

6. *Sei mein Freund – ohne Hintergedanken.* Andersdenkende sagen, sie hätten manchmal das Gefühl, dass Christen sich nur mit dem Hintergedanken mit ihnen angefreundet haben, sie in die Kirche zu bekommen. Sie haben gerne christliche Freunde. Doch nicht solche mit – noch dazu schlecht versteckten – Hintergedanken. Andersdenkende sagten, dass es ihnen zum Beispiel nichts ausmacht, wenn jemand für sie betet oder ihnen irgendwie hilft. Ihnen wird allerdings unbehaglich zumute, wenn sie das Gefühl haben, dass diese Bemühungen zu einem Plan gehören, sie »aufzuwärmen«, damit sie eines Tages in die Kirche gehen. Freundschaft sollte echt sein und auf ehrlichem Interesse aneinander beruhen.

TUGEND ODER GNADE?

Wenn wir die Sichtweise von Andersdenkenden ändern wollen, Christen verurteilten andere Menschen, müssen wir sie so sehen wie Gott. Das ist leicht gesagt. Aber schwer getan. Es betrifft so viele Bereiche unseres Lebens. Wie sehen Sie alleinerziehende Eltern, Schwule und Lesben, Leute mit Tätowierungen, Ihre Nachbarn, die Familie Ihres Pastors? Sie brauchen meine Studie nicht, um zu wissen, wie leicht uns Selbstgerechtigkeit und moralische Überlegenheit fallen. Doch wir sind nicht der Richter. Gott ist es.

Der Autor Philip Yancey zeigt uns eine großartige Einsicht über verurteilende Haltungen und betont, dass das Gegenteil von Sünde nicht Tugend ist, sondern Gnade.[55] Wir müssen darüber hinauswachsen, von Menschen zu erwarten, dass sie sich unseren Erwartungen gemäß verhalten. Stattdessen sollten wir dazu beitragen, sie mit Gottes Absichten vertraut zu machen. Drei Erlebnisse, die ich vor nicht allzu langer Zeit hatte, machten mir das deutlich.

ERLEBNIS 1

Als wir letzte Woche bei Starbucks waren, erzählte mir ein befreundeter Pastor, Doug, von einer 17-Jährigen, der er geholfen hatte. Diese junge Frau, Claire, hatte es nicht leicht. Ihre ältere Schwester, die kein Christ ist, wohnt mit ihrem Freund zusammen.

»David, sie fragte einige andere Leute, andere Christen, was sie tun sollte«, erklärte Doug. »Und alle, jeder Einzelne, sagte, dass sie ihre Schwester unbedingt darauf ansprechen und ihr sagen sollte, dass das, was sie tut, falsch und gegen Gottes Plan ist.

Ich erklärte ihr, dass ich auch der Meinung bin, das Verhalten ihrer Schwester sei falsch. Doch dann stellte ich ihr eine Frage: ›Claire, glaubst du, es ist der richtige Zeitpunkt, etwas zu deiner Schwester zu sagen? Ich meine, du kennst die Situation, du kennst deine Beziehung zu ihr. Eine liebevolle Konfrontation könnte angebracht sein. Gott gebraucht uns, um zu anderen zu sprechen. Doch bittest du auch den Heiligen Geist, dass er dir hilft zu erkennen, was du sagen sollst oder wann du es sagen sollst? Gott ist besorgt um ihre Seele, nicht nur um ihr Verhalten.‹«

ERLEBNIS 2

Shelby, eine talentierte junge Musikerin, die in meine Gemeinde kommt, ging nach Thailand, um in einer Organisation mitzuarbeiten, die Menschen hilft, die in der zügellosen Sexindustrie dieses Landes gefangen sind. Später schickte ich ihr eine E-Mail, um auf den neuesten Stand zu kommen. Hier ein Auszug aus ihrer Antwort: »Vergiss nicht, dass mein Vater Kriminalbeamter bei der Polizei von Los Angeles war. Er arbeitete in ganz Los Angeles und verhaftete ständig Prostituierte. Er sagte mir immer, die meisten dieser Frauen seien drogenabhängig und sie ›finanzierten‹ sich so ihre Sucht. Sie taten mir leid. Doch ich hatte auch das Gefühl, dass sie selbst an ihrer Situation schuld waren. Wenn sie nicht drogenabhängig geworden wären, hätten sie vielleicht nicht die Entscheidung getroffen, sich zu ›verkaufen‹.

Als ich nach Thailand kam, sah ich eine andere Seite der Prostitution. Jede Prostituierte, mit der ich sprach, sagte, der Grund für ihre Arbeit sei, dass sie ihre Familie versorgen müsse. Ihre Familie?!? Viele dieser Frauen waren einmal verheiratet gewesen. Doch ihre Männer hatten sie verlassen. Jetzt mussten die Frauen für ihre Kinder sorgen. Wir verurteilen, weil wir nicht verstehen. Ich verstand es früher auch nicht. Doch jetzt fange ich damit an. Es ist schwer zu beschreiben, was mir auf dem Herzen liegt ... Doch ich schätze, ich kann einfach sagen, nachdem ich mit diesen ›Prostituierten‹ zusammengelebt hatte, betrachtete ich sie nicht mehr als solche. Ich sah sie als Mütter, Töchter, Ehefrauen, Freundinnen, und vor allem als Frauen, die Gott liebt. Und Gott zeigte mir, dass er auch an mir noch arbeitet. Manche Sünden sind offensichtlicher als andere, doch wir alle sündigen. Ich habe kein Recht, jemanden zu verurteilen, weil ich genau wie die anderen bin! Ich muss einen offenen Verstand und ein offenes Herz behalten.«

ERLEBNIS 3

Vor einigen Monaten bekam ich eine E-Mail von Catherine Rohr. Ich werde gleich vom Inhalt der E-Mail berichten. Doch zuerst möchte ich Ihnen etwas über den Hintergrund der Geschichte erzählen. Gabe stellte mir Catherine im Jahr 2004 vor. Damals halfen sie und ihr Mann Steve einem ehemaligen Strafgefangenen, den Geschäftsplan für ein bereits florierendes Handwerksunternehmen auszubauen. Catherine und ihr Mann erkannten, wie sie sagt, »dass Strafgefangene und Geschäftsleute mehr Gemeinsamkeiten haben, als man vermuten würde. Sie sind kreative, leidenschaftliche, ehrgeizige, mutige und intelligente Menschen mit einem starken Unternehmergeist. Die Energie der Strafgefangenen wurde nur in die falsche Richtung umgesetzt.«

Also gründete das Ehepaar eine Organisation mit dem Namen *Prison Entrepreneurship Program (Gefängnisunternehmerprogramm)*, eine Arbeit, die Strafgefangenen im Gefängnis eine gründliche wirtschaftliche Ausbildung anbietet. Einer der einzigartigen Aspekte an ihrem Programm: Sie bitten Führungskräfte aus der Wirtschaft, einen Tag lang ins Gefängnis zu kommen und dabei zu helfen, die Geschäftspläne zu beurteilen, die die Insassen entwickeln.

Zurück zu der E-Mail, die ich neulich von Catherine bekam. Darin beschrieb sie, wie sie an den Universitäten Stanford und Berkeley Vorträge gehalten hatte. »Vor wem hast du die Vorträge gehalten – und warum?«, schrieb ich zurück. Ihre Antwort: »Vor den BWL-Studenten. Wir werben BWL-Berater für die Geschäftspläne unserer Gefängnisinsassen an. Und auch, um die Leute zum Nachdenken über Gnade und Erlösung anzuregen.«

Stellen Sie sich das vor. Durch ihre Bereitschaft, Menschen zu helfen, die andere übersehen, trägt Catherine dazu bei, das Leben von Strafgefangenen, Geschäftsleuten *und* BWL-Studenten umzugestalten. Sie trägt dazu bei, die Sichtweise davon zu verändern, worum es bei der Nachfolge von Christus geht. Und – was für ein starker Gedanke: Durch den Dienst an den niedrigsten Mitgliedern der Gesellschaft hat sie Zugang zu deren Führungspersönlichkeiten.

Catherine sieht das Potenzial der Gefängnisinsassen, aktive Teilnehmer am Geschäftsleben und Christusnachfolger zu sein. Sie feiert und schätzt die Möglichkeiten, die es in deren Leben noch gibt, trotz ihrer Inhaftierung und trotz ihres Rufes als Verbrecher. Weil sie ihre Vorurteile zurückstellt, kann Gott sie gebrauchen.

Es gibt viele Christen, die aufopferungsvolle Dinge tun wie Catherine Rohr. Doch nicht genug von uns dienen an genug Orten, um die Sichtweise zu verändern, Christen verurteilten andere Menschen.

Zumindest *noch* nicht.

DIE SICHTWEISE VERÄNDERN

GRACE CITY

Normalerweise bin ich immer zurückgezuckt, wenn ich das Klischee hörte,»liebe den Sünder, aber hasse die Sünde«. Ich dachte, das sei unmöglich. Ich meine, kommen Sie, jeder, der das sagt, versagt über kurz oder lang bei beidem. Das ist für mich besonders kompliziert, weil ich in der *Sin City*, Las Vegas, der Stadt der Sünde lebe. Diese Stadt ist auf ihrem Exhibitionismus und ihren Exzessen erbaut. Dann las ich einen Abschnitt von C. S. Lewis, der mich völlig aus dem Konzept brachte. Der Autor stellt fest, dass es jemanden gibt, den ich liebe. Obwohl ich nicht mit dem einverstanden bin, was er tut. Es gibt jemanden, den ich akzeptiere. Obwohl mich einige seiner Gedanken und Taten empören. Es gibt jemanden, dem ich vergebe. Obwohl er die Menschen verletzt, die ich am meisten liebe. Dieser Jemand bin *ich*. Es gibt eine Menge Dinge, die ich tue, die mir nicht gefallen. Aber wenn ich mich lieben kann, ohne alles gutzuheißen, was ich tue, kann ich auch andere lieben, ohne alles gutzuheißen, was sie tun. Je mehr diese Wahrheit mein Leben durchdrang, umso mehr veränderte sich die Art und Weise, wie ich andere ansehe.

Ich kann die Zocker und Aufrührer lieben, die Las Vegas bevölkern. Ich kann die Spieler, Rebellen, Stripperinnen, Studenten und Fußballmütter lieben, egal, worin sie gerade feststecken. Es ist nicht meine Aufgabe, sie zu ändern oder zu verurteilen. Das ist Gottes Aufgabe. Meine Aufgabe ist es, sie zu lieben und sie auf die Liebe von Jesus hinzuweisen. Er ist derjenige, der die Veränderung bringt. Das ist ein Prozess, der Zeit braucht. Wenn Menschen das Gefühl haben, dass sie so akzeptiert werden, wie sie sind, ungeachtet dessen, was sie getan haben oder tun werden, dann sind sie offen für Freundschaft und Einflüsse von anderen Menschen.

Dieses Verständnis motivierte mich, ein riesiges Bild an meiner Bürowand aufzuhängen. Es wurde vom Turm des *Stratosphere Tower Hotel* aus aufgenommen, gerade als die Sonne untergeht. Der sieben Kilometer lange Streifen von Kasinos und Hotels ist deutlich zu erkennen, ebenso wie die Hochhäuser, Stripclubs und Vororte.

Über dem Horizont stehen die Worte *Grace City* – Stadt der Gnade. Es erinnert mich daran, dass, egal, was ein Mensch getan hat, Gottes uneingeschränkte Gnade da ist. Egal, was die Menschen durchmachen, es gibt Hoffnung. Daher sehe ich Las Vegas nicht mehr als *Sin City*. Ich sehe die Stadt als *Grace City*.

Was ist mit Ihrer Stadt? Die Menschen dort sind immerhin nicht so anders. Sie sind diejenigen, die die Flugzeuge und Autos bevölkern, die Las Vegas zum meistbereisten Reiseziel in der Welt machen – nur nach Mekka pilgern noch mehr Leute. Was könnte geschehen, wenn wir sie mit der gleichen Gnade ansehen, die wir uns selbst gewähren?

Jud White
Pastor der *Central Community Church*, Las Vegas

FREUNDSCHAFT ÜBERWINDET

Jeder, der einen anderen als verurteilend bezeichnet, ist, ähm, schon an sich verurteilend. Dieses Juckpulver Verurteilen steckt in uns allen. Als Nachfolger von Jesus sind wir dazu berufen, am wenigsten zu verurteilen. Doch oft stellen wir fest, dass wir diejenigen sind, die am meisten verurteilen. Warum?

Ich kann eine ganze Liste von Gründen anführen. Aber einer der größten ist, dass wir Gottes Gesetze nehmen, wie auch die Grenzen, die wir darum ziehen, und sie dann auf Menschen anwenden, die nicht einmal an Gott glauben. Schlimmer noch, Verhaltensänderung wird uns wichtiger als echte Umgestaltung. Das Ergebnis ist, dass in unseren Herzen eine verurteilende Haltung entsteht und jede unserer Einstellungen und Begegnungen überschattet. Wenn also ein 16- bis 29-Jähriger denkt, dass wir andere verurteilen, würde ich gerne zurückschießen. Aber traurigerweise muss ich ihm recht geben. Ich möchte ihm nicht recht geben. Ich möchte, dass Christen als die liebevollsten Menschen bekannt sind: die Art von Menschen, die andere lieben, bis es wehtut. Doch bisher sieht es nur so aus, als würden wir vielen mehr Schmerz als Heilung bringen.

Wissen Sie, Liebe ist das Gegenteil von Verurteilen. Sie mäßigt unsere Ansichten, Einstellungen und unseren Umgang mit anderen. In unserem Kulturklima ist die Liebe grundlegend wichtig. Nun sagen manche, dass die Liebe keinen Plan hat. Doch ich glaube, dass die Liebe der Plan *ist* (Johannes 13,35). Ob in unseren Gemeinschaften, an unseren Arbeitsstellen oder in der Regierung, wir müssen fest entschlossen sein, die zu lieben, mit denen wir zusammenarbeiten und denen wir dienen.

Eine unserer Schwächen ist, dass wir sehr viel mehr darum bemüht sind, recht zu haben als rechtschaffen zu sein. Wir werden immer dann wie die Pharisäer, wenn wir uns auf Themen statt auf Menschen konzentrieren. Das Verurteilen schleicht sich immer dann ein, wenn wir mit Problemen umgehen, als seien sie schwarz-weiß, statt Menschen aus Fleisch und Blut, die Erlösung brauchen. Möchten Sie das ungesunde Verurteilen wirtschaftlich armen Menschen gegenüber loswerden? Sorgen Sie dafür, dass es in Ihrem Leben arme Menschen gibt, die Sie lieben und die Ihnen willkommen sind. Möchten Sie das ungesunde Verurteilen Homosexuellen gegenüber loswerden? Sorgen Sie dafür, dass es in Ihrem Leben homosexuelle Menschen gibt, die Sie lieben und die Ihnen willkommen sind. Möchten Sie das ungesunde Verurteilen unserer Regierung gegenüber loswerden? Sorgen Sie dafür, dass es in Ihrem Leben in der Politik engagierte Menschen gibt (selbst wenn es nur auf lokaler Ebene ist), die Sie lieben und die Ihnen willkommen sind.

Dann werden wir, wenn wir über Themen reden, nicht nur über diejenigen *Dinge* sprechen, die uns wichtig sind, sondern über die *Menschen,* die uns wichtig sind. Das Verurteilen, nun, das wird anfangen, ganz natürlich zu verblassen, wie es bei der Frau am Jakobsbrunnen der Fall war. Bei der Frau, die beim Ehebruch ertappt wurde, und bei so vielen anderen Menschen.

Margaret Feinberg
Autorin und Referentin

DEMUT

Alles läuft darauf hinaus, wie wir das Evangelium verstehen. Das Problem an der Religion ist, dass sie die Menschen glauben lässt, »weil ich in diese Kirche gehe, bin ich irgendwie besser als andere

Menschen«. Der offensichtliche Mangel daran ist, dass das Evangelium sagt: Das blutverschmierte Kreuz bedeutet, keiner ist besser als der andere – uns allen wird in Gottes Augen die gleiche Gnade geschenkt. Wir alle haben die gleiche sündhafte DNA. Der Umstand, dass wir Christen diese Gnade angenommen haben und erlöst sind, sollte in uns *Demut* hervorrufen.

Ich bin verblüfft darüber, wie jemand die Geschichte hören kann, dass Jesus an unserer Stelle gestorben ist und uns aus unserer Hilflosigkeit gerettet hat, und dann dadurch in seinem Leben Arroganz entsteht. Es sollte Unterscheidungspunkte geben. Doch diese sollten nicht nur auf Verhalten und Moral beruhen, sondern auf Gottes Liebe zur Welt, die durch seine Nachfolger verkörpert wird, die von seiner Gnade und Barmherzigkeit überfließen.

Rick McKinley
Pastor von *Imago Dei*, Portland

ANNEHMEN, NICHT IM STICH LASSEN

Ich treffe mich bei Starbucks gelegentlich mit einem Pastor, der eine Affäre mit einer Angestellten in seiner riesigen Gemeinde hatte. Vor einigen Monaten kam es heraus. Er verließ den Dienst in Ungnade und macht jetzt eine brutale Scheidung durch. Das ist keine ungewöhnliche Geschichte. Leider habe ich damit bei meiner Arbeit öfter zu tun. Auch wenn diese Geschichte herzzerreißend ist, fürchte ich, dass im Leben dieses Mannes noch etwas Tragischeres geschehen ist. Wissen Sie, dieser unglaublich bekannte und beliebte Pastor findet sich jetzt völlig verlassen von der christlichen Gemeinschaft wieder. Als die hässliche Nachricht von seiner Untreue bekannt wurde, hörten die Leute auf, ihn anzurufen. Er wurde nicht mehr zum Essen eingeladen und man bat ihn, nicht mehr in seine Kleingruppe zu kommen.

Ich weiß nicht genau, wie es passiert ist, aber es scheint, als kämpfte die Gnade, das zentralste Thema des Christentums, ums Überleben. Es scheint auch, gemessen an den aus der Umfrage gewonnenen Erkenntnissen, dass sich die Kirche bei diesem Thema ernsthaft verirrt hat. Unsere Kultur sieht uns nicht als Glaube der zweiten Chance an, sondern als Religion der Verurteilung. Ein Freund sagte mir kürzlich, dass es seiner Meinung nach so aussieht, als hätte die Lehre von Jesus nicht richtig auf seine Nachfolger abgefärbt. Ich fürchte, in gewisser Weise hat er recht.

Von allen aktuellen negativen Ansichten über Christen verlangt diese unser intensivstes Augenmerk. Gnade ist unser zentrales Thema, und wenn wir es einfach ignorieren, wird das mit Sicherheit unser Untergang. Wir werden den glatten Abhang zur Belanglosigkeit hinabrutschen, und unsere Botschaft vom Evangelium wird in unserer Kultur nicht mehr glaubwürdig sein. Wieso? Weil es in gewisser Hinsicht scheint, als wäre die säkulare Welt mehr zur »tätigen Gnade« in der Lage als wir. Der größte Export des Christentums wurde von Nichtgläubigen aufgegriffen. Vergebung, Barmherzigkeit und zweite Chancen sind übliche Erscheinungen, wie mehrere populäre Fälle in letzter Zeit bewiesen haben. Ob es die Drogensucht eines Filmstars ist, die Affäre einer Schönheitskönigin oder ein Zusammenstoß mit dem Gesetz – im säkularen Bereich scheint die Gnade zu florieren. Ein kurzer Aufenthalt in der Entzugsklinik oder eine von Herzen kommende Entschuldigung in der Öffentlichkeit reicht in der säkularen Gesellschaft aus. Wenn Donald Trump zum Aushängeschild für zweite Chancen wird und die Kirche als Ort des Gerichts angesehen wird ... haben wir ein schwerwiegendes Problem.

Wie also werden wir zu Menschen, die für Gnade bekannt sind? Erstens müssen wir uns eingestehen, dass wir ein Problem haben. Wir können nicht weiter so tun, als wäre die Kirche ein Ort der Gnade, wenn wir diejenigen, die es in unserer eigenen Gemeinschaft vermasseln, im Grunde auf die Straße setzen. Wenn wir unseren Pastoren, Leitern und Freunden nicht vergeben können, wie können wir dann anderen auch nur ansatzweise vergeben? Mein »Starbucks-Pastor« muss angenommen, nicht im Stich gelassen werden. Wir müssen dabei anfangen, einander zu lieben, einander zu vergeben und einander die Lasten zu tragen, besonders wenn wir versagen. Wenn ein Bruder oder eine Schwester unter die Räder des Lebens gerät, laufen wir nicht von ihnen weg, sondern sammeln uns um sie.

Zweitens müssen wir uns mit den Leuten abgeben, von denen uns fernzuhalten wir viel zu lange gelehrt wurden. Wir müssen mutig in die Umfelder hineingehen, wo die Gnade blüht und ihre besten Werke ausrichtet. Christliche Isolation und ein sicheres Leben sind nicht das, was Sie und ich unterschrieben haben, als wir sagten, dass wir Jesus folgen würden. Er war nie fernab vom Schmerz der Menschen. Ganz sicher blieb er nicht an den sicheren Orten. Er gab sich mit den Leuten ab, die von ihren Fehlern und schlechten Entscheidungen am Boden zerstört waren. Jesus trocknete die Tränen von Prostituierten, hielt die Hände von Ausgestoßenen und berührte die Wunden der Kranken und Verrückten. Er gab sich mit den nicht ganz perfekten Leuten in der Welt ab und zeigte ihnen, worum es beim Christsein wirklich geht. Der Titel eines Menschen, das Namensschild der Gesellschaft oder das Schild am Arbeitsplatz eines Menschen kümmerte ihn nie. Pornostars oder Prediger, Homos oder Heteros, Republikaner oder Demokraten – das schert Gott gar nicht. Wir alle sind seine Kinder. Wir alle brauchen diese verblüffend wunderbare Sache namens Gnade. Wir wissen, was wir tun müssen: Gehen wir jetzt los und tun es.

Mike Foster
Vorsitzender von *Ethur*
Gründer von XXXchurch.com

DER ZUSTAND MEINER SEELE

Ich habe damit zu kämpfen, dass ich verurteile. Seit ich denken kann.

Als mein Mann und ich verlobt waren, planten wir unsere Hochzeit innerhalb von drei Monaten. Eines Nachmittags klärten wir die nächsten 20 Aufgaben, die wir erledigen mussten. Er hatte noch nicht die Bäckerei wegen der Torte angerufen, und er hatte seine Gästeliste noch nicht fertig. Die Verärgerung tropfte mir aus jeder Pore, als ich ihn mit allen Vorwürfen und Beschuldigungen überschüttete, die ich aufbieten konnte. Wie konnte er es wagen, einen Fehler zu machen und meinen Nachmittag zu ruinieren. Jetzt musste ich hinter seiner Unfähigkeit herräumen!

Nach meiner Wortattacke saß er still da. In seinen Augen stand Ungläubigkeit und Schmerz geschrieben. Ich erwartete, dass er mich für meine Tirade zurechtweisen würde. Doch das tat er nicht. Er sagte nur: »Jonalyn, redest du so mit dir selbst?« Ich schwieg fassungslos.

Dann nickte ich langsam und begann, lange und heftig zu weinen. Mir wurde klar, dass dies nicht das gute Leben, das Leben im Überfluss war, das Jesus anbot. Aber es war die einzige Art und Weise, die ich kannte, eine vorbildliche christliche Frau zu sein, die eine vorbildliche Hochzeit plante.

Es war das erste Mal, dass jemand sich die Zeit nahm, den Menschen hinter meinen verurteilenden Worten zu sehen. Er sah den Zustand meiner Seele. Er schluckte seinen eigenen Schmerz lange genug hinunter, um zu sehen, dass es etwas Selbstzerstörerisches gab, das mich auffraß. Um irgendetwas auf die Reihe zu bekommen, um heilig zu sein, um rein zu bleiben, um den schmalen Weg zu gehen, verdammte ich mich zum Gehorsam. Das waren meine inneren Antreiber:

> »Wenn du das nicht fertig machst, wer soll es deiner Meinung nach tun?«
> »Das wäre nicht passiert, wenn du dich nur mehr angestrengt hättest.«
> »Das hast du davon, wenn du es beim ersten Mal nicht gleich richtig machst.«
> »Du bekommst, was du verdienst.«

Ich war Expertin für emotionale Selbstgeißelung.

Ich glaube, viele der verurteilenden Menschen, die wir kennen, sind ängstlich, schuldbeladen, krank. Ich war es. Ich konnte nicht gnädig sein, weil meine eigene Reserve an Gnade so knapp war. Was wusste ich schon von Gnade? Sicher, »Grace«, Gnade, war mein zweiter Vorname. Doch ich brauchte sie eigentlich nicht. Sie war für diese anderen Leute da, die ständig patzen. Dale lehrte mich, dass wir nicht etwas geben können, das wir selbst nie empfangen haben.

> »Christus wartete, und wartet, nicht darauf, dass wir fertig werden … Gott hat seine Liebe aufs Spiel gesetzt, indem er seinen Sohn den Opfertod für uns sterben ließ, als wir für ihn noch nicht zu gebrauchen waren« (Römer 5,6-8 nach *The Message*).

Dale war der erste Mensch, der das Chaos in mir sah und sich weigerte, eine sofortige Aufräumaktion zu verlangen. Er sah, wo ich stand. Er heiratete mich trotzdem. Nicht, um mich zu retten, sondern um mich auf der Reise ins Leben im Überfluss zu begleiten.

Jonalyn Fincher
Autorin von *Ruby Slippers*

9

VON UNCHRISTLICH ZU CHRISTLICH

Es gibt keine gewöhnlichen Menschen. Sie haben noch nie mit einem Normalsterblichen geredet.

C. S. Lewis

Dieses Buch ist nur der Anfang. Jetzt sind Sie an der Reihe.

Die junge Generation von Andersdenkenden wirft grundlegende Kritikpunkte am christlichen Glauben und seinen Vertretern auf. Das Problem zu erkennen und die Feindseligkeit zu diagnostizieren, ist nur der Anfang. Wie werden wir reagieren? Was werden wir tun, um gegen die Sichtweise anzugehen, unser Glaube sei unchristlich?

Gabe und ich hoffen, dass dieses Buch zu reichlich Gesprächen darüber führt, in welcher Hinsicht das Christentum seinen guten Ruf verliert und was man dagegen tun könnte. Ob es uns gefällt oder nicht, es wirken komplizierte und zunehmend feindliche Faktoren. Einige davon sind offensichtlich und andere brodeln unter der Oberfläche. Mein Ziel war es, Ihr Herz und Ihren Verstand für diese Themen zu öffnen. Ich ermutige Sie, sorgfältig über die MTV-Generation und Babybuster nachzudenken und intensiv für sie zu beten. Denn es sind skeptische Altersgruppen, die uns immer mehr ignorieren.

So kommt alles auf diese kritischen Fragen zurück: Was werden wir tun? Wie werden wir auf das eingehen, was die jungen Generationen von uns denken? Wenn MTV-Generation und Babybuster sagen, dass wir nicht mehr wie die Leute aussehen, die Jesus ursprünglich im Sinn hatte, was tun wir dagegen? Wie kommen wir von unchristlich zu christlich?

In diesem letzten Kapitel möchte ich einen einfachen, aber herausfordernden Gedanken erörtern: *um unseren Ruf zu verändern, müssen wir Christusnachfolger lernen, so wie Jesus auf Menschen zuzugehen.* Mit anderen Worten, um das Problem des unchristlichen Glaubens umzukehren, müssen wir die Menschen so sehen und auf ihre Bedürfnisse und Kritik so eingehen, wie Jesus es tat. Wir müssen von Dienst- und Opferbereitschaft bestimmt sein. Von einem Leben, das Demut und Gnade atmet. Wenn junge Andersdenkende sagen, sie können Jesus in unserem Leben nicht sehen, müssen wir Jesus wieder ans Tageslicht bringen.

Das umzusetzen ist vielleicht das Allerschwerste. Wir haben Schwierigkeiten zuzugeben, dass wir ein Problem haben. Die Wahrheit ist, wir alle haben viel zu lernen. Je reifer wir in unserem Glauben sind, desto besser können wir unseren Bedarf für Wachstum sehen. Bei unseren Umfragen über die geistlichen Ansichten von Menschen ist es keine Überraschung, dass reife Gläubige ihre Schwächen besser benennen können, weil sie sich deutlicher im Licht von Gottes Maßstäben sehen können. Sie machen sich nichts vor.

DIE SICHTWEISE VERÄNDERN

Sind Sie bereit sind, Ihr Leben unter die Lupe zu nehmen? Dann möchte ich Ihnen vier Erkenntnisse vorstellen, die uns helfen können, vom Unchristlichsein wegzukommen und als echte Christusnachfolger bekannt zu werden, sodass wir Jesus den skeptischen Andersdenkenden besser vor Augen führen können. Diese Einsichten haben sich aus meinem Forschungsabenteuer der letzten drei Jahre herauskristallisiert. Sie leiten sich von der Art und Weise ab, wie Jesus lebte.

DIE RICHTIGE PERSPEKTIVE

Die erste Erkenntnis ist, dass Jesus die richtige Perspektive hatte, wenn er mit Kritik konfrontiert war. Ihn schienen Kritiker nicht so zu beunruhigen wie uns. Die Bibel betont, dass Gläubige nicht populär sein werden und dass die Botschaft vom Kreuz für Andersdenkende keinen Sinn ergibt. Jesus lehrte sogar, dass wir uns als »gesegnet« betrachten sollten, wenn wir verfolgt werden, weil wir ihm nachfolgen. Paulus schreibt, dass wir Gott loben sollten, wenn wir leiden, weil wir Christen sind, weil wir mit dem Namen von Christus verbunden sind.

Dennoch geht es bei der Lösung dieses Problems nicht darum, sich mehr *anzustrengen*. Es geht nicht darum, unsere Botschaft sorgfältig PR-fähig zu machen oder die »christliche Marke« in der Öffentlichkeit zu managen. Christen sollten keine Anerkennung für ihre Bemühungen erwarten, außer Gott zu ehren.

Wenn Jesus mit Kritik konfrontiert war, tat er sie nicht einfach als ungerechtfertigte Verfolgung ab. Manchmal redete er. Ein andermal reagierte er mit Schweigen. Gelegentlich erzählte er eine Geschichte oder ein Gleichnis, um eine Frage zu beantworten. In anderen Fällen zitierte er das Alte Testament. Manchmal sagte er seinen Zuhörern, was sie denken sollten. Unter anderen Umständen konterte er mit knallharten Fragen und wehrte die Anschuldigungen ab oder zwang die Fragesteller, die »Wahrheit« selbst zu entdecken.

Diese Unberechenbarkeit führt zu einer zweiten Erkenntnis darüber, wie Jesus auf Kritik einging. Er war nicht bereit, sich von seinen Feinden definieren zu lassen. Wenn seine Angreifer ihn dazu bringen wollten, eine klare Aussage *gegen* etwas zu treffen, legte er die Grenzen der Diskussion offenbar immer neu fest. Er brachte seine Gegner ständig aus dem Gleichgewicht und in Verlegenheit. Wenn die Fragesteller Jesus hinsichtlich religiöser Gesetze, Gebräuche und Einschränkungen in die Ecke drängen wollten, reagierte er oft, indem er eine andere Frage aufwarf oder eine Geschichte erzählte, die die Vorgaben des Streitgesprächs veränderte. Sollte der Sabbat geheiligt werden? *Natürlich, doch aus welchem Grund?* Sollte er sich mit Sündern abgeben? *Wer braucht hier eigentlich Hilfe?* Sollte die Frau Geld »verschwenden«, um Jesus die Füße zu parfümieren? *Wenn sie ihre Seele öffnet und Gott ehrt, was ist dann eigentlich euer Problem?*[56]

Eine dritte Erkenntnis ist, dass Jesus, wenn er auf die Kritiker einging, wohl die unterschwelligen Motive in Erwägung zog. Er konnte zwischen Feindseligkeit und Schmerz unterscheiden. Und er sprach immer den Kern des geistlichen Zustands der Menschen an. Als die Frau am Jakobsbrunnen sagte, sie sei nicht verheiratet, erinnerte Jesus sie an ihren Ungehorsam. Doch so, dass er damit offenbar ihre Suche nach Gott auslöste. Der reiche junge Mann aus der Führungsschicht suchte nach Anerkennung vom Messias. Doch Jesus sagte, dass Menschen, die auf ihren Besitz vertrauen, sich selbst Barrieren gegen den Dienst für Gott aufbauen. Am Kreuz weigerte sich Jesus, zornig auf die Andersdenkenden zu reagieren, selbst auf die, die ihn umbrachten. »Vergib ihnen«, betete er für seine Mörder.

Die meisten Menschen, die Christen eingeschlossen, wissen nicht, was sie tun sollen, wenn andere an ihnen einen Fehler finden. Sie ignorieren oder verharmlosen ihn oder zeigen mit dem Finger auf andere Leute, die das Problem verursacht haben. Ein anderer Weg, die Anschuldigung unter den Teppich zu kehren. Ich habe gesehen, wie Leiter, Gemeinden, Unternehmen und andere Werke die Gelegenheit verpasst haben, geistlichen Einfluss auszuüben, weil sie auf berechtigte Kritik nicht angemessen eingegangen sind. Gott erlaubte ihnen, etwas über sich selbst zu erkennen. Doch sie hatten keine »Ohren zu hören oder Augen zu sehen«, was ihnen offenbart wurde.

Wie reagieren Sie auf Kritik? Werden Sie wütend und beleidigt? Sehen Sie das, was Menschen sagen, im Licht ihrer geistlichen Nöte? Prüfen Sie, ob der Heilige Geist Ihnen vielleicht etwas über Sie selbst zeigen will? Eine Regel, die mein Vater mir beigebracht hat und die ich beibehalten habe, ist diese: Kümmere dich mehr um das, was in dir passiert als um das, was *dir* passiert.[57] Wenn mir in meinem Leben Kritik und Herausforderungen begegneten, war dieser Satz immer eine gesunde Erinnerung daran, dass es Gott um *meine* Reaktion geht. Darum, *mich* zu lehren und *mich* zu der Art Mensch zu formen, die er gebrauchen kann. Der Umstand, dass alles gegen mich stand, sollte unerheblich sein.

Wir müssen lernen, wie Jesus angemessen und mit der richtigen Motivation auf Kritik einzugehen. Negative Reaktionen sollten uns nicht schwächen, noch sollten wir vor schweren Entscheidungen oder unpopulären Positionen zurückschrecken. Doch wir sollten darüber nachdenken, ob unsere Reaktion auf Zyniker und Gegner davon motiviert ist, Gottes Ehre zu verteidigen oder unser eigenes Image.

DIE VERBINDUNG MIT DEN MENSCHEN

Eine weitere Möglichkeit, von unchristlich zu christlich zu gelangen, besteht darin, nüchtern auszuwerten, wie Jesus seine Jünger beeinflusste. Das geschah hauptsächlich durch Beziehungen und Freundschaften.

Die Menschen haben beobachtet, wie Jesus während seiner Zeit auf der Erde Menschen auf verschiedenen Ebenen diente, zum Beispiel durch seine Lehre, durch Wunder und ausgedehnte Reisen. Doch die Hingabe der ersten Christen war hauptsächlich durch ihre enge Verbindung mit ihm motiviert. Er hatte unter ihnen gelebt und war mit ihnen gegangen. Sie waren bereit, für Christus zu sterben, weil ihre Loyalität durch ihren Umgang mit ihm geprägt worden war. Es gibt vielleicht kein eindrücklicheres Zeugnis für Jesu Auferstehung als die Tatsache, dass so viele seiner ursprünglichen Nachfolger bereit waren, für ihre Überzeugung, dass Jesus der von den Toten auferstandene Sohn Gottes ist, zu Märtyrern zu werden.

Uns ist nichts überliefert, das Jesus geschrieben hat. Er hat keine Organisationen gegründet. Er mied die politische Macht, obwohl die Leute von ihm erwarteten, dass er auf diese Art und Weise Einfluss ausüben würde. Stattdessen legte Jesus das Fundament für seine Gemeinde durch Beziehungen. Sein Einfluss war und ist unauslöschlich, *weil er Menschen veränderte*. Sein Augenmerk lag darauf, durch sein Opfer Menschen mit dem heiligen Gott zu versöhnen. Es ist interessant, dass Jesus Gott oft mit Beziehungsbegriffen bezeichnete und betonte, dass der Schöpfer des Universums ein himmlischer Vater ist. Eine der wenigen »Traditionen«, die Jesus uns hinterließ, ist das Abendmahl, das mit einer Mahlzeit begann, die Jesus mit seinen engsten Freunden einnahm. Beziehungen waren Jesus wichtig.

Wenn es um unseren Umgang mit Andersdenkenden geht, muss uns klar sein, dass unsere Beziehungen, unser Umgang mit Menschen, das Bild von Jesus bilden, das die Leute zurückbehalten. Gott hat den Menschen so angelegt, dass geistliche Einflussnahme am häufigsten durch Beziehungen geschieht. Einer der deutlichsten Rückschlüsse, die unsere Studie zulässt, ist, dass das negative Image der Christen überwunden werden kann. Das geschieht fast immer im Rahmen tiefgründiger, vertrauensvoller Beziehungen. Das Ziel, den negativen Ballast zu überwinden, soll nicht nur dazu führen, dass Andersdenkende nette Sachen über uns denken, sondern es soll sie auf das Leben in Christus hinweisen. Wir »machen« die christliche Botschaft nicht. Wir leben sie. Wir müssen den Glauben nicht übertreiben oder aufbauschen. Wir leben und beschreiben das ganze Potenzial, die ganze Tiefe, die ganze Vielschichtigkeit und den ganzen Realismus der Nachfolge von Christus.

Es ist ermutigend, dass unsere Studie Umstände zutage befördert hat, unter denen die Erlebnisse von Andersdenkenden mit Christen dazu beigetragen haben, ihre Sicht auf Gott und Jesus umzugestalten. Statt als unchristlich erschien der betreffende Christusnachfolger plötzlich nicht mehr verurteilend, anstößig oder unehrlich. Die Bekanntschaft mit solchen Christen ließ Andersdenkende glauben, dass es durchaus einen Nutzen haben könnte, ein Nachfolger von Christus zu werden. Für wenige Augenblicke entdeckten sie, dass Christen denken, lieben und zuhören.

Die Einschränkung hieran ist, dass solche Begegnungen selten waren. Zudem erlebte ein Andersdenkender als Folge einiger solcher Erfahrungen nur selten eine 180-Grad-Wendung im Herzen. Auch wenn wir nicht wissen, wie sich sein Leben in den kommenden Jahren entwickeln wird. Die Reaktion der Leute auf Christen ist nicht wie eine Fernsehkomödie, wo alles fein säuberlich in einer 30-minütigen Folge abgewickelt wird. Doch das Wichtige ist, dass diese Andersdenkenden einräumten, ihr Erlebnis mit einem Christusnachfolger habe etwas in ihnen ausgelöst. Danach waren sie offener, wissbegieriger und dialogbereiter. Sie standen infolgedessen dem Christentum weniger feindselig gegenüber. Weil sie gespürt hatten, dass Christen ihnen zuhören und sich um sie kümmern, war die Wahrscheinlichkeit gesunken, dass sie Jesus ablehnen.

Lassen Sie mich noch einmal betonen, dass es nicht unsere Sache ist, jedermanns Ansichten über Jesus »gerade zu rücken«. Selbst mit den besten Absichten, selbst wenn wir Christus entsprechend leben, können wir noch missverstanden werden. Tausende Jahre Kirchengeschichte, ebenso wie unsere eigenen Erfahrungen in der feindseligen Umgebung von heute, bestätigen das. Jesus ist ein polarisierender Charakter.

Dennoch ist das keine Ausrede für uns. Wir sind verantwortlich dafür, Christus innerhalb des natürlichen Netzwerks unserer Beziehungen vorzuleben. Es gibt etwa 22 Millionen wiedergeborene Christen in diesem Land, die ihren Glauben als höchste Priorität in ihrem Leben bezeichnen und sagen, dass ihr ganzer Lebenszweck in der Aussage zusammengefasst werden kann: »Ihr sollt den Herrn, euren Gott, von ganzem Herzen, von ganzer Seele und mit eurer ganzen Kraft lieben« (5. Mose 6,5). Das ist ein kleiner Anteil der Bevölkerung, und doch ist es eine enorme Gruppe von Amerikanern. Was wäre die Gesamtwirkung, wenn diese Gruppe von Gläubigen den Menschen, die in ihren Straßen wohnen und in ihren Büros arbeiten, ein Bild von Christus *vorleben* würde? Was würden ihre Nachbarn und Kollegen sehen und hören?

Es ist ebenfalls wichtig, daran zu denken, dass Jesus sagte, dass man uns an unserer Liebe zu den Mitgläubigen erkennen würde. Die Realität ist, dass es keine Rolle spielt, wie gut wir den Andersdenkenden Jesus zeigen, wenn wir nicht *innerhalb* der Kirche liebevolle Beziehungen leben. Viele Andersdenkende sagten ausdrücklich, dass sie glauben, dass die Christenheit »ihre Kinder frisst«. Sie wiesen darauf hin, dass sie sehen, wie wir einander kritisieren, Geld sammeln, um gegen andere Gläubige Front zu machen, und uns in ihren Augen unchristlich verhalten. Beziehungen innerhalb der christlichen Gemeinschaft sollten Leuchtfeuer von Gnade und Akzeptanz, biblischer Verantwortlichkeit im Rahmen von Liebe und Beziehungen, Einheit ohne blinde Angepasstheit, Transparenz und gegenseitiger Unterstützung sein.

Wie bei Jesus entspringen unsere größten Einflussmöglichkeiten aus unseren alltäglichen Beziehungen. Geistlicher Tiefgang entwickelt sich langsam, in einem Leben nach dem anderen. Gemeinsames Leben. Lernen, zu den Menschen zu werden, die Jesus beabsichtigt hatte. Unsere Fehler ehrlich zuzugeben. Unsere beständige Bedürftigkeit für die Gnade von Jesus. All das sind kraftvolle Gegenmittel gegen einen unchristlichen Glauben in der jungen Generation.

KREATIVITÄT

Jesus konnte sich meisterhaft verständlich machen. Menschen, die nicht an seinen Stil, seine Fähigkeiten und seine Botschaft gewöhnt waren, fühlten sich von ihm angezogen. Er trat auf kreative Weise mit ihnen in Verbindung. Er machte schwierige Gedanken anschaulich und benutzte die Sprache der normalen Leute, um sie zu geistlichem Tiefgang zu führen. Doch es waren nicht nur clevere rhetorische Fähigkeiten oder provokante Geschichten, die die Menschen fesselten. Es war sein dringendes Anliegen, Menschen mit Gottes Herz in Berührung zu bringen.

MTV-Generation und Babybuster betteln förmlich um kreative Ausdrucksformen des Evangeliums. Um mit ihnen in Kontakt zu kommen, müssen wir neue Geschichten, neue Gleichnisse, neue Wege finden, die zeitlosen Wahrheiten der biblischen Botschaft zu erzählen. Wenn wir abgedroschene Ausdrücke und Phrasen verwenden, lässt uns das nicht nur altmodisch, sondern auch einfältig aussehen.

Wir dürfen auch nicht außer Acht lassen, wie wichtig es ist, die Hab-schon-alles-gesehen-Einstellung zu durchbrechen, die die jungen Leute zum Christentum haben. Bei dieser Studie hat es mich überrascht, wie sehr MTV-Generation und Babybuster das Gefühl haben, die Botschaft von Jesus schon zu verstehen. Manchmal stimmt das. Meistens nicht, und sie haben noch viel zu lernen. Trotzdem kann man MTV-Generation und Babybustern nur schwer helfen, etwas zu verstehen, wenn sie schon meinen, es zu »kapieren«. Ein Teil unserer Recherchen zeigt, dass die Pastoren von heute zunehmend mit der Art und Weise experimentieren, wie sie vom Evangelium reden. Dabei deuteln sie nicht am Wesen der Botschaft an sich herum, sondern versuchen, sie mit einer Ernsthaftigkeit und Leichtigkeit weiterzugeben, die die Aufmerksamkeit einer skeptischen und desinteressierten Zuhörerschaft erregt.[58]

Doch unsere Recherchen unter den Andersdenkenden zeigen, dass wir noch einen langen Weg vor uns haben, die Kreativität zu übernehmen, die Jesus hatte. Unser Problem besteht teilweise darin, dass wir voraussetzen, dass die Leute etwas über die Bibel wissen. Dadurch sprechen wir oft auf einem Niveau über die Bibel, das die Zuhörerschaft nicht versteht. Doch unsere Gesellschaft hat nicht mehr viel Bibelwissen. Zum Beispiel sagte der Leiter eines christlichen College in einem Interview für eine »normale« Zeitschrift, der Debattierclub seiner Universität sei »a salt ministry« (wörtlich: Salz-Dienst) und bezog sich damit auf die Bibelstelle, in der die Christen das Salz und Licht der Welt genannt werden. Der Journalist hatte keine Ahnung, wovon der Mann sprach, und zitierte ihn mit den Worten, der Debattierclub sei ein »assault ministry« (wörtlich: Angriffsdienst).[59] Die Zeitschrift druckte eine Richtigstellung und eine Entschuldigung ab.

Bevor wir den Autor oder Chefredakteur kritisieren und den Mangel an Grundwissen über große Literatur wie zum Beispiel die Bibel beklagen, sollten wir nicht auch die Frage stellen, wie es um unsere Fähigkeit bestellt ist, einer skeptischen und unwissenden Kultur biblische Prinzipien nahezubringen? Wir müssen engagiert, gewinnend und bestimmt vorgehen, um das Interesse der Menschen an geistlichen Wahrheiten zu wecken. Wenn Sie Pastor sind oder in der Medienbranche arbeiten, oder wenn Sie ein Christ sind, der versucht, sich seinem Nachbarn zu erklären, müssen Sie heutzutage mehr als je zuvor schlagkräftig und deutlich äußern, was es heißt, ein Christusnachfolger zu sein. In unserer Gesellschaft gibt es so viel Lärm und Ignoranz, Skepsis und Feindseligkeit, dass wir neue Wege finden müssen, um mit den Leuten in Kontakt zu kommen. Jesus war Vorbild für diese Art dynamischer Kommunikation.

Außerdem müssen wir uns mit einem noch tiefer liegenden Problem auseinandersetzen: Wie erklären wir einer Generation, die kein Interesse daran hat, Argumente à la »so steht es eben in der Bibel« zu hören, dass die Bibel verbindlich ist? Wiederum muss uns diese Entwicklung in unserer Kultur nicht gefallen, doch die Wahrheit ist: Eine einfache Wiedergabe dessen, was die Bibel lehrt, wird von den meisten Angehörigen der MTV- und Babybuster-Generation nicht als gültiger oder schlagkräftiger Beweis betrachtet. Diese Tatsache stellt eine beträchtliche Herausforderung dar. Doch auch eine Gelegenheit, auf neue Art und Weise mit den Wahrheiten des christlichen Lebens an den Verstand der Menschen heranzutreten.

Letzte Woche beim Abendessen schilderte mein Freund Curtis eine freundliche Diskussion, die er mit einem Kollegen hatte, der kein Christ ist. Sein Kollege konnte sich nicht vorstellen, warum Curtis den Eintritt für seinen dreijährigen Sohn nach Disneyland bezahlt hatte, wenn er ihn hätte gratis bekommen können, indem er das Alter seines Sohnes falsch angab.

Curtis beschrieb jenes Gespräch am Mittagstisch. »Mein Kollege sagte zu mir: ›Bist du verrückt? Disney macht Geld wie Heu. Warum willst du ihnen noch mehr geben?‹ Also fragte ich ihn, ob er unsere Firma bestehlen würde, nur weil sie eine Menge Umsatz macht. Ich fragte ihn, ob er mich bestehlen würde. ›Das ist was anderes‹, sagte er. Als ich ihn fragte warum, konnte er mir keine richtige Antwort geben. Wir hatten ein langes Gespräch darüber. Größtenteils fragte ich ihn nur nach seinen Ansichten. Mein Ziel war es nicht, ihn mit dem zu bombardieren, was die Bibel über Diebstahl sagt. Genau genommen erwähnte ich die Bibel nicht ein einziges Mal, weil sie ihm kaum etwas oder gar nichts bedeutet. Ich versuchte nur, ihn zum Nachdenken zu bewegen.«

Curtis bemüht sich, Jesus nachzueifern, indem er auf unkonventionelle Weise versucht, seinen Kollegen dazu zu bringen, über Gottes Maßstäbe nachzudenken.

DIENST AM MENSCHEN

Die vierte Herausforderung für Christusnachfolger besteht darin, wie wir unsere Rolle unter den Andersdenkenden betrachten. Die Studie brachte mich zu folgender Schlussfolgerung: *Um mehr wie Christusnachfolger auszusehen, müssen wir ein tief greifendes Interesse an und Einfühlungsvermögen für Andersdenkende entwickeln.* Genau das hat Jesus getan.

Im Moment ist das Christentum eher dafür bekannt, *nicht* wie Jesus zu sein. Andersdenkende wertzuschätzen und ihnen zu dienen, wäre eine der besten Möglichkeiten, diese Sichtweise zu ändern. Das bedeutet, wir sollten Menschen gegenüber, die anders sind als wir und uns oft feindselig begegnen, mitfühlend, barmherzig und freundlich sein. Im Nachwort dieses Buches beschreiben viele führende Christen dieses Element und sagen, dass unser zukünftiges Ansehen als Christen untrennbar mit unserer Leidenschaft für Gerechtigkeit, Dienst und Opfer verbunden sein wird.

Wie ich bereits am Anfang dieses Buches schreibe, glaube ich, dass die negativen Sichtweisen, die heutzutage existieren, teilweise ein Symptom für eine Kirche sind, die ihr Herz für Andersdenkende verloren hat. Unsere Haltung als Christen zu Andersdenkenden sollte die Weite und Tiefe dessen widerspiegeln, was die Bibel lehrt. Denken Sie bitte einmal darüber nach, wie vielfältig uns die Bibel ermutigt, ein Interesse an Andersdenkenden zu entwickeln:

- 1. Mose 12,2f – Gott will, dass andere durch das Leben seiner Leute gesegnet werden.

- Jesaja 58,10 – Nachfolger Gottes sollen sich für die Armen einsetzen.
- Micha 6,8 – Wir sollen dafür bekannt sein, bescheiden zu leben, uns um Gerechtigkeit zu bemühen und barmherzig zu sein.
- Matthäus 5,44 – Wir sollen die Menschen lieben, die »Feinde« zu sein scheinen, und für sie beten.
- Matthäus 25,34-40 – Alles, was Menschen für »einen der Geringsten« tun – für vergessene und übersehene Leute –, tun sie für Jesus.
- Markus 9,35 – Die größte Aufgabe im Leben ist, anderen zu dienen.
- Lukas 4,18 – Am Anfang von Jesu Dienst wurde klargestellt, dass er gekommen war, um Gefangene zu befreien, den Unterdrückten zu dienen und die Kranken zu heilen.
- Lukas 15,3-7 – Gott geht Menschen nach, wie ein Hirte auch nur einem verirrten Schaf nachgehen würde.
- Lukas 15,11-32 – Gott wird als Vater dargestellt, der geduldig auf die Rückkehr seines Kindes wartet.
- Johannes 3,17 – Jesus kam nicht, um die Welt zu verurteilen, sondern um sie zu retten.
- Johannes 15,13 – Man kann einen Menschen nicht mehr lieben, als das eigene Leben für ihn aufzugeben.
- Galater 5,13 – Christen haben die Freiheit, bedingungslos zu lieben, so wie Christus die Menschen liebte.
- Philipper 2,17; 2. Timotheus 4,6; 1. Johannes 3,16-19 – Unser Leben soll »als Opfer ausgegossen« und hingegeben werden, um Gottes Absichten zu dienen.
- Philipper 2,5-11; Kolosser 1,21f – Unsere Haltung sollte wie die von Christus sein, der die Menschen liebte und annahm, obwohl sie »Feinde« Gottes waren. Dann verändert er ihren Stand von Feinden zu Freunden, sogar zu Söhnen und Töchtern Gottes, wenn sie sich ihm anvertrauen.
- 1. Timotheus 3,1-7 – Eine der entscheidenden Voraussetzungen für christliche Leiterschaft ist, »einen guten Ruf bei den Menschen außerhalb der Gemeinde [zu] haben « (V. 7).

- Titus 3,2 – Christen sollen friedliebend und rücksichtsvoll sein und jedem gegenüber echte Bescheidenheit an den Tag legen.
- 2. Petrus 3,9 – Gott möchte, dass jeder Mensch Buße tut und zu ihm umkehrt.

Würden andere Menschen Ihr Leben als Christ so beschreiben? Lassen Sie sich in Ihren Beziehungen zu Andersdenkenden von diesen Prinzipien leiten? Sind Sie ein Christusnachfolger, der sich darum bemüht, dieses Bild des Christseins im Umgang mit anderen auszuleben?

Eltern erwarten nicht, dass ihr Kind in jeder Hinsicht perfekt ist. Menschliche Perfektion ist in einer gefallenen Welt nicht möglich. Vielmehr hofft man, dass Gott die Kinder gebrauchen wird, um das Leben von anderen Menschen besser zu machen. Wenn Sie Christ sind, möchten Sie, dass das Leben Ihres Kindes andere auf Jesus hinweist. Nichts würde Sie mehr mit Stolz erfüllen. Meine Recherchen haben mir geholfen, mir Gott auf die gleiche Art und Weise vorzustellen. Wir machen ihm keine Freude, wenn wir so tun, als wären wir perfekt. Oder indem wir Anstoß an Andersdenkenden nehmen. Wir machen ihm dann Freude, wenn wir für andere Menschen Jesus greifbar machen, selbst für die, die uns nicht mögen. So beginnen wir, uns vom unchristlichen Glauben wegzubewegen. Wir stellen unsere vergeblichen Bemühungen ein, unser Selbstbild aufrechtzuerhalten, und fangen an, Mittler der Wiederherstellung zu sein, indem wir uns aufopfern und im Leben von anderen ein Segen sind. Das macht Gott Freude.

In sehr praktischer Hinsicht bedeutet das, dass wir lernen zuzuhören. Ich war verblüfft, wie viele junge Andersdenkende sagten, Christen seien schlechte Zuhörer. Menschen sehnen sich nach Beziehungen. Wir möchten, dass andere uns kennen. Selbst Introvertierte brauchen die Verbindung zu einigen wenigen Menschen. Wenn Andersdenkende sagen, wir sind lausige Zuhörer, ist das eine schwerwiegende Anklage.

Es gibt noch einen Grund, weshalb es wichtig ist, den Armen zu dienen, sich um Gerechtigkeit zu bemühen und sich um die

Nöte von Andersdenkenden zu kümmern: MTV-Generation und Babybuster müssen vielleicht genauso stark wie jede andere Generation von Amerikanern vor ihnen einen Glauben erleben, der sich zugunsten anderer äußert. Sie möchten mehr tun, als etwas *über* ihren Glauben zu lernen. Sie möchten ihn *leben*. Wir interviewen viele junge Leute, die vom Glauben abgekommen sind, weil er nie mehr als ein bloßes Bekenntnis zu Lebensprinzipien war statt einer tiefen inneren Verbindung zu einem lebendigen Gott, der möchte, dass seine Leute aufopfernd dienen.

So müssen junge Leute sehen, dass Christen die auf Selbstschutz und Isolation ausgerichtete Haltung verweigern und wahres Interesse an und Mitgefühl für andere an den Tag legen, damit sich die Sichtweise von unchristlich zu christlich verändert. Das ist für christliche junge Leute ebenso wichtig wie für die Vertreter der MTV- und Babybuster-Generation, die »draußen« stehen und zuschauen, ob die Bemühungen »dieser Christen« es wert sind mitzumachen. Die ersten Recherchen, die wir zu diesem Thema durchgeführt haben, legen nahe, dass eines der wichtigsten Mittel, den Glauben relevant, echt und dauerhaft zu machen, darin besteht, im Leben von MTV-Generation und Babybuster eine Leidenschaft für Andersdenkende zu entfachen. In der MTV- und Babybuster-Generation nimmt eine bedeutsame Entwicklung Formen an: Diese jungen Leute werden immer empfänglicher für die weltweite Gemeinschaft und für ihre eigene Rolle in Gottes Plan außerhalb des Komforts und der Sicherheit des gewöhnlichen Lebens.

Denken Sie daran, dass das nicht ohne Probleme abgeht. Junge Leute lassen sich leicht ablenken. Also bleiben sie nicht immer enthusiastisch bei den Verpflichtungen, die sie eingehen. Ihre Begeisterung für Gelegenheiten zum Dienst für Gott wird oft von finanziellen, beruflichen oder charakterbezogenen Problemen zunichtegemacht. Obwohl MTV-Generation und Babybuster gern über globales Bewusstsein und Aktivismus reden, wird ihre Empfänglichkeit für einen aufopfernden Lebensstil oft von ihrem übermäßigen Individualismus unterlaufen. Um MTV-Generation und Babybustern zu helfen, eine dauerhafte Verbindung zu Christus einzugehen, müssen wir ihnen zeigen, wie sie andere lieben und ihnen dienen können. Das allerdings ist keine Zauberformel. Es ist schwere geistliche Arbeit.

EIN BARMHERZIGER LEBENSSTIL

Es ist leicht zu sagen, dass wir Andersdenkenden dienen müssen. Es ist etwas ganz anderes, das in die Praxis umzusetzen. In meiner Funktion in der *Barna Group* muss ich oft Informationen weitergeben, die nicht besonders schmeichelhaft sind. Ich erinnere mich noch an eines meiner ersten Erlebnisse, als ich einem Klienten unwillkommene Neuigkeiten mitteilen musste. Es war ein Projekt für eine christliche gemeinnützige Organisation. Lyle, ein verständnisvoller Mann mittleren Alters, vertrat meinen Klienten. Wir führten eine umfassende Studie zur Effektivität der Bemühungen seines Teams in ihrer Arbeit mit Menschen in einem Rehabilitationsprogramm durch. Größtenteils waren das Drogen- und Alkoholabhängige. Die Studie zeigte, dass vieles gut lief. Doch ebenso viel lief nicht gut. Es gab Schwachpunkte, die Aufmerksamkeit verlangten. Statt in die Defensive zu gehen oder die Daten zu ignorieren, kam Lyle zu uns ins Büro, um die schmerzlichen Einzelheiten zu hören, sodass er bei seinen Mitvorständen die Nachrichten akkurat und überzeugend wiedergeben konnte.

Als ich ihn an jenem Nachmittag zum Flughafen fuhr, wirkte Lyle beinahe erleichtert, dass er für die bestehende Situation endlich einen Ansatzpunkt und eine Richtung gefunden hatte, die er verfolgen konnte. An den Fragen, die er stellte, merkte ich, dass unser ganztägiges Treffen neue Gedanken und Ideen in Gang gesetzt hatte, die, wenn sie umgesetzt wurden, der Organisation helfen würden.

Wir waren auf dem Weg zu einem kleinen regionalen Flughafen und kamen an den fruchtbaren Erdbeerfeldern von Ventura County vorbei. Während ich versuchte, die Augen auf der Straße zu halten und weiter über die Studie zu sprechen, bemerkte ich nicht, dass Lyle bei einem neuen Thema war.

»Ich frage mich, ob irgendjemand daran denkt, diese Menschen mit Jesus bekannt zu machen«, sagte er.

»Was?«, fragte ich. »Welche Leute?«

»Die Arbeiter dort auf dem Feld«, antwortete er und deutete auf eine Gruppe von Menschen, die über die Pflanzen gebeugt waren und die Beeren ernteten. Ich musste mich anstrengen, sie in der hellen Nachmittagssonne zu erkennen. »Ich frage mich, wer an *ihre* geistlichen Bedürfnisse denkt.«

Ich hatte keine Antwort. Die Vorstellung, dass wir nie zuvor über sie nachgedacht hatten, war mir peinlich. Es war nicht so, als hätte ich kein Herz für die Gastarbeiter. Mein Großvater besaß eine kleine Zitrusplantage in der Nähe von San Diego. Als ich noch ein Junge war, lehrte er mich Respekt und Barmherzigkeit den Männern und Frauen gegenüber, die für ihn arbeiteten. Nichtsdestoweniger war ich Jahre später immer wieder an diesen Erdbeerfeldern vorbeigefahren und hatte nicht ein einziges Mal über die geistlichen Bedürfnisse der Arbeiter nachgedacht.

Lyle war anders. Er *konnte nicht anders, als die Menschen zu sehen* – die Personen hinter dem Schweiß. Trotz der wirtschaftlichen und sprachlichen Unterschiede. Lyles Fähigkeit, sich ihre wahren emotionalen, sozialen und geistlichen Bedürfnisse vorzustellen, begrenzte sich nicht nur auf sein berufliches Interesse. Offenbar war die Arbeit mit Drogen- und Alkoholabhängigen nicht nur ein Job für ihn. Sein Blick und seine Prioritäten waren davon durchdrungen.

Lyle sah die Menschen auf eine Art und Weise, wie ich es nicht tat.

LASSEN WIR UNS STÖREN?

Der Gedanke, dass unser Glaube unchristlich sein kann, ist nicht leicht zu schlucken. Mir ist klar, dass er manchen Unbehagen bereiten wird. Denken Sie bitte einmal über eine Begebenheit aus Paulus' Leben nach. In 2. Korinther schrieb er über seine große Angst, einige der Gläubigen in der Stadt Korinth zurechtweisen zu müssen. Dann, als die Christen angemessen auf seine Korrektur reagierten, war Paulus begeistert:

> »Seht doch selbst, was diese Traurigkeit von Gott in euch bewirkt hat! Welcher Ernst, welches Bemühen, euer Verhalten zu erklären, welche Empörung, welche Besorgnis, welche Sehnsucht, mich zu sehen, welche Begeisterung und welche Entschlossenheit, den Übeltäter zu bestrafen! Ihr habt gezeigt, dass ihr zu allem bereit wart, um die Sache in Ordnung zu bringen. Ich hatte nicht die Absicht, darüber zu schreiben, wer das Unrecht begangen hat oder wem es zugefügt wurde. Ich schrieb euch, damit ihr vor Gott zeigen könnt, wie viel euch wirklich an uns liegt« (2. Korinther 7,11f).

Der unchristliche Glaube ist besorgniserregend. Unsere Kultur auch. Doch damit es in der MTV- und Babybuster-Generation zu einer geistlichen Erneuerung kommt, hoffe ich, dass unsere Antwort auf diese Erkenntnisse wie die der Empfänger von Paulus' Brief ausfällt. Ich hoffe, dass wir die nachlässigen Formen des Christentums hinter uns lassen und den Widerstand unserer Mitmenschen mit Dienst und Opfer durchbrechen. Vielleicht glauben wir, dass die Antwort auf die Auffassung, wir seien unchristlich, darin liegt, dass die Andersdenkenden lernen müssen, unseren Glauben zu verstehen. Die Kirche ist wirkungslos, wenn sie Andersdenkende nur dazu aufruft, tugendhaft zu leben. Was außer durch eine Neugestaltung durch Christus sowieso eigentlich nie möglich ist. Die Befreiung aus unserem tief sitzenden Imageproblem stellt sich dann ein, wenn wir Christusnachfolger dem Gott treuer werden, der uns erlöst hat, und uns mehr um eine feindselige Kultur sorgen, die die gleiche Erlösung braucht.[60]

Finden Sie es nicht bezeichnend, dass Johannes, als er im Buch der Offenbarung an die Gemeinde in Ephesus schrieb, keine Zeit damit verschwendet, ihnen für ihre Haltung gegen den moralischen Bankrott in ihrer Kultur auf die Schulter zu klopfen? Er sagt nur: »Ich habe gegen dich einzuwenden, dass ihr mich und euch einander nicht mehr so liebt wie am Anfang!« (Offenbarung 2,4). Wir haben aus dem Blick verloren, *für* Jesus statt *gegen* Andersdenkende zu sein. Die Bibel spielt den Ball eindeutig den Gläubigen zu: »Wenn mein Volk, das meinen Namen trägt, dann Reue zeigt, wenn die Menschen zu mir beten und meine Nähe suchen und zu mir zurückkehren, will ich sie im Himmel erhören und ihnen die Sünden vergeben und ihr Land heilen« (2. Chronik 7,14). Sind wir bereit für diese Herausforderung?

Meine Freunde Tim und Wendy wurden vor einigen Jahren Pflegeeltern. Im Moment sorgen sie für die 17-jährige Beth, die ihnen bereits unglaubliche Schwierigkeiten gemacht hat. Hier ist eine E-Mail, die Tim einer Gruppe von Freunden geschrieben hat: »Wenn Ihr einen Augenblick Zeit habt, betet bitte für Beth. Gestern kam die Pflegekindvermittlung zu uns, um ihr einige neue Beschränkungen aufzuerlegen, und wie erwartet lief sie gestern Abend weg. Sie ist schon öfter ohne Erlaubnis weggeblieben, aber bisher ist sie immer noch am gleichen Abend zurückgekommen. Diese Entscheidung wird ihr nichts Gutes einbringen. Deshalb wird sie alle Gnade und Barmherzigkeit brauchen, die Gott für sie hat.

Bitte betet auch für Wendy und mich. Wir sind müde und unsere Nerven sind strapaziert. Uns selbst fehlen die Worte, weiterhin für diese Situation zu beten. In letzter Zeit haben Wendy und ich uns mit einem Vers aus Jesaja 58 auseinandergesetzt, der uns sagt, wir sollen uns für die Armen hingeben. Wir haben uns gefragt, was es eigentlich heißt, uns hinzugeben, und ich glaube, wir finden es gerade heraus.«

Tims E-Mail brachte mich zum Nachdenken. Und sie regte mich auch dazu an, Jesaja 58 zu lesen. Dieses Kapitel passt bemerkenswert zu dieser Studie.

> »Verkünde es aus voller Kehle, laut wie Trompetenklang, halt dich nicht zurück! Verkünde meinem Volk seine bösen Taten und halte Jakob seine Sünden vor. Sie befragen mich täglich und wollen meine Wege kennenlernen. Man könnte es beinahe für ein gerechtes Volk halten, das die Wege seines Gottes nicht verlässt. Sie bitten mich um Entschei-

dungen im Rechtsstreit und wünschen sich, dass Gott sich naht. Sie fragen: ›Wozu fasten wir, wenn du es nicht siehst? Weshalb quälen wir uns, wenn du uns keine Beachtung schenkst?‹

Begreift doch: Während ihr fastet, geht ihr euren Geschäften nach und übt Druck auf alle eure Arbeiter aus. Während ihr fastet, zankt und streitet ihr und schlagt mit gottloser Faust zu. Ihr fastet zurzeit nicht so, dass ihr eurer Stimme damit im Himmel Gehör verschaffen könntet. ...

Fasten, wie ich es liebe, sieht doch vielmehr so aus: Lasst die zu Unrecht Gefangenen frei und gebt die los, die ihr unterjocht habt. Lasst die Unterdrückten frei. Zerbrecht jedes Joch. Ich möchte, dass ihr euer Essen mit den Hungrigen teilt und heimatlose Menschen gastfreundlich aufnehmt. Wenn ihr einen Nackten seht, dann kleidet ihn ein. Verleugnet euer eigenes Fleisch und Blut nicht.

Wenn du so handelst, wird dein Licht aufleuchten wie die Morgenröte. Deine Heilung wird schnelle Fortschritte machen. Deine Gerechtigkeit geht dir dann voraus und die Herrlichkeit des Herrn folgt dir nach. Dann wirst du rufen und der Herr wird antworten. Du wirst um Hilfe schreien und er wird antworten: ›Hier bin ich.‹ ...

Dann wird dein Licht in der Dunkelheit aufleuchten und das, was dein Leben dunkel macht, wird hell wie der Mittag sein. Dann wird dich der Herr beständig leiten, und dir selbst in Dürrezeiten innere Zufriedenheit bewahren. Er wird deinen Körper erfrischen, sodass du einem soeben bewässerten Garten gleichst und bist wie eine nie versiegende Quelle. Deine Leute werden die Ruinen aus alter Zeit wieder aufbauen. Die Grundmauern vieler vergangener Generationen werdet ihr wieder errichten. Dann wird man euch folgendermaßen nennen: ›Die die Risse ausbessern und die Straßen erneuern, um sie bewohnbar zu machen.‹« (Jesaja 58,1-4.6-12)

Als Christen wollen wir glauben, dass unsere Bemühungen von den richtigen Motivationen geleitet werden. Wir nehmen an, dass wir Gott und seinen Absichten folgen. Doch was, wenn Jesaja 58 unseren heutigen Zustand als Christen in Amerika beschreibt? Was, wenn Millionen von uns für sich selbst leben, selbst wenn wir äußerlich noch religiös sind? Was, wenn wir uns selbst trösten wollen, statt anderen Menschen Trost zu spenden? Was, wenn unsere geistlichen Anstrengungen sich eher darauf konzentrieren, ein Gleichgewicht zu halten, als die tiefen geistlichen Nöte anderer anzugehen? Wenn Sie die Unmengen von Daten über den Zustand des Glaubens in Amerika sehen könnten, die ich jedes Jahr analysiere, würden Sie solche Schlussfolgerungen unausweichlich finden. Doch beim Analysieren der Recherchen wird mir klar, dass es nicht nur das Problem der Nation ist, sondern meines. Bei näherem Hinsehen sieht mein eigenes geistliches Leben selbstsüchtig und fadenscheinig aus.

Der Abschnitt aus Jesaja beschreibt eine sehr einfache und doch schwierige Lösung: *Um unser Leben wieder aufzubauen und unsere Nation wiederherzustellen, müssen wir die Liebe und Fürsorge für andere wiederfinden.*

Ich glaube, der Grund dafür, dass die Christen als unchristlich verschrien sind, liegt teilweise darin, dass die Kirche ihre Fähigkeit und Bereitschaft verloren hat, Menschen zu lieben und anzunehmen, die nicht zum »Insiderclub« gehören. Dieser Fehler entzieht unserem Glauben die Kraft. Wir sagen, dass wir Andersdenkende lieben. Doch in vielen Fällen lieben wir sie nur zu unseren eigenen Bedingungen: wenn sie daran interessiert sind, in unsere Gemeinde zu kommen, oder wenn sie unsere Lebensweise respektieren.

Wir möchten, dass die jungen Generationen am Leben unserer Gemeinden teilnehmen. Doch wir erwarten von ihnen, dass sie sich an die Regeln halten, angemessen aussehen, die Musik akzeptieren und die richtige Ausdrucksweise gebrauchen. Wir verurteilen die moralischen Kompromisse von MTV-Generation und Babybustern. Doch uns fehlt die Geduld, sie wieder auf die richtige Spur zu bringen. Wir möchten, dass sie reife Nachfolger von Christus werden. Doch wir sind nicht bereit, uns der Aufgabe unserer eigenen geistlichen Umgestaltung zu unterziehen.

All das lässt MTV-Generation und Babybuster den Schluss ziehen, dass der Glaube unchristlich ist. Während wir noch darüber streiten, wer die Schuld an diesem Problem trägt, wächst die Anzahl und der Einfluss von jungen Andersdenkenden in der amerikanischen Gesellschaft weiter. Es fällt ihnen nicht nur immer schwerer, in den Bemühungen und der Sprache der Christen Jesus zu erkennen. Sondern sie lernen auch, die Christen zu verachten oder sie nicht zu beachten. Größtenteils, weil die Christen, die sie kennengelernt habe, sie entweder kritisiert oder ignoriert haben.

Wenn Christusnachfolger sich tatsächlich auf Gespräche mit jungen Andersdenkenden einlassen, ist es oft schwer, eine gemeinsame Ebene zu finden. Häufig sprechen sie unterschiedliche Dialekte und denken in Vorurteilen, was sehr viel einfacher ist, als sich auf ehrliche Gespräche über echte Probleme einzulassen.

Manchmal wagen sich junge Andersdenkende in Gemeinden vor und kommen oft mit einer großen Last an schweren Erlebnissen und tiefen Verletzungen. Sie wollen nicht getadelt werden. Sie brauchen unsere Hilfe und Einfühlsamkeit. So ähnlich wie ein Onkologe eine Krebserkrankung korrekt diagnostizieren und behandeln muss, muss ein Gemeindeleiter Menschen in ihren Enttäuschungen und Zweifeln umbeten, beraten, führen und lieben. Wenn wir die persönliche Geschichte eines Menschen in der Zeit ignorieren, in der er dafür offen ist, sich mit ihr auseinanderzusetzen, bedeutet das, dass wir ihn geistlich im Stich gelassen haben.

Während viele Andersdenkende sich in ihrer Verachtung für Christen bestärkt fühlen, verschanzt sich eine ganze Mannschaft von Christen immer mehr und wird immer empfindlicher und unangenehmer. Sie sind verkrampft und pflügen einen noch tieferen Graben zwischen sich selbst und den Andersdenkenden. Es ist ein kalter Krieg, der immer feindseliger wird.

Sind Sie bereit, sich dieser Folge des unchristlichen Glaubens zu stellen?

Mein Gebet ist es, dass diese Studie Ihnen helfen wird, das, was in Ihren Gedanken und Ihrer Seele vor sich geht, zu festigen, sodass Ihre Bemühungen mit und Ihr Interesse an jungen Andersdenkenden wächst.

Ich glaube, dass die MTV-Generation und Babybuster darauf warten, dass wir ihnen Wege zu Jesus eröffnen und ihnen helfen, die großen Nöte der Welt anzugehen. Gott möchte die jungen, skeptischen Generationen wieder aufleben lassen – durch Ihr und mein Leben. Doch für die meisten aus der MTV- und Babybuster-Generation werden die Barrieren immer breiter und höher, die sie daran hindern, Jesus zu sehen. Welches Bild von Jesus sehen die Menschen in Ihrem Leben?

Der unchristliche Glaube ist bei uns am Werk. Wir haben die Wahl, ob er für immer bleibt.

NACHWORT

von Gabe Lyons

DIE NEUEN SICHTWEISEN

Ich erinnere mich noch an den Tag, als ich David anrief, um dieses Forschungsprojekt bei ihm in Auftrag zu geben. Damals hatte ich als Ausgangspunkt kaum mehr als mein Bauchgefühl, dass etwas daran absolut nicht stimmte, wie das Christentum in unserer Nation wahrgenommen wird. Meine Erfahrungen deuteten darauf hin, dass der christliche Glaube ein großes Imageproblem hat, aber ich wusste nicht warum. Ich wollte zur Grundursache dessen vordringen, was ein rasanter Verfall unserer Identität zu sein schien. Ich hatte das Gefühl, dass der Ruf des Christentums in zukünftigen Generationen auf dem Spiel steht, wenn wir nicht jetzt etwas dagegen unternehmen.

Meine Überzeugung in dieser Sache war so stark, dass ich beschloss, eine gemeinnützige Organisation zu gründen, die das Ziel hat, den Ruf des Christentums in unserer Kultur wiederherzustellen. Es war ehrgeizig, furchterregend und unklar, aber ich spürte einen Ruf, den ich nicht außer Acht lassen konnte. Versuchen Sie einmal, Ihrer Familie und Ihren Freunden zu erklären, dass Sie vorhaben, eine vielversprechende Karriere aufzugeben und all Ihre Kraft in etwas zu stecken, das die meisten für ein idealistisches Unterfangen halten! Wie Sie sich vielleicht vorstellen können, ging das nicht reibungslos über die Bühne. Doch ich spürte trotz des Risikos eine unerklärliche Dringlichkeit und sprang ins kalte Wasser. Ich hörte auf, anderen erklären zu wollen, was ich tun wollte, und fing an, es zu tun.

Eine nationale Studie darüber, wie Christen in unserer Kultur betrachtet und wahrgenommen werden, schien mir der perfekte Ausgangspunkt zu sein. Ich hatte den Eindruck, dass wir Christen durch den Filter von objektiven Forschungen die nötige Motivation erhalten würden, unsere eigene Sicht von uns und unserer Rolle in der Kultur zu verändern. Mit der Zeit könnte sich dadurch auch grundlegend ändern, wie wir mit unseren Freunden, Kollegen und Nachbarn zusammenleben und umgehen.

Tief in meinem Herzen hoffte ich, dass meine Ahnung, wie negativ die Ansichten meiner Generation über uns Christen sind, sich als falsch herausstellen würde. Ich war nicht darauf vorbereitet, wie unempfänglich, unbeugsam und pessimistisch das Echo sein würde.

Ich werde nie vergessen, wie ich bei Starbucks saß und über meinem Laptop mit den Forschungsergebnissen brütete. Völlig vertieft darin warf ich einen kurzen Blick auf die Menschen um mich herum, und mich überwältigte der Gedanke: *So denken diese Leute über mich.* Es war ernüchternd zu wissen, dass die Kunden, die an jenem Tag bei Starbucks versammelt waren, mich mit jeder einzelnen in diesem Buch geschilderten negativen Ansicht identifiziert hätten, wenn ich aufgestanden wäre und verkündet hätte, dass ich Christ bin. Meine nächste Reaktion allerdings schockierte mich.

Ich verspürte eine immense Hoffnung. Statt schwer deprimiert zu sein, war ich fasziniert von der Chance, die vor der jungen Generation von Christen liegt. Es schien, dass diese Sichtweisen nur in eine Richtung gehen konnten – in eine positivere. Als ich Seite um Seite der Studie las und in die schmerzlichen Schilderungen der Andersdenkenden eintauchte, wurde mir bewusst, dass mein Herz sich veränderte. Ich spürte, wie mein Denken umgestaltet wurde. Endlich war mir ein einzigartiger Blick in die Perspektive derjenigen geschenkt worden, die zu lieben und anzunehmen ich berufen bin, und ich war gedemütigt, beschämt und motiviert, etwas zu ändern.

Damals wie heute bin ich optimistisch, dass sich – mit diesen Forschungen als Basis – innerhalb der christlichen Szene ein völlig neuer Dialog entwickeln könnte. Die Ergebnisse dieser Studie zeichnen uns ein klares Bild davon, wie andere uns sehen. Wir haben die Gelegenheit, uns der Wahrheit zu stellen und die Verantwortung für unseren Anteil zu übernehmen, den wir zu diesen Sichtweisen beigetragen haben. Es ist an der Zeit, neu zu prüfen, was es heißt, ein »Christ« zu sein, und anzufangen, es zu leben.

WAHRNEHMUNG IST WIRKLICHKEIT

Es wäre ein großer Fehler anzunehmen, dass die sechs großen »Etiketten«, die David beschrieben hat, nur ein Missverständnis hinsichtlich des Christentums sind. Diese Sichtweisen basieren auf echten Erfahrungen, die Andersdenkende mit ihren christlichen Bekannten gemacht haben. Sie spiegeln treffend wider, zu welcher Art von Christen die meisten von uns geworden sind. Es ist peinlich und beschämend, aber es ist die Realität.

Zum Nachdenken über diese Schlussfolgerung hilft vielleicht, sich das Ganze wie einen Markennamen vorzustellen. Scott Bedbury, der Schöpfer der Marken *Starbucks* und *Nike*, definiert ein Markenzeichen als Ansammlung von Assoziationen in der Vorstellung des Konsumenten. Wenn Sie zum Beispiel das Wort *Starbucks* hören, was fällt Ihnen sofort ein? Ein rundes grünes Logo? Kaffeearoma? Der Geschmack eines Vanillecappuccinos? Die Begrüßung einer freundlichen Bedienung? Ein warmer Ort für Gespräche? Oder vielleicht fallen Ihnen auch völlig andere, negative Bilder ein. Der springende Punkt ist, wenn Ihnen ein Markenname vorgelegt wird, tauchen sofort all Ihre vergangenen Erlebnisse und Erfahrungen mit dem Produkt auf und Sie bilden sich auf der Stelle eine Meinung.

Für Andersdenkende hat das Wort *christlich* mehr mit einer Marke zu tun als mit einer Glaubensrichtung. Diese Sinnverschiebung in den letzten Jahrzehnten wurde durch einen zunehmenden Gebrauch des Begriffs *christlich* zur Bezeichnung von Musik, Kleidung, Schulen, politischen Aktionsgruppen und vielem mehr noch verstärkt. Und traurigerweise ist es in der Vorstellung von vielen Millionen Menschen eine schlechte Marke. Inmitten einer Kultur, in der das Christentum mittlerweile für Heuchelei, Verurteilung, Antiintellektualismus, fehlendes Einfühlungsvermögen und Engstirnigkeit steht, ist es leicht einzusehen, warum die nächste Generation nichts damit zu tun haben will.

EIN PROBLEM DER SUBSTANZ, NICHT DES IMAGES

Der Weg, den wir einschlagen müssen, wurde mir durch ein Buch klar. Ich habe sagen hören, dass man selbst nicht die Bücher auswählt, die man liest. Große Bücher suchen sich ihre Leser aus. Auf irgendeine seltsame Art und Weise, glaube ich, geschah genau das, als ich das Buch *How Now Shall We Live?* von Charles Colson und Nancy Pearcey verschlang. Ich hatte für meinen Urlaub eigentlich nicht geplant gehabt, ein 600 Seiten starkes Sachbuch zu lesen. Aber als ich die Einleitung gelesen hatte, konnte ich es nicht mehr weglegen.

Die Autoren legten deutlich dar, worum es beim Christsein geht. Es kam mir einfach und dennoch kompliziert, wahr und monumental vor. Ich war überzeugt, dass es das Gesicht des Christentums in unserer Nation verändern würde, wenn mehr Christen dieses große Bild begreifen könnten. Daraufhin würden sich die Ansichten über das Christentum verbessern.

Charles Colsons und Nancy Pearceys Erläuterung, was es bedeutet, ganzheitlich Christ zu sein, packte mich in Herz und Verstand:

> »Gott ist es nicht nur wichtig, Seelen zu retten, sondern auch seine Schöpfung wiederherzustellen. Er beruft uns, Mittler nicht nur seiner *rettenden Gnade*, sondern auch seiner *allgemeingültigen Gnade* zu sein. Unsere Aufgabe ist es

nicht nur, Gemeinde zu bauen, sondern auch eine Gesellschaft zur Ehre Gottes zu bauen. Als Mittler von Gottes allgemeingültiger Gnade sind wir dazu berufen, zur Erhaltung und Erneuerung seiner Schöpfung beizutragen, die erschaffenen Institutionen der Familie und Gesellschaft hochzuhalten, uns um Wissenschaft und Gelehrsamkeit zu bemühen, Werke von Kunst und Schönheit zu erschaffen und denen Heilung und Hilfe zu bringen, die an den Folgen des Sündenfalls leiden.«[61]

Dieses Verständnis der *allgemeingültigen Gnade* war jahrhundertelang das, was dem Wachstum und Einfluss des Christentums auf der ganzen Welt zugrunde lag. Mir wurde klar, dass, wenn die Christen diese ganzheitliche Sicht ihrer Berufung in dieser Welt wiedererlangen und ausleben würden, die neuen Sichtweisen rasch folgen würden.

Viele Christen heutzutage haben den Bezug zum alles umfassenden Evangelium verloren, das über die persönliche Errettung hinausgeht und in jeden Winkel der Gesellschaft hineingreift. Wenn Bekehrungszahlen das einzige Maß für Erfolg sind, wird die schwere Arbeit der Nachfolge außer Acht gelassen. Wenn der christliche Glaube auf die persönliche geistliche Entscheidung reduziert wird, wo man das Leben nach dem Tod verbringen wird, zählt das Hier und Jetzt weniger. Wenn das Christsein dadurch bestimmt wird, ob man »das Gebet gebetet« hat oder nicht, verlagert sich die Blickrichtung rasch darauf, wer »drin« ist und wer »draußen«. Das Ergebnis: Christen sind hauptsächlich am Rand der Gesellschaft zu finden, wie sie mit dem Finger auf Andersdenkende zeigen und sie verurteilen und verdammen. In der Folge ändert sich der christliche Lebensstil von gewinnend und engagiert zu pessimistisch und manipulativ. Viele haben sich von der Welt abgesondert und imitieren unbewusst die Taten der Pharisäer, für die Jesus die größte Verachtung empfand, als er auf dieser Erde lebte.

Zum Imageproblem des Christentums hat auch erheblich beigetragen, dass wir die Theologie und Praxis der allgemeingültigen Gnade verloren und uns mehr auf Bekehrungen als auf Nachfolge konzentriert haben. Wenn wir nicht mehr wissen (geschweige denn uns darum kümmern), was es heißt, *inmitten* unserer Kultur Salz und Licht zu sein und einen guten Einfluss auszuüben, verspielen wir unsere Rolle als Vertreter des Reiches Gottes. Ich habe die heutige Kultur beobachtet, die Kirchengeschichte studiert und mit der Bibel gerungen. Mir wurde klar, dass die Ursache dieser negativen Sichtweisen eine schlecht verstandene und gelebte Ausdrucksform des Christentums ist.

CHRISTLICH WERDEN

Es läuft auf Folgendes hinaus: Wir müssen wieder Christus ähnlich werden.

Das ist sowohl die gute Nachricht als auch die harte Realität, wenn wir die Forschungen in diesem Buch anerkennen. Auf den ersten Blick mag es wie eine zu einfache Lösung aussehen. Aber wenn man anerkennt, dass Christ zu sein mehr erfordert, als einfach ein Gebet zu sprechen, ein Glaubensbekenntnis zu akzeptieren und in den Himmel zu kommen, wenn man stirbt, wird die persönliche Herausforderung größer. Fügen Sie dem noch den Gedanken hinzu, dass Christ zu sein heißt, in der Welt Gottes Vertreter der allgemeingültigen Gnade zu sein, und die Aufgabe wird noch ernüchternder.

Wir müssen uns an die schwere Arbeit machen, das Wesen des Christentums in unserem eigenen Leben wiederzufinden. Es ist leicht, auf die Unvollkommenheiten anderer hinzuweisen, doch man braucht viel mehr Demut und Gnade, um gegen die eigenen Fehler anzugehen. Christ zu sein ist harte Arbeit. Die Bedürfnisse anderer über die eigenen zu stellen, seinen Nächsten zu lieben, denen Gutes zu tun, die einem Böses wollen, Demut zu üben, mit den weniger Glücklichen zu leiden und all das mit einem reinen Herzen zu tun, ist beinahe unmöglich. Doch es ist das, worin Jesus uns Vorbild war und wozu er uns beruft. Und genau das wird auch nötig sein. Als ein ehrgeiziger Christ Mutter Teresa fragte: »Wie kann ich wie Sie werden?«, antwortete sie: »Finden Sie Ihr eigenes Kalkutta.« Sie begriff den Kern des christlichen Lebens – das beste Wissen kommt durchs Tun.

Wie kann das für eine ganze Generation von Christen aussehen, die im Moment eine armselige Ausdrucksform des Christentums darstellen?

Christen der älteren Generation werden intensiv daran arbeiten müssen wiederzuentdecken, was es heißt, Christus in der heutigen Kultur nachzufolgen. Vielleicht beginnt das mit dem ehrlichen Geständnis, dass einiges von dem, was Sie bisher vielleicht Christentum genannt haben, in keinerlei Verbindung zum Glauben steht. Dazu mag es notwendig sein, einigen Ballast abzuwerfen, der das leidenschaftliche Lagerdenken im christlichen Bereich umgibt. Oder entschieden aus der bequemen christlichen Subkultur herauszutreten. Es könnte bedeuten zu riskieren, als »weltlich« oder »liberal« abgestempelt zu werden, weil man sich auf Grundlage der Bibel für kulturelle Themen einsetzt, wie zum Beispiel für soziale Gerechtigkeit und die Pflege von Gottes Schöpfung. Vielleicht liegt ein solcher Schritt in der Bereitschaft, darüber nachzudenken, wie sehr Ihr Glaube sich mit den westlichen Werten verquickt hat, die dem Kern des Christentums entgegenstehen, wie zum Beispiel Konsumhaltung und Materialismus. Alles in allem brauchen Sie Offenheit für den Gedanken, dass Sie vielleicht eine unvollständige oder unzutreffende Version des Glaubens leben.

Für die jüngsten Generationen wird die Herausforderung darin bestehen, ein Leben zu führen, das eine vollständigere Version des Christentums repräsentiert, als sie es selbst vorgelebt bekommen haben. Haben Sie den Mut, Ihren von Gott geschenkten Talenten und Berufungen zu folgen und das Risiko einzugehen, Ihren Glauben auch auf unkonventionellere Art zu äußern. Ortsgemeinden sollten ihre Gelegenheit ernst nehmen, Menschen in der Nachfolge zu helfen und wertzuschätzen, die einen umfassenden Blick für christliches Denken und seinen Bezug zur gesamten Kultur haben. Obwohl das schwierig und anspruchsvoll sein wird, haben wir keine Wahl. Im Blick auf die Zukunft hat der Ausgang dieser Bemühungen der jüngsten Generationen ein ungleich höheres Maß an Einfluss darauf, den negativen Ruf von Christusnachfolgern in der Gesellschaft umzukehren.

Wenn Christen aller Generationen zulassen, dass Christus ihre Herzen, Gedanken und Taten umgestaltet, wird sich auch verändern, wie sie den christlichen Glauben leben. Das wird in einen Einfluss auf die Gesellschaft münden, den wir schon jahrzehntelang nicht mehr erlebt haben.

Keine Strategie, Taktik oder clevere Marketingkampagne könnte je die Nebelschwaden teilen, die das Christentum in der heutigen Kultur umgeben. Die Ansichten von Andersdenkenden werden sich ändern, wenn Christen sich bemühen, in jeder Beziehung und Situation das Herz Gottes widerzuspiegeln. Diese Art Christsein wird anziehen statt abstoßen. Solch ein Christ ist motiviert, sich einzusetzen, statt an der dekadenten Kultur Anstoß zu nehmen. Er lebt mit der Spannung, ein reines Leben zu führen, ohne sich von dieser zerbrochenen Welt zu isolieren. Wenn Andersdenkende anfangen, neue Erfahrungen und Erlebnisse mit dieser neuen Art von Christ zu sammeln, werden sich bei einem Menschen nach dem anderen die Ansichten verändern. Wenn sie genügend Erlebnisse mit dieser Art Christ vorzuweisen haben, wird sich der Ruf ändern.

Zu gegebener Zeit wird die Bezeichnung *Christ* für etwas Erfrischendes und Positives stehen. Eine neue Freundschaft, eine mitfühlende Umarmung, ein freundliches Wort, ein positiver Ausblick oder eine wohlmeinende Ermutigung werden viel dazu beitragen, dass der Ruf von Christus in unserer ganzen Kultur erneuert wird.

WEITBLICK

Ich war 28 Jahre alt, als ich vor drei Jahren diese Studie in Auftrag gab. Rasch begriff ich, dass es wahrscheinlich mehrere Jahrzehnte dauern wird, bis wir einen Fortschritt in den Ansichten unserer Kultur über das Christentum erkennen. Wir müssen diese Veränderungen mit Weitblick angehen.

Zu lange haben wir Christen kurzfristig gedacht, wenn es um unseren Umgang mit unserer Kultur ging. Es besteht die Gefahr, dass wir versuchen, unser Imageproblem rasch zu lösen und die Grundfragen zu übertünchen, die überhaupt erst zu diesem Problem geführt haben. Wenn Sie glauben, dass die Ursache des Problems tiefer liegt als nur in dem oberflächlichen Image, nämlich dass sie bis zum Kern dessen reicht, was es heißt, Christ zu sein, dann erhaschen Sie einen kurzen Blick darauf, wie lange es dauern könnte.

Doch wir sollten uns nicht entmutigen lassen. Stattdessen sollten wir uns herausfordern lassen, die Art von Christusnachfolgern, Freunden und Nachbarn zu werden, die demütig und voller Gnade, Liebe und Mitgefühl sind. Wir müssen die Liebe von Christus überall mit hinnehmen, wo wir hingehen, und eine Art des Christseins leben, die sich bemüht, das Gute in allen Menschen zu finden und sie auf ihren Schöpfer hinzuweisen.

Kurz nach meinem Telefongespräch mit David beschloss ich, eine Organisation zu gründen, die diese Bemühungen vorantreiben könnte. Das *Fermi*-Projekt ist eine unserer Initiativen, die dazu beitragen, christliche Leiter in der ganzen Kirche zu mobilisieren, endgültig eine positive Kraft in der Gesellschaft zu werden. Statt die negativen Ansichten über das Christentum zu beklagen, möchten wir Teil der Lösung sein. Eine hoffnungsvolle Gruppe von Menschen, die eine neue Art des Christseins in unserer Kultur vorantreibt.

Wir haben uns aufgemacht, Christen zu entdecken, durch deren Leben und Arbeit sich die Ansichten ändern. Diese Mentoren und Vorbilder sind Repräsentanten einer neuen Art des Christseins, die in der Praxis der ersten Gemeinden verwurzelt ist, den Glauben in Wort und Tat zu äußern. Sie verkörpern eine Lebensweise, die die Wahrheit davon widerspiegelt, wer Gott ist und zu welcher Art Leben er seine Nachfolger berufen hat.

Für die letzten Seiten dieses Buches habe ich einige angesehene Leiter in diesem Bereich gebeten, uns ihre Hoffnungen, Gedanken und Ermahnungen für die Zukunft der Kirche mitzuteilen. Ich habe sie gebeten, uns ihre Perspektive dessen zu zeigen, wofür Christen in 30 Jahren bekannt sein könnten. Ich glaube, Sie werden ebenso wie ich von ihren hoffnungsvollen Ausblicken ermutigt sein. C. S. Lewis meinte, dass die Fantasie den Tatsachen vorausgeht. Stellen wir uns doch gemeinsam vor, was geschehen *könnte*. Verpflichten wir uns dann dazu, die Veränderung zu *leben*, die wir schaffen möchten.

DIE NEUEN SICHTWEISEN

WELTWEIT

Meine Hoffnung ist es, dass in Zukunft evangelikale Leiter dafür sorgen, dass ihre soziale Agenda solche unerlässlichen, wenn auch kontroversen Themen umfasst wie den Klimawandel aufzuhalten, die Armut auszurotten, Massenvernichtungswaffen abzuschaffen, angemessen auf die AIDS-Pandemie zu reagieren und die Menschenrechte von Frauen und Kindern in allen Kulturen zu verteidigen.

John Stott
Rektor emeritus, *All Souls Church*, London

LIEBE

Einfach ausgedrückt glaube ich, dass Christen dafür bekannt sein sollten, dass sie Menschen außerhalb ihrer eigenen gesellschaftlichen Komfortzone lieben. Heutzutage gelingt es uns ziemlich gut, Menschen zu lieben, die wie wir sind. Doch die Art Liebe, für die Christen, so hoffe ich, in 30 Jahren bekannt sein werden, durchbricht unsere gesellschaftlichen Liebesgrenzen.

Natürlich ist Liebe ein Wort, das zu schwer zu definieren ist. Doch lassen Sie mich aufzählen, was meiner Ansicht nach die zukünftige Liebe von Christen beinhalten sollte:

- Lieben, ohne unsere guten Taten auf den Sockel zu stellen. Was ist nur aus dem Schenken im Verborgenen geworden? Glamouröse Wohltätigkeit ist überhaupt keine Wohltätigkeit.

- Lieben – ohne Haken, bedingungslos, ohne Köder und Fallen.
- Sich keine Sorgen machen, ob man ungenannt bleibt, belohnt oder entschädigt wird.
- Dem anderen selbst inmitten persönlicher Unannehmlichkeiten den höheren Stellenwert beimessen.
- Diejenigen verteidigen, die sonst keiner verteidigt.
- Eine Stimme für die sein, die keine Stimme haben.
- Ein besserer Zuhörer für die sein, die gehört werden müssen.
- Eine Kirche ohne Mauern sein – eine einfache Kirche, organische Kirche, Megakirche – alles davon ist gut. Wir sind eine Kirche.
- Die Kirche als Heimat für die am Rand der Gesellschaft betrachten, für die, die nirgendwo hineinpassen. Für die, die an den Rand gedrängt werden. In dieser Kirche sind genau solche Menschen Leiter mit echter Autorität.
- Bereit sein, für andere zu sterben. Unser Leben geben, wie die Christen des 1. Jahrhunderts, als Pandemien ihre Städte trafen. Sie *blieben*, um den Betroffenen zu helfen, während andere gingen.
- Sofort auf jede weltweite Krise reagieren.
- Langfristige Verpflichtungen zur radikalen und aufopferungsvollen Barmherzigkeit für die Armen planen.
- Einfühlsam mit der Welt reden.
- Mehr Liebe zu Christus zeigen als zum Christentum als Kultur.
- Einen Ort schaffen, wo alle wirklich gestärkt, geführt und gesehen werden. Einen Ort, wo die nächste Generation endlich die mehrheitliche, multikulturelle Welt widerspiegelt. Jesus hatte keine blauen Augen! Oder doch?

Dave Gibbons
Pastor der *New Song Church*

AUTHENTISCH

Sichtweisen zu steuern, ist ein kniffliges Gewerbe. Lukas berichtet uns, dass Jesus am Anfang seines öffentlichen Dienstes »in ihren Synagogen [lehrte] und … von allen verehrt [wurde]« (Lukas 4,15).

Dann, bloß wenige Verse weiter, entkommt Jesus nur knapp einem mordlüsternen Mob, nachdem er in einer Synagoge gelehrt hat (Lukas 4,29f). Jesus warnt seine Jünger: »Welche Not erwartet euch, die ihr von der Menge gerühmt werdet, denn ihre Vorfahren haben auch den falschen Propheten zugejubelt« (Lukas 6,26). Doch Lukas berichtet auch, dass die ersten Christen ihre Zeit im Tempel verbrachten und »nicht auf[hörten], Gott zu loben, und … bei den Leuten angesehen [waren]« (Apostelgeschichte 2,47). Nur einige Kapitel, bevor die Urgemeinde durch schwere Verfolgung zerstreut wird.

Wie jede Person des öffentlichen Lebens weiß – Politiker, Rockstar oder Prediger –, kann man nicht kontrollieren, was andere Menschen von einem halten. Das soll nicht heißen, dass Sie es nicht versuchen können. Sie können sich hinter einer Armee von PR-Experten und Meinungsmachern verstecken. Sie können geschmeidige Sprüche proben, bis Ihr Lächeln festgefroren ist. Doch dann sind Sie nicht mehr *Sie*. Sie sind Ihre eigene öffentliche Version. Es dauert nie lange, bis irgendein findiger Skandalreporter hinter Ihre Fassade kommt.

Deswegen bin ich nicht erpicht darauf, dass wir die Ansichten über Christen, Christentum oder Christus zu steuern versuchen. Jesus braucht glücklicherweise unsere Meinungsmache nicht. Er taucht in jeder Altersgruppe und jeder Kultur als bewundernswerte und fesselnde Figur auf. Das Christentum ist und war schon immer – wenigstens von der Zeit der Hausgemeinden in Korinth und Galatien an – ein ziemlich bemerkenswertes Chaos. *Das* wird sich sicherlich in den nächsten 30 Jahren nicht ändern. Was uns Christen betrifft … nun ja, eines spricht wirklich für uns. Wir haben öffentlich verkündet – in meiner Gemeinde verkünden wir es jede Woche, laut, gemeinsam –, dass wir einen anderen brauchen, der uns seine Gerechtigkeit schenkt, uns vervollständigt und in uns lebt. Wir haben das Projekt der Selbstrechtfertigung öffentlich und schamlos abgeschafft, das dem inneren Zwang eines jedes Menschen, Meinungen zu steuern, zugrunde liegt.

Was uns noch übrig bleibt, ist, nehme ich an, für das bekannter zu werden, was und wer wir eigentlich sind. Das heißt, dass wir der Welt sagen – bevor die Welt das mit ihrem eigenen investigativen

Journalismus übernimmt –, dass wir nicht so schlecht sind, wie sie manchmal glaubt. Wir sind noch schlimmer. Für jede verurteilende Bemerkung, die irgendein Fernsehprediger gemacht hat, habe ich etwas Gemeineres, Verbitterteres und Schneidenderes über einen meiner Nachbarn gedacht. Für jeden angeblichen homophoben Akt meiner Mitchristen habe ich etwas Dummes getan, um zu versuchen, meine Männlichkeit oder Potenz unter Beweis zu stellen. Egal, wie langweilig die Kirche den jungen Leuten auch erscheinen mag, sie kennen nicht die Hälfte davon, glauben Sie mir. Ich habe Wochen und Monate abgrundtief gelangweilt damit zugebracht, wahllos durch Blogs, Werbung und *Vanity Fair* zu blättern, weil ich nicht bereit war, ein Risiko einzugehen, zu dem Gott mich rief.

Und doch gibt es noch einen anderen, der in mir lebt. Er ist an den unwahrscheinlichsten Orten zu finden. Deswegen müssen wir der Welt auch erzählen, wie *wir* ihn gefunden haben. Wie wir ihn in einem Lehmhaus in den Slums gefunden haben, in einem Schaufenster in der Nachbarschaft, in einer Unterkunft für Misshandelte, in einer Selbsthilfegruppe für Abhängige. Wie wir ihn in Gefängnissen, Krankenhäusern und sogar Leichenhallen gefunden haben. Wie wir ihn unter den Bescheidenen in Harvard gefunden haben, unter den Großzügigen an der Wall Street oder unter den Prinzipientreuen im Hafenviertel. Genauer gesagt, wie er uns gefunden hat.

Meistens wird die Welt die Geschichte falsch verstehen, wenn auch nur deshalb, weil sie ein begründetes Interesse daran hat, sie falsch zu verstehen. Doch wenn wir bezüglich unserer eigenen Schönheit und Zerbrochenheit ehrlich sind, wird der zerbrochene Schöne sich unseren Nachbarn bekannt machen. Durch die Risse in unserem und ihrem Panzer. »Er schritt mitten durch sie hindurch und ging fort« – wahrgenommen oder falsch wahrgenommen, gefeiert oder gekreuzigt, der eine, der in uns lebt, hat es so an sich, durch Mauern zu gehen.

Andy Crouch
Journalist und Autor von *Culture Makers*

MUT

In 30 Jahren werden die Christen nicht mehr für das bekannt sein, was sie sagen oder zu sein hoffen. Sie werden für eines bekannt sein – wie sie leben. Wir können nicht das ändern, für das wir bekannt sein werden, wenn wir nicht ändern, wie wir leben.

Ich möchte, dass meine Enkel die Auffassung vertreten, dass Christusnachfolger sehr mutig sind. Die große Sehnsucht in unserer heutigen Welt ist die nach einer Antwort auf die vielen Ängste, die wir alle teilen. Selbst die negativen Ansichten, die in diesem Buch geschildert wurden, rühren von Angst her und zeichnen ein Bild von einer Glaubensgemeinschaft, die in Angst gelebt hat. Angst vor Menschen, die sie nicht verstehen. Angst vor Veränderungen in der Kultur. Angst vor Abwertung durch die Gesellschaft. Angst, dem Schweren in dieser Welt ausgesetzt zu sein.

Es würde mir unglaublich gefallen, wenn in 30 Jahren die Christen solchen Glauben an Gott haben, dass sie sich mit Mut und Demut in der Welt bewegen. Sowohl Mut als auch Demut sind Bilder von Stärke. Das heißt nicht, dass alle Ängste verschwinden, sondern dass der Glaube den Weg zu einer Kraft zeigt, die uns gestattet, das Richtige zu tun, selbst wenn es furchterregend ist. Und wenn man Gott wirklich kennt und sich der Tatsache sicher ist, dass es einen Gott gibt und dass er uns und diese Welt wirklich liebt, wird alles gut.

Mit diesem Vertrauen und dieser Stärke können wir nicht nur in die Welt gehen. Wir können auch ein attraktives Evangelium leben. In einer Welt, wo es viel Angst gibt, werden die Menschen sich von denen angezogen fühlen, die mit einem überraschenden Mangel an Angst leben.

Mein Gebet ist es, dass Nachfolger von Jesus Christus durch dieses Leben gehen und dabei einen überraschenden Mangel an Angst und große Demut und großen Mut an den Tag legen. Das würde der Welt einen realistischeren Blick vermitteln, wer Jesus Christus ist.

Gary Haugen
Gründer von *International Justice Mission*

JESUS

Ich blicke sehr optimistisch auf den Ruf des Christentums in der Zukunft. Im Moment sind die in diesem Buch aufgeworfenen Sichtweisen, was unsere aufkommende Kultur über Christen und die Kirche denkt, ziemlich beschämend und traurigerweise wahr. Doch die gute Nachricht ist, dass die Menschen, obwohl sie negative Ansichten über die Kirche und Christen haben, doch offen für das sind, was sie über Jesus wissen, und es respektieren. Das brachte mich dazu, ein Buch zu schreiben, in dem ich zu dem Schluss gelange, dass die Menschen *Jesus mögen, aber nicht die Kirche.*

Wenn die Christen, und insbesondere die Gemeindeleiter, in den nächsten 30 Jahren der Subkultur entfliehen können, die wir erschaffen haben, könnte das tatsächlich das Klima verändern, in dem wir von denen außerhalb der Kirche betrachtet werden. Theoretisch sollte das nicht sonderlich schwer sein. Jesusnachfolger müssen einfach Freunde derer sein, die außerhalb der Kirche stehen. Das ist nicht allzu kompliziert: Wir gehen mit ihnen ins Kino, kümmern uns um sie, wie jeder Freund das tun würde, laden sie zum Essen ein, sind für sie da und betrachten sie nicht nur als Missionsobjekte. Selbst wenn sie dann über das Evangelium stolpern, was natürlich vielen passieren wird, stolpern sie wenigstens nicht über alle negativen Vorurteile und Sichtweisen, die sich entwickelt haben.

Doch es bedeutet, dass wir Jesu Worte ernst nehmen müssen, als er sagte, dass wir nicht außerhalb der Welt, sondern in der Welt und vor dem Bösen geschützt sein sollen. Ich weiß sehr gut, dass wir christliche Gemeinschaft brauchen. Doch wir haben das Pendel so weit in die christliche »Gemeinschaft« ausschlagen lassen, dass wir heute in einer isolierteren Welt leben. Unsere Zeit ist mit christlichen Aktivitäten und Geschäftigkeit in der Gemeinde ausgefüllt und wir werden davon abgehalten, normale und gesunde Freundschaften zu den Menschen in der Welt aufzubauen.

Die Zukunft könnte also positiver sein, wenn die Menschen erleben, dass nicht alle Christen antihomosexuell, verurteilend und abgeschottet sind. Ich stelle mir vor, wie Christen ganz natürlich Freundschaften mit Menschen außerhalb der Kirche schließen, ihren Glauben verstehen, theologisch tiefschürfend denken und echte Antworten für diejenigen haben, die Fragen stellen. Mein Gebet und meine Hoffnung für die Zukunft sind, dass Gemeindeleiter zu Missionsleitern werden, die wiederum missionarische Gemeinden hervorbringen. Dann werden sich die Sichtweisen zum Positiven ändern, weil der Geist Gottes unser Leben als Salz und Licht gebraucht. Wenn also in 30 Jahren eine ähnliche Studie durchgeführt wird, werden die Menschen die Christen als »liebevoll, freundlich, familienorientiert, fürsorglich den Armen gegenüber, gute Vorbilder, friedliebend« bezeichnen und noch weitere Auswirkungen des Geistes Gottes erkennen.

Dan Kimball
Pastor und Autor

BEWUNDERT

Ich würde gern hoffen, dass die Menschen uns anschauen und sagen: »Diese Christen sind diejenigen, die hergelaufen kommen, wenn alle anderen weglaufen. Diese Christen sind diejenigen, die die maroden Innenstädte nicht aufgeben. Diese Christen sind diejenigen, die Frieden nach Darfur gebracht haben. Diese Christen sind diejenigen, die dem Menschenhandel ein Ende gesetzt haben. Diese Christen sind diejenigen, die dazu beigetragen haben, weltweit den Kampf gegen AIDS zu gewinnen. Diese Christen sind diejenigen, die diese unglaublichen Gedichte schreiben, jene unvergesslichen Bücher verfassen und faszinierende Kunstwerke erschaffen. Diese Christen sind diejenigen, die meiner Mutter geholfen haben, als sie Alzheimer bekam. Diese Christen sind diejenigen, die freundlich zu mir waren, als ich neu in der Gegend war. Diese Christen waren diejenigen, die mich dazu brachten, an Gott glauben zu wollen.«

Margaret Feinberg
Autorin und Referentin

WIEDERHERSTELLER

Das Himmelreich ist wie Sauerteig: Nur ein bisschen davon durchsäuert den ganzen Brotlaib.

Was, wenn die Kirche in den nächsten 30 Jahren wahrhaftig das Leben führt, das Jesus uns zu führen gelehrt hat? Was, wenn wir unsere Feinde lieben, für diejenigen beten, die uns hassen, und unseren Mantel anbieten, wenn man uns den Hut weggenommen hat? Sind wir bereit, wirklich ein Opfer zu bringen und zu sehen, wie die Welt sich auf das Reich Gottes zubewegt?

Das Himmelreich ist wie ein Mann, der auf dem Feld einen Schatz findet und das ganze Feld kauft, um ihn zu bekommen.

Wenn Jesus so wertvoll ist, wie wir behaupten, was werden wir dann aufgeben, damit er in uns lebendig bleibt? Können wir, die Kirche, die nächsten 30 Jahre lang Jesus Christus und alles, was er von uns verlangt, über alles andere hinaus wertschätzen? Können wir uns auch nur vorstellen, was dann aus der Welt werden würde?

Wenn die Kirche sich jetzt dafür entscheidet, so zu leben, können wir zuversichtlich erwarten, dass unsere Kultur beeinflusst und verändert wird. Meine Hoffnung ist, dass ich, wenn ich 72 bin, gesehen haben werde, wie die Reiche der Welt die Reiche unseres Gottes geworden sind. Ich stelle mir eine Welt ohne Scheidung, sexuelle Promiskuität und Armut vor, eine Welt, die von Frieden, Gnade und Gerechtigkeit überfließt.

Jesaja prophezeit, dass die alten, zerstörten Städte wieder aufgebaut werden. Er sagt, man wird uns »die die Risse ausbessern und die Straßen erneuern« nennen.

Leroy Barber
Vorsitzender von *Mission Yea*r

GERECHTIGKEIT

Die Diskussion um moralische Werte wird sich zukünftig erweitern und vertiefen. So wird die Politik und selektive Moral sowohl der Linken als auch der Rechten angreifbarer werden. Der Auftrag der Kirche wird sich erweitern und auch den Schutz der Umwelt, den

Kampf gegen globale und nationale Armut und die Ethik von Krieg und Frieden umfassen.

Wir werden uns nicht nur auf Abtreibung und homosexuelle Ehe konzentrieren, wie uns heute oft vorgeworfen wird. Diese zwei Themen sind wichtig, aber sie sind schlichtweg nicht die einzigen wichtigen Themen, auf die wir unser Augenmerk richten sollten – besonders in einer Welt, wo täglich Tausende von Kindern unnötig an Hunger, vermeidbaren Krankheiten und dem Mangel an sauberem Trinkwasser sterben.

Und ich glaube, wir werden auch noch zwei weitere Dinge erkennen.

Die Menschen sehnen sich nach moralischem Mut bei politischen Führern. Sie sehnen sich nach Leuten, die sie zu etwas Größerem als sich selbst rufen. Sie sehnen sich nach echter politischer Führung und nicht nur nach politischer Kalkulation, Zielgruppen und Umfragen. Vor Kurzem las ich Joe Kleins Buch *Vom Ende der Politik*. Darin geht es um den alarmierenden Trend bevölkerungsbezogener politischer Strategien und den Mangel an echter Führung in der Politik. Gemessen an dem, was ich beobachte, ist das nicht das, was die Menschen in der Welt wollen. Sie sind bereit für etwas anderes.

Es wird eine zunehmende Sensibilität dafür geben, wie gesellschaftliche Bewegungen die Politik reformieren können. Meiner Beobachtung nach sehnt die Welt sich am meisten nach zwei Dingen: Leben veränderndem Glauben einerseits und sozialer Gerechtigkeit andererseits. Die Verbindung zwischen beidem ist das, worauf die Welt wartet. Die jungen Leute, die ich kenne, interessieren sich mehr dafür, zu dieser Art geistlich inspirierter gesellschaftlicher Bewegung gehören zu können, als sich für ein politisches Amt aufstellen zu lassen. Manche von ihnen werden in die Politik gehen, und das ist in Ordnung – aber sie sind mehr daran interessiert, die Politik umzugestalten, als an ihr teilzunehmen.

Wenn das geschieht, glaube ich, werden wir die Neubelebung von sozialer Gerechtigkeit gepaart mit einem authentischen Aufschwung des Glaubens erleben.

Jim Wallis
Gründer und Geschäftsführer von
Sojourners/Call to Renewal

WÜRDE

Wir wissen, dass historisch betrachtet die jüngste Generation immer leicht zu beeindrucken und idealistisch ist. Wenn sie reifer werden, fangen sie an, die Dinge, die sie überkritisch gesehen haben, ausgewogener zu betrachten. Ich glaube, dass die Menschen ihre negativen Ansichten über die Christen überwinden und anfangen werden zu sehen, dass Jesus real ist. Ich glaube, dass das geschehen wird.

Chestertons Worte trösten mich sehr. Er sagte: »Ich bin zu dem Schluss gelangt, dass der Optimist alles für gut hält außer den Pessimisten, und dass der Pessimist alles für schlecht hält außer sich selbst.« Wir können daraus lernen, dass Christen weder Optimisten noch Pessimisten sein sollen, sondern beides. Christen müssen das rechte Gleichgewicht haben und pessimistisch genug sein, um die Sünde des Menschen zu sehen. Doch sie müssen optimistisch genug sein, um zu wissen, dass Gott souverän ist und seinen Plan durchsetzen wird.

Ich glaube wirklich, dass die Kirche aufwacht. Die Hälfte meiner wachen Zeit und auch einige Stunden im Schlaf verbringe ich damit, darüber nachzudenken, wie wir jungen Menschen beibringen können, was eine Weltanschauung und was allgemeingültige Gnade ist. Wenn wir zusammenarbeiten, um Christen beizubringen, was Weltanschauung und allgemeingültige Gnade sind und was ihre Verantwortung für Menschenrechte und Menschenwürde ist, wird die Welt ein völlig anderes Bild sehen.

Chuck Colson
Gründer von *Prison Fellowship Ministries*

GNADE

Ich war lange Zeit von der Herkunft der Bezeichnung »Christ« fasziniert. In Apostelgeschichte 11 gab es eine Gemeinschaft von Menschen, die das Leben so sehr nach der Art von Christus lebten, dass sie »Christen« genannt wurden – *christianos* – das bedeutet, »kleine Christusse«. Es gibt keinen Hinweis darauf, dass es jemals ein höhnische oder spöttische Bezeichnung war – nur eine Beobachtung. Hier gab es Menschen, die ein Leben führten, das die Person Jesus widerspiegelte.

Was sollte in 30 Jahren die Sichtweise von Christen sein? Dass es an unserem Leben etwas Übernatürliches gibt, dass es an uns etwas gibt, das man nicht anders als durch ein Wunder erklären kann, dass es offenbar etwas an uns gibt – etwas, das wir haben –, das die Welt nicht hat und offenbar auch nicht bieten kann.

Ich denke an den Skandal der Gnade inmitten der Gesellschaft, an die Selbstlosigkeit des Erbarmens angesichts von Missachtung, an den Geschmack der Heiligkeit im Mund der Ausschweifung, an die Festigkeit des rechten Glaubens inmitten der Illusion verschiedener Ebenen. Doch am meisten, glaube ich, denke ich an den Skandal der Gnade – die wir in unserem Leben frei annehmen und dann anderen frei weitergeben. Jesus selbst sagte, dass dies das Zeichen der Christen sein sollte, und die einzigartige Dynamik, die die Aufmerksamkeit der Welt fesseln würde.

Der russische Autor Dostojewski schrieb einmal, dass Gnade unseren Blick heilt, dass sie uns dazu bringt, die Menschen zu lieben, weil wir sie so sehen, wie sie nach Gottes Absicht sein sollen. Vergleichen Sie das nur mit der Aussage des deutschen Philosophen Friedrich Nietzsche, der in seiner Autobiografie von der Fähigkeit schrieb, das »Innerlichste« jeder Seele »rieche[n]« zu können, besonders den »viele[n] verborgene[n] Schmutz auf dem Grunde mancher Natur« (Friedrich Nietzsche, *Ecce Homo,* Abschnitt 8).

Möge unsere Zukunft in einem klaren Blick und der Unfähigkeit zu riechen bestehen.

Jim White
Autor

UMGESTALTET

Wenn die Anhänger des Christentums Christus die nächsten 30 Jahre lang nachfolgen, wird die Christenheit aus mit Glauben erfüllten Gläubigen bestehen. Sie konzentrieren sich darauf, dass sich Gottes Macht in jedem Bereich ihres Lebens zeigt. Dabei haben sie die Absicht, Einfluss auf die ganze Erde zu nehmen, bis Christus wiederkommt. Das wird eine Folge dessen sein, dass die Kirche ihre Blickrichtung von Mitgliedschaft auf Beziehungen ändert. Vollmacht entspringt nicht der Mitgliedschaft in der richtigen Kirche oder in der richtigen Denomination. Echte Vollmacht entspringt einer starken persönlichen Beziehung zu Gott und Ermutigung und Verantwortlichkeit in der Gemeinschaft der Gläubigen. Christen im Jahr 2037 werden sich mehr für ihre persönlichen Beziehungen interessieren als für ihre 11-Uhr-Reservierung im Restaurant am Sonntag.

Durch die Christusnachfolge werden Christen im Jahr 2037 an Orte gehen, an die andere nicht gehen, und im Namen Gottes Dinge sagen, die andere nicht sagen, sodass die Menschen überzeugt werden, nicht unterhalten. Man wird das Christentum als kühnen und umformenden Glauben betrachten.

Schließlich wird man Christen als konsequent wahrnehmen. Es ist keine Legende, dass wir heutzutage veranstaltungssüchtige Gottesdienstgänger sind, die bereit sind, sonntags und mittwochs (oder wann immer unsere Bibelstunde ist) eine Maske aufzusetzen und dann für den Rest der Woche wieder zur Routine überzugehen. Christen im Jahr 2037 werden die Beziehung zu Gott mit einem Lebensstil gleichsetzen, nicht mit einer Veranstaltung. Sie werden der heutigen Praxis, göttliche Lehre durch einen Filter der kulturellen Bequemlichkeit zu interpretieren, ein Ende setzen. Diese Christen werden die Welt umgestalten, indem sie Gott durch sich hindurchscheinen lassen, am Arbeitsplatz, im Einkaufszentrum, im Club und auf der Straße ebenso sehr wie in der Kirche. Wahrnehmung ist Wirklichkeit. Ich hoffe, wir verändern unsere Wirklichkeit, damit wir uns bis 2037 diesen Imagewechsel verdienen.

Jeff Johnson
Sozialaktivist
BET-Moderator und internationaler Korrespondent

GEGENKULTUR

Niemand kann die Zukunft vorhersagen, besonders nicht etwas so wenig Greifbares wie die »Marke« Christentum. Doch wir können sicher sein, dass das, was geschieht, plausibel sein muss, sodass wir die Grenzen der Plausibilität abstecken können und wissen, dass die Zukunft sich innerhalb dieser Grenzen bewegen wird. Das Plausible mag nicht das sein, worauf wir hoffen oder was sein sollte, sondern das, was wahrscheinlich und möglich ist. Was ist eine plausible Zukunft für die Ansichten über das Christentum in den nächsten 30 Jahren?

In 30 Jahren wird die christliche »Marke« hauptsächlich von den Säuglingen von heute geprägt sein, die in der Kirche aufwachsen, und zweitens von den Nachwirkungen der Einflüsse, die die heutige Generation von Jugendlichen hinterlässt, die dann im mittleren Alter sein werden. Meinungen, Handlungen und Einflüsse der Eltern von heute werden rasch verschwinden und nur indirekt durch das Erbe ihrer Erziehung überleben.

Die amerikanische christliche Kultur als ausgeprägte Hauptströmung verändert sich gerade mit hohem Tempo zu etwas, das eher einer Subkultur gleicht. Wenn die Trends sich in ihrer aktuellen Form fortsetzen, könnten wir erwarten, dass die jungen Christen:

- kulturelle Ausdrucksweisen übernehmen, statt allgemein übliche kulturelle Maßstäbe zu umgehen
- starke Aversionen und Intoleranzen hegen, mit denen sie weitere Minuspunkte in der sehr toleranten Gesellschaft sammeln
- allgemein weniger mit wissenschaftlichen Ansichten auf Kriegsfuß stehen, aber noch immer nicht intellektuell sind
- sich hauptsächlich auf Arbeitsbereiche für Heilung und Selbsthilfe konzentrieren
- als Reaktion auf die harte religiöse Politik ihrer Eltern dem Pluralismus gegenüber weich werden
- eine moderne, der Kultur gegenläufige Haltung einnehmen
- mehr Werke mit christlichem Inhalt in der breiten Masse unterbringen

- sich in die Mystik vertiefen – je nachdem, welchen Weg die Technologie der Zukunft einschlägt
- immer noch fernab vom Leben der Armen und Leidenden sind
- Gegenmaßnahmen gegen offene gesellschaftliche Verfolgung organisieren.

Was glaube ich also, was die Teenager auf den Straßen in 30 Jahren über die christliche »Marke« sagen werden?

Heilend.

Kontrakulturell.

Intolerant.

Ich hoffe, mit einem davon habe ich unrecht.

Kevin Kelly
Mitgründer der Zeitschrift *Wired*

KULTIVATOREN

In 30 Jahren werden die Christen ihr Bild von Christus bereinigt haben. Er wird kein netter, gewöhnlicher, lammfrommer bärtiger Mann mit leicht dauergewelltem Haar mehr sein. Stattdessen wird er unsere Vorstellung solider, eindringlicher, unerwarteter ausfüllen. Christus wird *der Mann* sein, der Menschen verändert. Jemand, der alle Autoaufkleber und mittelmäßigen Lobpreislieder hinter sich lässt. Eine Persönlichkeit, die mehr Gandalf dem Grauen als dem netten Mann von nebenan gleicht.

Diese Veränderung wird sich nicht über Nacht einstellen. Sie wird damit beginnen, dass wir demütig genug werden, die hebräische Geschichte von Jesus als Teil unserer eigenen Geschichte anzunehmen. Wir werden es nicht mehr als unerheblich abtun, dass wir in eine sehr, sehr alte Geschichte eingepfropft wurden. Unsere Kirchen, Bibelauslegungen und Weltanschauungen werden durch Geschichten davon, wie Gott dem hebräischen Volk unvorhersehbar, unnachgiebig nachgeht, erneuert werden. Das wird unseren Festen (zum Beispiel Passah/Ostern), unserem Lobpreis (wir könnten feststellen, dass Tanz und Poesie, die beide als

Anbetung in den Psalmen zu finden sind, einen Platz in der Kirche haben) und unseren Haltungen (wir werden erkennen, dass Christus vor Amerika, vor Martin Luther und sogar vor dem Neuen Testament wirkte) neues Leben einhauchen.

Wenn diese Veränderung eintritt und wir Christus mit anderen Augen betrachten, werden andere Menschen es bemerken.

Wir Christen werden nicht nur als Teilnehmer an der Kultur, sondern als Schöpfer und Erbauer von Kultur bekannt sein. Wir werden den Markt der Ideen, die Museen mit moderner Kunst und die diplomatischen Verbindungen nicht meiden oder fürchten; wir werden in sie eintreten. Wir Christen werden ein Verständnis für Kunst, Wissenschaft, Wirtschaft, Technik, Architektur und Medizin haben, weil wir wissen, dass unsere Arbeit der Welt mehr von dem vermittelt, wie Gott ist. Wenn irgendein Bereich einen gut ausgebildeten Fachmann braucht, wird man sich an Christen wenden, nicht als Quotenevangelikale und nicht, weil wir so nett sind, sondern weil uns Spitzenleistungen am Herzen liegen.

Christliche Frauen werden nicht mehr als die stille, fromme und irgendwie tragische Gruppe bekannt sein, die die Freiheit des 21. Jahrhunderts nicht erlebt. Stattdessen werden wir eine Art bewunderter Anomalie sein und gefragt als die Gläubigen, die am meisten über den Wert der Weiblichkeit wissen. Wir werden das Frausein über sanfte und stille Unterordnung, Kurven, Kinderkriegen und hochhackige Schuhe hinaus definieren. Wir werden verstehen und überzeugend erklären, dass Frauen sowohl Körper als auch Seele sind und für mehr zu gebrauchen als nur für Sexappeal. Wir werden als »diese Frauen« bekannt sein, die keine Angst vor dem Alter und dessen Spuren auf unserem Körper haben. Durch unsere Selbstbeherrschung werden wir für den Markt zu einer herausfordernden Zielgruppe werden. Wir werden weniger daran interessiert sein, unsere Gleichstellung zum Mann zu beweisen und uns mehr darauf konzentrieren, unsere Seele für das Reich Gottes vorzubereiten.

Als christliche Männer und Frauen werden wir unsere Treue zeigen, indem wir Durchhaltevermögen mit Urteilskraft an den Tag legen, Freude ohne falsches Lächeln, Frieden unter Einsatz persönlicher Opfer, Geduld, wenn die Dinge übersehen werden, die uns am meisten am Herzen liegen, und Selbstbeherrschung, wenn anderen die Lorbeeren für die Veränderung der Welt zufallen.

In 30 Jahren werden unsere Seelen größer sein.

Jonalyn Fincher
Autorin von *Ruby Slippers*

ENGAGIERT

An vielen Punkten auf dieser Reise wollte ich meinen Mitgliedsausweis bei den Evangelikalen zurückgeben und Feierabend machen. Es gab Augenblicke, da wollte ich noch an Jesus glauben, aber nicht mehr zu dieser verrückten Familie gehören. Vielleicht ist es Ihnen auch schon so ergangen. Daher kann das Nachdenken darüber, wofür das Christentum in 30 Jahren stehen wird, leicht wie eine hoffnungslose Übung erscheinen, und vielleicht ist es töricht von mir, es überhaupt in Erwägung zu ziehen. Doch mit aller Aufrichtigkeit, die ich aufbieten kann, glaube ich wahrhaftig, dass diese unsere kaputte, verkorkste Familie Heilung und Wiederherstellung finden kann.

Obwohl Sie und ich manchmal vielleicht nur einen abgekämpften, von Zweifel erfüllten Glauben an die Zukunft haben, möchte ich, dass wir glauben, dass es besser werden kann. Warum sollten wir bleiben und an diesen Problemen arbeiten? Zunächst einmal, weil niemand Leute mag, die einfach aufgeben. Zweitens, weil man keinerlei Talent noch Anstrengung braucht, um Handgranaten auf die Braut von Christus zu werfen. Ich glaube außerdem, dass das Gott wirklich auf die Nerven geht. Meine fünfjährige Tochter beschwert sich und jammert, wenn die Dinge nicht so sind, wie sie es möchte. Aber mutige Männer und Frauen krempeln die Ärmel hoch und machen sich an die Arbeit. Ich möchte aktiv daran mitwirken, die zerbrochenen Stücke wieder zusammenzusetzen.

Ich sehe den zukünftigen christlichen Glauben wirklich als etwas Gutes, Wahres und Glaubwürdiges in unserer Kultur an. Ich kann von dem Tag träumen, an dem die Nachfolger von Jesus nicht für diese aktuellen tragischen Sichtweisen bekannt sind, sondern dafür, dass sie versuchen, so wie Jesus zu leben. Wir werden uns auf dem Weg dorthin ungeschickt anstellen, stolpern und uns die Knie aufschlagen, aber wir dürfen nicht aufgeben.

Ich freue mich auf die Zeit, wenn die Christen ihre Freizeit nicht mehr nur im Sonntagmorgengottesdienst in der Kirche oder bei den Proben mit der Lobpreisgruppe verbringen, sondern stattdessen beim gemeinschaftlichen Essen im Obdachlosenheim am Dienstag. Eines Tages wird die Welt fragen: »Wo sind die ganzen christlichen Freaks hin?« Ich bete darum, dass wir dann antworten werden: »Wir sind hier, in den verkommenen Slums in Afrika und helfen den Leuten dort, und wir graben mit Vergnügen Brunnen in haitianischen Dörfern. Und, Leute, wir werden noch eine Weile dort sein.«

Ich glaube, dass wir in 30 Jahren, wenn Gesellschaften versagen und Länder von Krankheit verwüstet sind, keinen irischen Rockstar brauchen werden, der uns über diese Tragödien informiert. Es wird uns nicht neu sein, weil wir schon von Anfang an dort gewesen sind. Christen werden die Ersten sein, die über Ungerechtigkeiten aufschreien und die Nationen dazu aufrufen, dass wir mehr tun müssen. Wir werden offiziell den christlichen Opportunismus verbannt haben und zu einem Volk geworden sein, das von Anfang an für die Unterdrückten, Vergessenen und Übersehenen eingetreten ist. Wenn wir über das Unrecht und das Böse in dieser Welt aufschreien, werden die Menschen zuhören und wissen, dass das, was wir sagen, wahr ist, weil unsere Worte ganz ähnlich wie die unseres Retters klingen werden.

Ich vertraue darauf, dass wir in der Zukunft bessere Entscheidungen darüber treffen werden, welche Themen wir für wichtig halten. Wenn wir für etwas eintreten und Grenzen setzen, werden wir wissen, dass es eindeutig für die Sache von Christus ist und nicht für eine politische, religiöse oder eigennützige Agenda. Wir werden die Schlachtfelder, auf denen wir sterben, sorgfältiger aussuchen und uns dafür entscheiden, ein wenig seltener in den Kampf zu ziehen. Und wenn wir uns für etwas einsetzen, werden wir unsere zwei Lieblingsgefährten mitnehmen: Gnade und Liebe. Sie werden rechts und links von uns stehen. Und wir wären nie so töricht oder unklug, uns je ohne sie auf den Weg zu machen.

Vor allem aber glaube ich, dass wir in 30 Jahren eine gesunde Perspektive haben werden und drei Jahrzehnte zurückblicken und sagen können, dass wir mutig genug waren, uns zu verändern. Vielleicht haben wir es am Anfang vermasselt und sind schwer vom Kurs abgekommen, aber wir waren mutig genug, in den Spiegel zu schauen und unsere Hässlichkeit zu sehen. Und sie nicht nur zu sehen, sondern etwas dagegen zu tun. Und allein aus diesem Grund wird es in der Zukunft besser aussehen und das Gesicht des Christentums wird sich verändert haben.

Mike Foster
Vorsitzender von *Ethur*
Gründer von XXXchurch.com

UNERSCHROCKEN

Mein Gebet ist, dass Christen in 30 Jahren dafür bekannt sein werden, dass sie ihren Glauben in ihrer Nachbarschaft und überall auf der Welt in die Tat umsetzen. Nachfolger von Christus werden an vorderster Front gegen die dringendsten Probleme der Menschheit angehen – von AIDS und Armut bis hin zu weltweitem Schuldenerlass und Menschenhandel. Wir werden als »Weltchristen« bekannt sein, die sich um ihre Brüder und Schwestern in Christus, die anderen dienen wollen, kümmern und sie unterstützen.

Kevin Palau
Palau Ministries

ZIELAUSRICHTUNG

In 30 Jahren werden die Menschen immer noch die gleichen Bedürfnisse haben, ungeachtet der Veränderungen in Technologie, Kommunikation und Kultur. Sie werden noch immer Liebe, Annahme, Sinn und Ziel, Vergebung, Würde und Bedeutung brauchen. Sie werden mit Egoismus, Angst, Schuld, Groll, Sorge, Langeweile, Einsamkeit und anderen allgemeinen Problemen zu kämpfen haben. Diese Probleme werden nicht verschwinden.

In 30 Jahren wird die Lösung noch immer die gleiche sein: Jesus Christus.

Da die Kirche der Leib von Christus heute und hier auf der Erde ist, muss er in 30 Jahren immer noch das tun, was Jesus tat, als er in seinem menschlichen Körper vor 2000 Jahren hier war. Während die *Methoden* der Kirche sich in einer sich verändernden Welt ebenfalls ständig verändern müssen, wird der *Auftrag* der Kirche sich nie ändern: Wir sind dazu berufen, Gott zu kennen und zu lieben (Anbetung), einander zu lieben (Gemeinschaft), Christus immer ähnlicher zu werden (Nachfolge), Gott durch die Hilfe für andere zu dienen (Dienst) und die Gute Nachricht weiterzusagen (Evangelisation). Diese fünf ewigen Ziele werden uns von der Urgemeinde in Apostelgeschichte 2 vorbildlich vor Augen geführt, in Jesu Gebet für uns in Johannes 17 erwähnt, von Paulus in Epheser 4 erklärt, aber am besten im Liebesgebot und Missionsbefehl von Jesus zusammengefasst.

Aus diesen fünf Zielen heraus wurde durch Jesu Dienst die Kirche gegründet, dienende Leiter ausgerüstet, den Armen geholfen, die Kranken gepflegt und die nächste Generation gelehrt. Ich bin zuversichtlich, dass die Kirche diese Dinge auch noch in 30 Jahren tun wird, weil sie sie schon immer getan hat. Ich hoffe und bete nur, dass die nächste Generation von Christusnachfolgern ihre Aufgabe besser erfüllt als wir.

Meine Leidenschaft ist es, der nächsten Generation von Gemeindeleitern zu helfen, ihre Gemeinden auf die größten Probleme der Welt zuzuführen (die »globalen Riesen«): geistliche Leere, selbstsüchtige Führung, extreme Armut, pandemische Krankheiten und überhandnehmender Analphabetismus. Alle Regierungen, Unternehmen und Nichtregierungsorganisationen zusammen haben es nicht geschafft, diese Probleme zu lösen. Die einzige Gruppe, die groß genug ist, sie zu bewältigen, ist das Netzwerk von Millionen von Ortsgemeinden überall auf der Welt. Wir haben die weitreichendste Verbreitung, die meisten Freiwilligen, Glaubwürdigkeit vor Ort, die Verheißungen Gottes, die Kraft des Heiligen Geistes und die Unausweichlichkeit der Geschichte.

Mein Traum ist es, dass die Kirche in 30 Jahren für das bekannt sein wird, *wofür* sie ist, statt für das, *wogegen* sie ist. Schon seit einiger Zeit wurden die Hände und Füße des Leibes von Christus amputiert, und wir wurden mehr oder weniger auf eine große Klappe reduziert. Wir reden sehr viel mehr, als wir handeln. Es ist an der Zeit, die Glieder wieder anzufügen und die Kirche im 21. Jahrhundert die Kirche sein zu lassen.

Dr. Rick Warren
www.pastors.com

CHRISTEN

In 30 Jahren könnten Studien uns sagen, dass die Menschen, wenn sie an *Christen* denken, Folgendes denken:

- Christen sind diejenigen, die Menschen lieben, egal wer sie sind – homosexuell oder heterosexuell, jüdisch oder muslimisch, religiös oder atheistisch, kapitalistisch oder nicht, konservativ oder liberal.
- Christen sind diejenigen, die mehr als alle anderen auf der Welt dafür getan haben, die HIV/AIDS-Krise aufzuhalten.
- Christen sind die Leute, die sich auf die Armen zubewegen und durch großzügige Taten Barmherzigkeit zeigen, und die nach Gerechtigkeit streben, sodass die systemischen Ursachen der Armut überwunden werden. Sie rufen die Reichen zur Großzügigkeit auf, und sie rufen reiche Nationen dazu auf, sich für das Gemeinwohl einzusetzen.
- Christen sind Menschen, die glauben, dass Kunst und Kreativität wichtig sind. Also erschaffen sie immer wieder die fantastischsten, originellsten und bereicherndsten Kunstwerke.
- Christen sind bereit, ihr Leben für die Sache des Friedens zu geben. Sie sind gegen Gewalt in jeder Form. Sie geben ihr Leben, um die Verletzlichen vor den Gewalttätigen zu schützen.
- Christen pflegen die Umwelt. Sie betrachten sie nicht nur als Rohstoff für wirtschaftlichen Gewinn, sondern als die wertvolle Handarbeit ihres Schöpfers.
- Christen besitzen persönliche Integrität. Sie halten ihr Eheversprechen und sind sich im Klaren darüber, wie zerstörerisch

falsch gebrauchte Sexualität sein kann. Dennoch sind sie Menschen gegenüber barmherzig, die sexuelle Fehler machen. Sie halten sich selbst nie für etwas Besseres.

- Christen schaffen Harmonie zwischen verschiedenen Völkergruppen. Wenn man in der Gegenwart eines Christen ist, weiß man immer, dass man respektiert wird.

Vielleicht bin ich ein Träumer. Doch wenn einen die harten Realitäten aus der Verleugnungshaltung aufrütteln (wozu die hier vorgestellte Studie beitragen kann), wird der Status quo weniger akzeptabel, und man ist motiviert, von besseren Möglichkeiten zu träumen. Ich hoffe, dass diese Studie andere dazu bringen wird, auch zu Träumern zu werden, und dass diese Träume uns zur nötigen kreativen und treuen Tatkraft inspirieren werden.

Brian McLaren
Gründungsmitglied von *emergentvillage.com*

DANK

Jedes Buch ist ein Gruppenprojekt. Zur Entwicklung dieses Buches war ein besonders engagiertes und fähiges Team nötig. Gaby Lyons und ich verdanken Dwight Baker, Jack Kuhatschek, Dave Lewis, Don Stephenson und dem Team von *Baker Books* sehr viel, die an das Projekt geglaubt und eine Menge Zeit und Energie dafür investiert haben. Jack hat das Schiff meisterhaft gelotst und Klarheit in ein schwieriges Projekt gebracht. Unser Dank gilt auch Twila Bennett, Rachel Geerlings, Mary Suggs, Kim De Wall und Mary Wenger.

Mein Partner Gabe verdient den Löwenanteil der Anerkennung: Es waren seine Vision, seine Entschlossenheit und sein Geld, die dieses Projekt Wirklichkeit werden ließen. Er und das Team vom *Fermi*-Projekt verdienen Dank dafür, dass sie diese Diskussion über den Ruf des Christentums in der Gesellschaft verfolgt und unterstützt haben. Zum *Fermi*-Team gehören auch Gabes Frau Rebekah sowie Joanna DeWolf, Courtney Fahey, Danielle Kirkland und Jeff Shinabarger.

Ich stehe ebenfalls in der Schuld meiner Kollegen von der *Barna Group*, die mir während des ganzen Projektes enorm geholfen haben. Nancy Barna, Katie Bayless, Terry Gorka, Cameron Hubiak, Pam Jacob, Jamie McLaughlin und Celeste Rivera sind echte Profis und gute Freunde.

Danke auch an die Umfrageteilnehmer, die ihre Zeit und Einblicke für dieses Projekt gegeben haben. Es macht uns demütig zu sehen, dass sie es für wichtig erachtet haben, teilzunehmen und diesen Seiten ihre Stimme zu leihen. Andere Mitarbeiter, die »stumme« Spuren hinterlassen haben, sind Doug Colby, Ken

Coleman, Ben Ortlip, Nick Purdy, Larry Reichhardt und Roger Thompson. Danke auch an Jason Locy und Patricio Juarez von *FiveStone* für das tolle Buchcover und das Layout.

Meine Recherchearbeit steht auf den Schultern meines Mentors und Freundes George Barna. Er hat mich zwölf Jahre lang unterstützt, ermutigt, mir gut zugeredet und mich herausgefordert, und er hat mich länger ertragen, als das irgendjemand sollte. Wenn ich irgendetwas geschrieben habe, das keinen Sinn ergibt, ist das nicht Georges Fehler. Ich lerne nur langsam. Wenn ich George arbeiten, beten und leiten gesehen habe, war mir das immer ein deutliches Bild von einem Mann, der Jesus hingegeben lebt und Gottes Leuten leidenschaftlich dient.

Auch meine Familie hat mir unglaublich geholfen und mich unterstützt, besonders mein Vater, der immer einen guten Resonanzboden für den Inhalt des Buches geboten hat. Er weiß, dass ich ihm Ideen klaue, und es scheint ihm nichts auszumachen. Meine Kinder Annika und Zack haben für dieses Buch eine Menge Zeit mit mir geopfert. Ich hoffe, dass dieses Projekt mich befähigen wird, ihnen ein besseres Vorbild zu geben, was es heißt, ein Christusnachfolger zu sein.

Meiner Frau allerdings gebührt die größte Anerkennung für dieses Buch. Jill hat mehr erduldet, als recht und billig war, damit dieses Projekt zustande kommen konnte. Ihre Gebete, Kraft und Ermutigung haben es möglich gemacht. Durch ihre Liebe und Unterstützung wurde dieses Buch alle Arbeit wert. Ich bete darum, dass der Herr sie für ihre vielen Opfer entschädigt.

DIE STUDIE

SCHLÜSSELBEGRIFFE

Andersdenkende – Die Menschen, die das Christentum »anders sehen und von außen« betrachten. Zu dieser Gruppe gehören Atheisten, Agnostiker, Angehörige eines anderen Glaubens als dem Christentum (zum Beispiel Islam, Hinduismus, Judentum, Mormonen und so weiter) und andere kirchenfremde Personen, die keine wiedergeborenen Christen sind. Der Begriff *Andersdenkender* ist nicht abwertend gemeint; andere mögliche Bezeichnungen für diese Personengruppe sind weniger geeignet oder angemessen. (Weitere Erklärungen zum Begriff *Andersdenkender* finden Sie in Kapitel 1).

Wiedergeborene Christen – Menschen, die sagten, dass sie eine persönliche Entscheidung für Jesus Christus getroffen haben, die in ihrem Leben heute noch immer wichtig ist, und die außerdem angaben, dass sie glauben, sie kommen in den Himmel, wenn sie sterben, weil sie ihre Sünden bekannt und Jesus Christus als ihren Retter angenommen haben. Den Umfrageteilnehmern wird nicht die Frage gestellt, ob sie sich selbst als »wiedergeboren« bezeichnen würden.

Evangelikale – Personen, auf die die Kriterien für wiedergeborene Christen zutreffen, sowie sieben weitere Bedingungen. Diese sind (1) die Aussage, dass ihr Glaube ihnen in ihrem Leben heute sehr wichtig ist; (2) die Überzeugung, dass sie eine persönliche Verantwortung dafür tragen, Nichtchristen von ihrem Glauben an Christus zu erzählen; (3) die Überzeugung, dass

Satan existiert; (4) der Glaube, dass ewige Rettung nur durch Gnade und nicht durch Werke möglich ist; (5) der Glaube, dass Jesus auf der Erde ein sündloses Leben führte; (6) die Bestätigung, dass die Bibel in allem, was sie lehrt, recht hat; und (7) die Aussage, dass Gott die allwissende, allmächtige, vollkommene Gottheit ist, die das Universum erschaffen hat und es noch heute regiert. Die Einstufung als Evangelikaler hängt nicht vom Gemeindebesuch oder der denominationellen Zugehörigkeit der besuchten Gemeinde ab. Den Umfrageteilnehmern wird nicht die Frage gestellt, ob sie sich selbst als »evangelikal« bezeichnen würden.

Biblische Weltanschauung – Eine Lebensperspektive, die einen Menschen dazu befähigt, die Realität im Licht dessen, was die Bibel lehrt, zu verstehen und darauf einzugehen. Das *Barna*-Team definiert bei seinen Umfragen eine biblische Weltanschauung aufgrund verschiedener Fragen zu religiösen Überzeugungen. Per Definition muss die Person glauben, dass es eine unveränderliche moralische Wahrheit gibt; dass die Quelle der moralischen Wahrheit die Bibel ist; dass die Bibel in allem, was sie lehrt, recht hat; dass man sich ewige geistliche Rettung nicht verdienen kann; dass jeder Mensch eine Verantwortung dafür trägt, anderen von seinen religiösen Überzeugungen zu erzählen; dass Satan eine lebendige Macht und nicht nur ein Symbol für das Böse ist; und dass Gott der allwissende, allmächtige Schöpfer des Universums ist, der diese Schöpfung noch heute regiert.

METHODIK

Der Kern dieses Buchs ist die vom *Fermi*-Projekt in Auftrag gegebene Studie. Dieses Projekt wurde durch das Buch mit einer Reihe von anderen quantitativen und qualitativen von der *Barna Group* durchgeführten Studien ergänzt. Diese im Buch zitierten Studien sind im Folgenden aufgeführt.

Umfrage	Daten-sammlung	Datum der Durchführung	Anzahl der befragten Personen	Abwei-chung*
OmniPoll – 2-95	Telefon	Juli 1995	1 107	+3,2 Punkte
Fermi-Projekt – qualitativ	Telefon	April 2004	27	qualitativ
Fermi-Projekt – Studie**	online	September 2004	867	+3,5 Punkte
YouthPoll 2005	online	2005	2 409	+2,1 Punkte
PastorPoll 2006	Telefon	November 2006	613	+4,1 Punkte
YouthPoll 2006	online	Juni 2006	618	+4,1 Punkte
OmniPoll 1-06	Telefon	Januar 2006	1 020	+3,2 Punkte
OmniPoll S-06	Telefon	Mai 2006	1 006	+3,2 Punkte
OmniPoll 2-06	Telefon	August 2006	1 007	+3,2 Punkte
OmniPoll F-06	Telefon	Oktober 2006	1 005	+3,2 Punkte
OmniPoll 1-07	Telefon	Januar 2007	1 006	+3,2 Punkte
Fermi-Projekt – Update	online	Januar 2007	102	qualitativ
The Buster Report	Telefon	2002–2007	24 399	Aggregat-studie
Faith by Market Report	Telefon	1997–2004	24 147	Aggregat-studie

*Die genannte Abweichung entspricht einer Datenzuverlässigkeit von 95 %.
**Für diese Studie wurden 440 Andersdenkende befragt (±5,0 Punkte). Zusätzlich wurden acht weitere Stichproben von Andersdenkenden für das Projekt ausgewertet. Die YouthPoll und OmniPoll ermöglichten die Analyse des »Andersdenkende«-Segments.

Jede dieser Studien wurde aus zufälligen, national repräsentativen Stichproben unter Erwachsenen, Teenagern und Pastoren erstellt. YouthPoll, OmniPoll und PastorPoll sind jährliche Studien, die von der *Barna Group* durchgeführt werden, um bezüglich des Zusammenspiels von Glaube und Kultur auf dem Laufenden zu bleiben. Bei einigen dieser Studien wurde eine leichte statistische Gewichtung vorgenommen, um die Stichproben an bekannte Bevölkerungsanteile im Verhältnis zu demografischen Variablen anzupassen.

DER STUDIENVERANTWORTLICHE

David Kinnaman ist Vorsitzender und strategischer Leiter der *Barna Group*. Die *Barna Group* ist eine Firma für Forschung und Studien mit Sitz in Ventura, Kalifornien. Seit er 1995 zu *Barna* kam, hat David beinahe 500 Projekte für ein breites Spektrum an Klienten entworfen und analysiert, unter anderem für die *Billy Graham Evangelistic Association, Campus für Christus, Columbia House, Focus on the Family, InterVarsity, NBC-Universal, Time-Life, World Vision* und viele andere.

Als Sprecher für die Firmenforschung wird er häufig in größeren Medienveröffentlichungen zitiert. Er ist auch ein gefragter Referent zu Themen wie Trends in gemeindlichen Arbeitszweigen, Teenager von heute, das Profil von jungen Leitern und generationenbedingte Veränderungen. Er ist der Autor des *Barna*-Berichts *Ministry to Mosaics: Teens and the Supernatural (Dienst an MTV-Generation: Teenager und das Übernatürliche).*

ANMERKUNGEN

1 Bitte beachten Sie, dass die Interpretation der Recherchen oder Aussagen in diesem Buch – von David Kinnaman, Gabe Lyons oder einem anderen der Mitwirkenden, die sich freundlicherweise bereit erklärt haben, an diesem Projekt mitzuarbeiten – nicht zwingend die Ansichten jedes einzelnen Mitwirkenden wiedergibt.

2 In unserer Forschung wird ein wiedergeborener Christ entsprechend seinen Überzeugungen zum Leben nach dem Tod definiert, nicht nach seinem eigenen Gebrauch dieser Bezeichnung. Eine Person wird als wiedergeborener Christ eingeordnet, wenn sie eine persönliche Entscheidung für Jesus Christus getroffen hat, die in ihrem Leben heute noch immer wichtig ist, und wenn sie ihre Sünden bekannt und Jesus Christus als ihren Retter angenommen hat. Natürlich kann nur Gott ins Herz eines Menschen schauen und dessen wahre Haltung Jesus gegenüber beurteilen. Doch uns ist bewusst, dass die Bibel sagt, dass ein Mensch nicht nur deswegen Christ ist, weil er in die Kirche geht, sich als Christ bezeichnet, die Bibel liest oder anderen Gutes tut. Unsere Forschung bezieht das Einzige ein, das in Gottes Augen zählt: wie man Jesus Christus gegenübersteht. Bitte beachten Sie, dass nicht kirchenzugehörige wiedergeborene Christen nicht unter unsere Definition von »Andersdenkender« fallen. Mehr Einblicke in die Glaubenspraxis und Perspektiven dieser Personengruppe gibt Ihnen George Barnas Buch *Revolution* (Wheaton, IL.: Tyndale, 2005).

3 Natürlich gibt es bedeutende Unterschiede zwischen den Personen, die wir *MTV-Generation* nennen und denen, die wir mit *Babybuster* bezeichnen. Dieses Buch konzentriert sich allerdings mehr darauf, welche Gemeinsamkeiten diese beiden Gruppen hinsichtlich ihrer Sichtweise von und Erfahrungen mit dem christlichen Glauben haben.

4 Wir haben ein Team von Leuten, das die schwere Arbeit der Interviews erledigt. Meine Aufgabe war es, die Interviews mit allen Befragten zu beaufsichtigen und zu analysieren.

5 Bei unserer Umfrage unter 16- bis 29-Jährigen benutzten wir den Ausdruck »heutiges Christentum«, um die Ansichten der jungen Leute über den Glauben einzuschätzen.

6 Um die Bandbreite dieser Sichtweisen festzustellen, benutzten wir quantitative Umfragen, um herauszufinden, wie weit verbreitet diese Art von Image unter MTV-Generation und Babybustern ist. In der Erhebung wurden die

Befragten gebeten, 20 Aussagen über das heutige Christentum zu bewerten, darunter zehn positive und zehn negative Sichtweisen.

7 Antihomosexuell zu sein ist nicht an sich negativ, da die Bibel Homosexualität verurteilt. Doch diese Sichtweise greift noch tiefer. Bitte lesen Sie zu dieser Sichtweise Kapitel 5.

8 Der Gedanke, dass Gläubige als Folge ihrer Treue zu Jesus besondere Verfolgung und Hass erleiden werden, ist in der Bibel ein ausführliches Thema: Matthäus 5,1of; 10,22; 13,13; Lukas 6,22; 21,17; 1. Korinther 1,18.

9 Bei unseren Recherchen fragen wir junge Leute, ob sie das Gefühl haben, dass der Satz »heuchlerisch – sie sagen das eine und tun das andere« das heutige Christentum zutreffend beschreibt.

10 Pew Research Center, »How Young People View Their Lives, Futures, and Politics: A Portrait of ›Generation Next‹« (»Wie junge Leute ihr Leben, ihre Zukunft und die Politik sehen: Ein Porträt der ›Generation *Weiter*‹) (Washington, D.C., 9. Januar 2007).

11 Die Ergebnisse dieser Studien, die wiedergeborene Christen mit anderen Erwachsenen vergleichen, wurden in verschiedenen Publikationen erörtert, darunter George Barnas *Think Like Jesus* (Integrity, 2003) und *The Second Coming of the Church* (Word, 1998). Siehe auch George Barna, »*The American Witness*« (»Das amerikanische Zeugnis«), *The Barna Report* (November/Dezember 1997). Leider sind die letzten beiden Quellen inzwischen vergriffen.

12 Siehe den Artikel »American Lifestyles Mix Compassion and Self-Oriented Behavior« (»Amerikanische Lebensstile vermischen Mitgefühl und egozentrisches Verhalten«) (5. Februar 2007) unter www.barna.org.

13 Ein Teil unserer Recherchen für Mark Matlock von *Wisdom Works Ministries* war besonders hilfreich zum Verständnis der Kurzsichtigkeit, an der Christen hinsichtlich der Gründe leiden, weshalb Nichtgläubige nicht zu Christus kommen.

14 Mehr Informationen über diese Themen finden sich in unserer gemeinsamen Studie *The Buster Report: A New Generation Describes Their Life and Spirituality (Der Babybuster-Report: Eine neue Generation beschreibt ihr Leben und ihre Spiritualität)* (Ventura, CA: The Barna Group, 2007). Sie können außerdem auf einen kostenlosen Online-Bericht zugreifen. »A New Generation of Adults Bends Moral and Sexual Rules to Their Liking« (»Eine neue Generation von Erwachsenen beugt moralische und sexuelle Regeln nach eigenem Gutdünken«), *The Barna Update* (31. Oktober 2006), www. barna.org.

15 Mehr zu diesen Trends können Sie in dem Online-Artikel »A New Generation of Adults Bends Moral and Sexual Rules to Their Liking« (»Eine neue Generation von Erwachsenen beugt moralische und sexuelle Regeln nach eigenem Gutdünken«), *The Barna Update* (31. Oktober 2006) unter www. barna.org lesen.

16 Josh sagte mir, dass ihm seine Idee durch eine Geschichte kam, die Donald Miller in *Blue Like Jazz* erzählt (Nashville, TN: Thomas Nelson, 2003).

17 Philip Yancey, *Gnade ist nicht nur ein Wort* (Wuppertal: R. Brockhaus Verlag, 2007), S. 270f.

18 Siehe Barna, *Revolution*, Kapitel 3.

19 George Barna, *Think Like Jesus* (Brentwood, TN: Integrity, 2003).

20 Etwa zwei Fünftel der amerikanischen Bevölkerung vertreten Überzeugungen, die sie als wiedergeborene Christen qualifizieren, während Evangelikale, die eine Untergruppe der wiedergeborenen Christen sind, etwa ein Zwölftel der Bevölkerung ausmachen. Diese Bezeichnungen beruhen auf dem, was Menschen glauben, nicht wie sie sich selbst bezeichnen. Siehe S. 311, »Schlüsselbegriffe«, zu unserer Definition von wiedergeborenen und evangelikalen Christen für unsere Umfragen.

21 Daten aus einer vom *Pew Research Center for the People and the Press und dem Pew Forum on Religion and Public Life* durchgeführten Umfrage aus dem Jahr 2003.

22 Diese Umfrage führten wir für *World Vision*, Federal Way, Washington, im November 2004 durch.

23 Einer für *Compassion*, Colorado Springs, Colorado im Oktober 2006 durchgeführten Studie zufolge.

24 Die Bibel spielt mehrmals auf homosexuelles Verhalten an und stellt es durchweg als unangemessen und sündhaft dar. Die drei direktesten und deutlichsten Bibelstellen zu Homosexualität und ihrer Verurteilung sind 3. Mose 18,22; Römer 1,26 f und 1. Korinther 6,9 f.

25 Pressekonferenz der *Bay Area Crusade* am 24. September 1997. Dies war die Antwort von Billy Graham auf die Frage eines Medienvertreters, ob er einen homosexuellen Lebensstil gutheißen könne.

26 Pew Research, »How Young People View Their Lives«, S. 39.

27 Ebd.

28 »Religious Beliefs Underpin Opposition to Homosexuality« (»Religiöse Überzeugungen untermauern Widerstand gegen Homosexualität«), Pew Research Center, veröffentlicht am 18. November 2003.

29 Von www.cnn.com am 6. Februar 2007.

30 Zitiert in PhilipYancey, »Middle East Morass«, *Christianity Today* (November 2006), S. 128.

31 Pew Research, »How Young People View Their Lives«.

32 Alvin J. Schmidt, *How Christianity Changed the World* (Grand Rapids, MI: Zondervan, 2004). Siehe auch Jonathan Hill, *What Has Christianity Ever Done for Us?* (Downers Grove, IL: InterVarsity, 2005).

33 William Bennett, *The Index of Leading Cultural Indicators* (New York: Simon and Schuster, 1994), S. 18, 22.

34 Zentrum für Seuchenkontrolle und Prävention, »National Youth Risk Behavior Survey« (»Nationale Studie zum Risikoverhalten von Jugendlichen«), www.cdc.gov/yrbss, 2005.

35 Nationales Zentrum für Gesundheitsstatistiken, http://www.cdc.gov/nchs/fastats/unmarry.htm. Siehe auch Bennett, *Index of Leading Cultural Indicators*, S. 46, 48.

36 Jean Twenge, *Generation Me*, (New York: Free Press, 2006), S. 163.

37 Ebd., S. 162.

38 Dr. William D. Mosher, Dr. Anjani Chandra und Dr. Jo Jones, »Sexual Behavior and Selected Health Measures: Men and Women, 15–44 Years of Age, United States, 2002« (»Sexuelles Verhalten und ausgewählte Gesundheits-

maßnahmen. Männer und Frauen im Alter von 15 bis 44 Jahren, Vereinigte Staaten, 2002«), Nationales Zentrum für Gesundheitsstatistiken, *Advance Data* 362 (15. September 2005), S. 6.

39 US-Ministerium für Gesundheit und Sozialwesen, »Results from the 2005 National Survey on Drug Use and Health: National Findings« (»Ergebnisse der nationalen Studie über Drogenkonsum und Gesundheit von 2005: nationale Ergebnisse«).

40 »National Youth Risk Behavior Survey«, 2005.

41 Ebd.

42 Mike Metzger, *Fine Tuning Tensions within Culture: The Art of Being Salt and Light* (Suwannee, GA: Relevate, 2007), S. 4.

43 Ich denke, mein Vater glaubte mir, aber das mag daran liegen, dass er mein Vater ist.

44 Nach der Definition in unseren Umfragen haben bessergestellte Erwachsene einen Collegeabschluss und ein jährliches Haushaltseinkommen von mindestens 70 000 US-Dollar. Personen aus den weniger gut gestellten Schichten haben keine Collegeerfahrung und verdienen weniger als 20 000 US-Dollar.

45 Siehe www.twloha.com/home.php.

46 Siehe Fußnote in Kapitel 2, die schildert, wie wir bei unserer Forschung evangelikale Christen definieren. Die theologischen Sichtweisen, die wir abwägen, beruhen auf dem geistlichen Leitbild der *National Association of Evangelicals.*

47 In den USA ist es notwendig, sich als Wähler registrieren zu lassen, um wahlberechtigt zu sein

48 Wir haben Amerikaner untersucht, die angeben, dass sie evangelikale Christen sind. Weil Begriffe und Bezeichnungen oft aus dem Zusammenhang gerissen gebraucht werden, können sie ihre Bedeutung verlieren. Wenn man zum Beispiel einfach die Selbstbezeichnung »evangelikal« zugrunde legt, stellt sich heraus, dass viele nie eine Entscheidung für Jesus Christus getroffen haben; viele glauben nicht, dass sie aufgrund ihres Glaubens an ihn in den Himmel kommen werden, sondern vertrauen stattdessen auf ihre guten Werke oder Gottes Wohlwollen; und viele glauben nicht, dass Satan real ist. Das sind keine unwichtigen Fragen der theologischen Perspektive und deuten stark darauf hin, dass eine Selbstbezeichnung kein gutes Mittel ist, um Evangelikale zu definieren.

49 Wir stellen bei unseren Studien neun Fragen, die definieren, ob eine Person evangelikal ist. Mehr erfahren Sie unter »Survey Explores Who Qualifies as an Evangelical« (»Studie untersucht, wer als Evangelikaler einzuordnen ist«) unter www.barna.org. Dieser Bericht wurde am 18. Januar 2007 veröffentlicht.

50 Siehe den Artikel vom 5. März 2007, »The God Gap? The Faith of Republicans and Democrats« (»Die Gotteskluft? Der Glaube von Republikanern und Demokraten«). Die »Glaubenswahl« von 2004 wurde im Artikel vom 9. November 2004, »Born Again Christians Were a Significant Factor in President Bush's Re-Election« (»Wiedergeborene Christen waren ein ent-

scheidender Faktor bei der Wiederwahl von Präsident Bush«). Beide Artikel finden Sie unter www.barna.org.

51 Pew Research Center, »Many Americans Uneasy with Mix of Religion and Politics« (Washington, D.C., 24. Autus 2006), S. 6.

52 Pew Research Center, »How Young People View Their Lives«, S. 28f.

53 Pew Research Center, »How Young People View Their Lives«.

54 Die Bibel billigt an keiner Stelle die Verurteilung von und falsche Kritik an Menschen außerhalb der Gemeinde. Sie ermahnt uns Menschen deutlich, Verurteilungen und falsche Kritik zu meiden: Matthäus 7,1f; Lukas 6,37; 7,36-47; Römer 2,1-4; 14,4.10-13; 1. Korinther 4,5; 5,12; Jakobus 4,11f.

55 Siehe Philip Yancey, *Gnade ist nicht nur ein Wort* (Wuppertal: R. Brockhaus Verlag, 2007).

56 Siehe Lukas 13,14-17; Matthäus 12,1-8; Markus 14,3-9.

57 Mein Vater übernahm dieses Sprichwort von John Maxwell.

58 Mehr darüber können Sie in dem Online-Artikel vom 17. Februar 2004, »A New Generation of Pastors Places Its Stamp on Ministry« (»Eine neue Generation von Pastoren drückt dem Dienst ihren Stempel auf«) lesen: www. barna.org

59 »a salt ministry« und »assault ministry« werden im Englischen gleich ausgesprochen

60 Das alttestamentliche Buch der 2. Chronik verdeutlicht diesen Gedanken. Gott sagt: »[Wenn] mein Volk, das meinen Namen trägt, dann Reue zeigt, wenn die Menschen zu mir beten und meine Nähe suchen und zu mir zurückkehren, will ich sie im Himmel erhören und ihnen die Sünden vergeben und ihr Land heilen« (2. Chronik 7,14).

61 Charles Colson und Nancy Pearcey: *How Now Shall We Live?* (Wheaton, IL.: Tyndale, 1999), XII.